国家职业技能鉴定培训教程

快递业务员

（初　级）

快件收派

（第二版）

国家邮政局职业技能鉴定指导中心　组织编写

人民交通出版社

内 容 提 要

本教材以《快递业务员国家职业技能标准》为依据，在第一版的基础进行了修订，介绍了从事快递服务工作应该掌握的相关理论、法律法规以及安全生产等知识，详细阐述了快件收派的收寄指导与收验、快件派送前的准备与服务、后续处理以及客户服务等相关内容，体现了职业技能培训特色。

本教材在保证知识连贯性的基础上，突出技能操作，力求表述精炼，具有针对性和实用性，是快递业务员进行职业技能鉴定培训考核的指定教材，同时对于各类职业技术学院的相关专业师生以及从事快递业务的相关技术人员均有一定的参考价值。

图书在版编目 (CIP) 数据

快递业务员（初级） 快件收派/国家邮政局职业技能鉴定指导中心组织编写. —2 版. —北京：人民交通出版社，2013.3
国家职业技能鉴定培训教程
ISBN 978-7-114-10405-3

I. ①快... II. ①国... III. ①邮件投递—职业技能—鉴定—教材 IV. ①F618.1

中国版本图书馆 CIP 数据核字 (2013) 第 039954 号

国家职业技能鉴定培训教程

书 名	：快递业务员（初级） 快件收派（第二版）	
著 作 者	：国家邮政局职业技能鉴定指导中心	
责任编辑	：孙 玺 刘永超 周 宇	
出版发行	：人民交通出版社	
地 址	：(100011) 北京市朝阳区安定门外外馆斜街 3 号	
网 址	：http://www.ccpress.com.cn	
销售电话	：(010) 59757973	
总 经 销	：人民交通出版社发行部	
经 销	：各地新华书店	
印 刷	：中国电影出版社印刷厂	
开 本	：787 × 1092 1/16	
印 张	：13	
字 数	：300 千	
版 次	：2009 年 4 月 第 1 版 2013 年 3 月 第 2 版	
印 次	：2017 年 3 月 第 2 版 第 5 次印刷	
书 号	：ISBN 978-7-114-10405-3	
定 价	：26.00 元	

前　言

2008年8月11日,人力资源和社会保障部、国家邮政局共同颁布了《快递业务员国家职业技能标准》(以下简称《标准》),这是邮政行业的第一个国家职业技能标准。它的颁布填补了邮政行业国家职业技能标准的空白。

为了有效地履行政府职能,体现公共服务,依法实行快递就业准入,推动邮政行业建立国家职业资格证书制度、建设技能型人才队伍,依据该《标准》,国家邮政局和国家邮政局职业技能鉴定指导中心组织制定《标准》的专家、学者及行业内从事管理及一线生产人员,启动了快递业务员国家职业技能鉴定系列教程(以下简称教程)的编写工作。

按照《标准》设立的五个等级,快递业务员系列教程分为初级、中级、高级、业务师(技师)和高级业务师(高级技师);同时根据《标准》中"快件收派"和"快件处理"的两个模块,本教程也分为"快件收派"和"快件处理"两大系列。在编写内容上,注重体现"以职业活动为导向,以职业能力为核心"的指导思想,围绕《标准》的要求,着力体现我国当前快递职业状况的总体水平,强调以人为本,提升快递业务人员的服务质量和服务水平,突出职业资格培训特色;在结构上,针对快递业务员的活动领域,按照职业功能模块分级编写。《教程》的基础知识部分涵盖《标准》的"基本要求";技能部分的章对应于《标准》的"职业功能",节对应于《标准》的"工作内容",节中阐述的内容对应于《标准》的"技能要求"和"相关知识"。《标准》的工作要求部分包含"快件收派"和"快件处理"两个模块的内容,并按要求分别进行考核。

为便于参加快递业务员职业技能鉴定考试(核)人员进行系统学习,我们将五个级别快递业务员都应掌握的基础知识部分和"快件收派"、"快件处理"技能部分分别合编成册,形成快递业务员国家职业技能鉴定培训系列教程。

2009年4月,初级快递业务员国家职业技能鉴定培训教程首次出版发行,快递企业、相关职业院校等广泛使用,反响较好。近几年快递服务发展迅猛,生产作业流程不断优化,内容更加丰富,国家对邮政行业尤其是快递的发展十分重视,不断出台新的法规、政策、标准等。为了更好地反映快递业发展现状,使教材内容更加贴近企业生产实际,应快递企业及广大学习者要求,我们对"基础知识"部分的内容进行了修订和补充,对法律法规方面的内容进行了更新和完善,充分体现教材的实用性,尽可能满足快递业务员职业技能培训需求和广大学习者的需要。

本教程在编写过程中,得到中国就业培训技术指导中心标准教材处的指导;同时人力资源和社会保障部国际劳动保障研究所组成专家工作组对本教程进行指导及统稿审定;山东工程技师学院的专家、学者承担了"基础知识"部分的具体修订任务;中国邮政速递物流股份有限公司、民航快递有限责任公司、中外运—E速公司、顺丰速运(集团)有限公司、中外运—敦豪国际航空快件有限公司、申通快递有限公司、圆通速递有限公司、全一快递、中通速递服务有限公司等多家快递企业以及相关省(区、市)邮政管理局,对本教程的编写审定予以大力支持和帮助,在此一并表示衷心感谢!

国家邮政局职业技能鉴定指导中心

2013 年 1 月

目　录

第一编　基础理论知识

第二编　快件收派知识

第一编 基础理论知识

第一章 职业道德

第一节 职业道德基本知识

道德是人类在生产生活中逐步形成的,反过来又用以维持社会秩序、约束人类行为的一种行为规范。它主要依靠社会舆论、人们的价值观、信念、态度、传统和习惯来维持和发挥作用。职业道德是道德的一个重要组成部分,是在职业领域内产生的用于规范人们职业行为的准则。快递业务员了解和掌握道德和职业道德,进而按照快递业务员职业道德要求行为,对做好快递业务工作有重要作用。

一、职业道德概述

(一)职业道德的定义

我国《公民道德建设实施纲要》提出,职业道德是从业人员在职业活动中应遵循的行为准则,涵盖了从业人员与服务对象、职工与职工、职业与职业之间的关系。简言之,职业道德就是从事某种职业劳动的人们,在劳动过程中形成的、依靠其内心信念和特殊社会手段来维系的、以善恶进行评价的心理意识、行为原则和行为规范的总和。

职业道德体现了某种特定职业的职业特征和行为规范。就其本质而言,职业道德就是调整职业内部、职业之间、职业与社会之间的各种社会关系的行为准则和道德规范。它既是对从事本行业的人员在职业活动中的思想和行为的具体约束,同时也是行业对社会所应履行的道德责任和义务。

(二)职业道德的基本范畴和主要内容

1.职业道德的基本范畴

职业道德的基本范畴包括职业态度、职业技能、职业纪律、职业良心、职业荣誉、职业作风等若干内容。

职业态度是指从业者在选择职业时所持的观念、趋向和心理依据,以及在从事职业活动的过程中所表现出来的劳动态度。

职业技能是指从业者所掌握的职业技能和本领,是从业者实际所拥有的创造价值的能力。

1

职业纪律是指根据职业的工作规律和工作需要而制定的规章制度、纪律和要求。

职业良心是指从业者在从事职业活动中所形成的职业责任感、自我评价能力、自我反省能力和自我检查、监督、约束能力。

职业荣誉是指从业者在进行职业活动中取得成绩后,社会对其职业行为价值的一种肯定评价以及从业者对这种肯定评价的感知和自我意识。

职业作风是指从业者在其职业活动中所表现出来的一贯的工作态度和工作作风。

2. 职业道德的基本内容

职业道德的基本内容包括爱岗敬业、诚实守信、办事公道、服务群众以及奉献社会等。

(1)爱岗敬业

爱岗敬业,即俗话所说的"干一行爱一行"。这是职业道德的基础和核心。爱岗,就是要热爱自己所从事的职业;敬业,就是要以专心致志的严肃态度投入到工作中去,兢兢业业、尽职尽责。爱岗敬业要求从业者要精通业务、忠于职守,同时还要勇于钻研创新。

(2)诚实守信

诚实守信,就是要言行一致、表里如一、遵守诺言。从业者在从事职业活动中,要诚实劳动、自觉抵制不正之风、不弄虚作假、不偷懒,不耍滑;同时,要信守承诺、积极主动地为客户服务,并自觉地公开自己的职业行为和成绩。

(3)办事公道

办事公道就是从业者在从事职业活动时要立场公正,无论何时何地都要按照同一标准和原则办事。服务行业所秉承的"童叟无欺"原则就很好地诠释了办事公道的精髓。

(4)服务群众

在服务行业,尽管我们所工作的岗位可能有所不同,但最终目的都是为广大人民群众服务的。"为人民服务"永远是社会主义职业活动的宗旨。每一位从业者,既是为别人服务的主体,又是别人服务的对象。因此,我们每一个人都要树立服务意识、端正服务态度、提高服务质量,充分发挥主观能动性,全心全意地为人民服务。

(5)奉献社会

奉献社会是职业道德规范的最高境界和最终目的,奉献社会要求我们要全身心地投入,任劳任怨、不计较个人得失,甚至不惜牺牲自己的生命。奉献社会并不是要求从业者放弃正当合理的报酬索取,而是说当个人利益与国家利益发生冲突时,能够自觉地将个人利益置于国家利益之后,努力为国家为社会做出自己的贡献。

二、职业道德的特点

各行各业都有自己的职业道德。虽然,各行业的职业道德在基本精神上是一致的,但在具体内容上仍有较大的差异性,职业道德特点主要表现在以下几个方面:

1. 特殊性

每个职业的职业道德都与从业人员的职业内容和职业实践领域相联系,都有各自的适用范围,并不是普遍适用的。职业道德的特殊性,就是指职业道德只适用于特定的职业活动领域,只约束该职业从业人员的职业行为。职业道德的具体内容因为规范对象的不同而不同,鲜明地体现了社会对于某一具体职业活动的特殊要求。

2.强制性

职业道德包含职业纪律,它对于从业人员的工作态度、服务标准、操作规程等都有具体的强制规定。如果从业者违反这些规定,就会受到不同程度的处罚。这就使得职业道德不仅仅是一种需要自觉遵守的"软约束",而且是一种强制性的"硬约束"。

3.多样性

职业道德的多样性是指职业道德的内容和表现形式的多样性。有多少不同的职业,就会有多少种不同内容的职业道德,并且内容以及表现形式上也较灵活多样。

4.稳定性

职业道德的稳定性是指一个新的职业一经发展和稳定后,相对的职业道德规范也就会确立并稳定下来。即便是在不同的国家、不同的社会形态或不同的历史时期,新兴行业稳定下来的职业道德大都有着相同或者相似的内容与特点。

三、职业道德的重要作用

职业活动是人类生产和生活的重要组成部分,在人类的社会实践中处于中心位置,因此职业道德在现代社会道德规范体系中具有十分重要的地位。

(一)职业道德有助于促进社会生产力的发展,提高劳动生产率

职业道德规定了不同职业的从业者对社会所应担负的具体职业道德责任,使他们能够明确自己的职业责任和职业义务,增强他们的职业责任感、义务感和荣誉感,促使他们充分发挥主观能动性和创造性,不断提高劳动技能和劳动生产率水平。

(二)职业道德是社会主义精神文明的重要组成部分,有利于社会稳定

职业道德水平是一个社会精神文明发展的重要标志,职业道德的发展是社会精神文明前进的重要推动力。可以说,职业道德规范的存在,确保了社会道德在职业领域作用的发挥。如果人们都能自觉地、充分地遵守职业道德,行使自己的职业权利、履行自己的职业义务,那么在人与人的社会职业活动中,就必然会形成一种团结一致、顾全大局、互相帮助、互相关心、诚实公正的社会关系,这种关系对于社会稳定以及良好道德风尚的形成,具有十分重要的作用。

(三)职业道德有助于调节人们在职业活动中的各种关系

职业道德有助于调节从业者与服务对象之间以及同一行业内部职工之间的相互关系。同一行业内的从业者之间如能相互理解支持、相互尊重、相互帮助、公平竞争,就能建立良好的合作共赢关系;如果所有从业者都能从本职工作出发,遵守职业道德、履行职业义务、尽心尽责地为客户服务,那就会形成从业者与服务对象之间的良好关系。

(四)职业道德有助于提高个人道德修养

自觉遵守职业道德,可以使人们在家庭和学校中初步形成的道德观、世界观、人生观、价值观等得到进一步的巩固和提高,并可促进人的全面发展。同时,职业道德也提供给人们一个反省自身在职业活动中行为的标尺。遵照职业道德规范,人们可以判断什么是正义的、高尚的职业行为,什么是失职的、不道德的职业行为,从而去改善自己的不良行为,使自己成为一个真正对社会有用的人。

第二节　快递业务员职业道德要求

一、快递业务员职业道德内容

根据《快递业务员国家职业技能标准》的规定，快递业务员职业道德内容主要体现为快递业务员的职业守则。快递业务员的职业守则主要包括以下方面的内容：

遵纪守法，诚实守信；

爱岗敬业，勤奋务实；

团结协作，准确快速；

保守秘密，确保安全；

衣着整洁，文明礼貌；

热情服务，奉献社会。

这六方面的内容全面概括了快递业务员在从事快递服务过程中所应履行的基本职责和义务，既体现了快递业务员应具有的职业道德的特殊性，也体现了服务行业职业道德规范的普遍含义。

二、快递业务员职业守则的具体要求

（一）遵纪守法，诚实守信

"遵纪守法"就是要求快递业务员严格遵守国家的各项法律法规和企业内部的规章制度。俗话说，没有规矩不成方圆，只有人人都自觉地遵纪守法，照章办事，社会秩序才能保持良性运转。譬如，在奥运会举办期间，国家邮政局曾明确规定，快递服务人员上门揽收客户快件时，须当面开拆验视内件，以确保奥运安全。在此情况下，快递业务员必须不折不扣地严格遵守国家这一规定，如果客户对此不理解，应耐心向其解释并取得他们的理解和配合，而决不能怕麻烦或为了讨好客户而敷衍了事。

"诚实守信"就是要求快递服务人员重信誉、守信用。中华民族素来崇尚诚信，至今留下许多关于诚信的脍炙人口的故事。"言必信，行必果"、"一言既出，驷马难追"等古语，都反映了中华民族对诚实守信品质的追求。在商业活动中"货真价实，童叟无欺"等关于诚信的对联，都体现了提倡公平交易、诚实待客、不欺诈、不作假的行业道德精神。快递业务员面对客户介绍产品时，一定要讲究诚实守信，实事求是地介绍真实情况，不能为了招揽客户，不顾事实提供虚假信息。一旦按照规定作出了承诺，就应认真履行。

（二）爱岗敬业，勤奋务实

"爱岗敬业、勤奋务实"就是要求快递业务员热爱快递事业，树立责任心和事业心，踏踏实实地勤奋工作。快递业务员在实际工作中爱岗敬业的例子很多，比如，在寄送快件途中突遇暴雨时，许多业务员宁肯自己被雨淋也会毫不犹豫地把快件层层包好，以确保快件的完好无损等。

另外，随着信息、通信等高科技的快速发展，现代快递行业的综合科技含量也越来越高，快递从业人员需要学习和掌握的科技文化知识也越来越多。因此每一位快递业务员都必须努力学习与快递相关的知识，刻苦钻研快递业务，才能为用户提供多元化的高效服务，并促进快递行业又好又快地发展。

（三）团结协作，准确快速

"团结协作"是快递业务工作的特性决定的。快递业务是由一整套的业务流程、由各个环节甚至不同地区的员工分工合作完成的，例如一封从北京寄往上海的快件，就需要北京的快递业务员去上门收寄，邮件中心分拣、转运，然后由上海地区的业务员进行接收、分拣、投送，才能完成。因此快递业务员在工作中重视团结、协调与合作，就显得尤为重要。

"准确快速"是因为快递服务最根本的制胜点就反映在一个"快"字上。快递业务员在工作过程中对时限的承诺，一定要树立高度的责任意识，承诺客户什么时间送达，就要保证按时送达。同时，各个快递环节都应保证准确、无误。要做到这一点，快递业务员就必须苦练基本功，尤其是在快件分拣过程中，须在1、2秒钟时间内按地区代码准确进行分类，如果出现分拣错误，快件势必将送错地方，确保时限也就无从谈起了。

（四）保守秘密，确保安全

"保守秘密"是由快递服务的特殊属性决定的。快递业务员所负责寄递的快件，很有可能会涉及客户的个人隐私、商业秘密或是国家机密，这就要求快递业务员不论是对客户所寄递快件的相关信息还是对客户的个人信息，都要保守秘密，绝对不准对外界透露，否则，将侵害客户的权益，严重的还会受到法律的制裁。这里需要强调的是，保守秘密与诚实守信是不矛盾的。如果一个人为了维护国家和人民的利益而讲了假话，并且使国家机密得到了保护，那就体现了他对国家、对人民、对职业的忠诚，也就体现了他遵从诚实守信职业道德的要求。

"确保安全"要求快递业务员在工作过程中，必须保证快件的安全，将快件完好无损地送到客户手中。另外，也要注意保护好生产工具，如运送快件的车辆，还要保护好自身的人身安全。

（五）衣着整洁，文明礼貌

"衣着整洁，文明礼貌"是对服务行业从业者的基本要求。作为快递业务员，尤其是需要直接面对客户的收寄和派送的外勤人员，其外表和精神面貌直接代表了企业的形象和素质。因此，快递业务员在工作时间要统一着装，并注意保持工装整洁。在向客户提供服务时，要主动、热情、耐心，做到眼勤、口勤、手勤、腿勤，对老、幼、弱、孕客户，应给予更为周到细致的服务和帮助。

（六）热情服务，奉献社会

"热情服务，奉献社会"是职业道德规范的最高要求。为客户提供优质高效的服务，是每一位快递业务员的神圣职责。快递业务员要有高度的责任心和使命感，应本着全心全意为人民服务的精神，以饱满的热情投入到快递工作中去，以积极进取的心态在工作中追求卓越、奉献社会。

三、快递业务员职业守则的特点

（一）体现了职业道德的普遍性

如前所述，职业道德包括了职业态度、职业作风等内容，强调了爱岗敬业、诚实守信等精神。快递业务员职业守则中的"遵纪守法，诚实守信；爱岗敬业，勤奋务实"等内容，都体现了职业道德规范的普遍性要求。

（二）体现了快递服务职业道德的特殊性

每个行业的职业道德规范除了体现一般意义上的职业道德规范外，还必须能够体现与该行业相适应的特殊职业道德规范。这在快递业务员职业守则中有很好的体现。例如，快递业务员职业道德规范中所规定的"团结协作、准确快速"、"保守秘密、确保安全"、"衣着整洁、文明礼貌"等内容，就既体现了作为一般服务业所需具备的职业态度和精神面貌，又体现了快递服务业务所需要具备的特殊职业操守。

第二章　快递服务概述

第一节　快递服务的起源与发展

一、快递服务的起源

我国古代已经有了快递服务。快递服务在我国古代经历了"步传、车传、马传、驿站递铺（急脚递）、邮驿合并（新式邮政）"的发展过程。据史书记载，最早的信息传递，是尧帝时期的"鼓邮"，到了奴隶社会的商周时期，商纣王把"鼓邮"上升为"音传通信"、"声光通信"，西周时期有了实物传递，分为"轻车快传（传）"、"边境传书（邮）"、"急行步传（徒）"方式，邮驿制度开始形成，而烽火报警方式则广泛用于军事通信。春秋时期，邮驿制度发展成为"单骑通信"和"接力传递"，出现了"马传"。孔子曾说："德之流行，速于置邮而传命。"到了封建社会的秦朝，公文分为"急字"和"普通"两种文书，在传递方式上便有了快递和普递之分；到了汉代，为求安全和速度，传送方式都为"马递"；南北朝时期，紧急公文要求日行四百里；隋唐时期，赦书等文件要求日行五百里；北宋时期，出现了专司通信的"递铺"，传递方式分为步递、马递和急脚递，马递和急脚递都属于当时的快递。古代快递递送的是官府文书，主要服务于朝廷和官府，是政治和军事的"耳目延伸器"，带有明显的官方色彩，与普通百姓基本无缘。国外也从很早就有了类似的信息和物品传递活动，人们熟知的马拉松故事，被人们视为快速传递信息的生动事例。

进入 20 世纪初叶，资本主义经济迅速发展，现代快递业诞生。1907 年 8 月，美国联合包裹运送服务公司（UPS）创始人吉姆，以 100 美元为注册资金，在华盛顿州的西雅图市创建了美国信使公司。创业之初，他们租用一间简陋的办公室，聘用了十几名员工担任信使，利用市内的几个服务网点，接听客户电话后，指派距离最近的信使前去收件（有商务文件、小包裹、食物等），然后按发件人的要求和时限送到收件人手中。这便是"国内快递"的开端。而"国际快递"，则是在其后几十年才出现的。1969 年 3 月的一天，美国大学生达尔希（Dalsey）到加利福尼亚一家海运公司看望朋友时，听一位管理人员讲，一艘德国商船正停泊在夏威夷港湾，而提货单正在旧金山制作中，需要一周时间才能寄到夏威夷港。达尔希主动提出，愿意乘飞机将提货单等文件取回送到夏威夷。管理人员盘算：此举可节省昂贵的港口使用费和货轮滞期费等开支，便同意他充当一次特殊的信使。达尔希完成任务后，便联合赫尔布罗姆（Hillblom）和林恩（Lynn）于 1969 年 10 月在美国旧金山成立了 DHL 航空快件公司，公司名称由达尔希、赫尔布罗姆和林恩三人英文名字的字头缩合而成，主要经营国际业务，"国际快递"由此开创。

二、中国快递服务的发展历程

中国快递服务的发展，大致经历了三个发展阶段。

(一)20 世纪 70 年代末至 90 年代初:起步阶段

中国的快递服务是从国际快递业务开始起步的,源自于外向型经济的拉动。这一阶段,中国快递服务从无到有,取得了一定的发展,其特点是中国邮政 EMS 发展迅速,外资快递企业逐步进入中国市场。

1978 年中国实行改革开放政策后,经济活力迅速激发,经济发展进入快速增长轨道并逐渐融入世界市场。随着国际间经济交往的不断增加和中国发展外向型经济的需要,国际快递业务应运而生。1980 年 6 月,日本海外新闻普及株式会社(OCS)率先与中国对外贸易运输公司签订了中国第一个快件代理协议。中国对外贸易运输公司成为中国第一个经营快递服务的企业。随后其他国际跨国快递服务企业如 DHL、TNT、FedEx 及 UPS 等也纷纷进入中国市场,相继与中国对外贸易运输总公司达成快递服务代理协议,开展国际快递业务。1980 年 7 月 15 日,中国邮政与新加坡邮政部门合建全球邮政特快专递,开办国际快递业务。1984 年,中国邮政又开办国内特快专递业务,并于 1985 年成立中国邮政速递服务公司,专门经营国际、国内速递业务。

(二)20 世纪 90 年代初至 21 世纪初:成长阶段

这一阶段的特点是民营快递企业开始发展,快递经营主体多元化格局逐步形成。

1992 年邓小平南巡讲话后,中国改革开放进入新的发展阶段。港、台地区的劳动密集型产业大量转移到中国珠江三角洲,普遍的做法是来料/来件加工或进料加工,香港成为中国内陆与发达市场之间的贸易桥梁,大量的文件或货样在珠三角与香港之间传递,顺丰公司应运而生。与此同时,长江三角洲的乡镇企业如火如荼发展,开始成为国际供应链上的一个环节。在此背景下,申通快递和其他民营快递得以迅速建立。

同时,民航、中铁等其他非邮政国有企业,也开始成立自己的快递服务公司。民航快递借助民航系统的航线、场站和国际交往的优势,国内、国际快递业务齐头并进;中铁快运则利用中国铁路旅客列车行李车作为主要运输工具,辅以快捷方便的短途接运汽车,开辟了具有铁路特色的快递服务。

在此期间,国际快递企业在华发展速度加快,利用与国内企业合作的机会,加大战略性投资,快速铺设网络,建立信息系统,在国际快递市场占据越来越大的份额。

这一阶段,中国快递服务有了较快的发展,业务量急剧上升。根据中国海关的数据,全国进出口快件由 1993 年的 669 万件上升为 1998 年的 1034 万件。2000 年,EMS 快件业务量达到 11031.4 万件,如果以 EMS 业务量占当时快递行业总业务量 50% 的比例估算,可以推算出 90 年代末中国整个快递服务完成业务量达到 2.2 亿件,呈几何倍数增长。

(三)21 世纪初至今:快速发展阶段

进入 21 世纪后,中国以更快的速度和更大的规模融入世界经济,对外贸易年进出口额超过 1000 亿美元,国外直接投资每年达到 600 亿美元,有力地拉动了快递服务的发展。特别是中国加入世贸组织后,参与世界市场的步伐进一步加快,快递服务进入了快速发展的黄金期,业务量以每年 30% 的速度递增,一些企业的业务增长速度甚至达到 60% 以上。

这一阶段,国有快递企业发展力度加大。EMS 依托中国邮政航空公司,建立了以上海为集散中心的全夜航航空集散网;分别在北京、上海和广州建立了大型邮件处理中心并配备了先进的自动分拣设备;建立了以国内 300 多个城市为核心的信息处理平台,与万国邮政联盟(UPU)查询系统链接,可实现 EMS 邮件的全球跟踪查询;建立了以网站、短信、客服电话三位一体的实时信息查询系统;亚洲地区规模最大、技术装备先进的中国邮政航空速递物流集散中心落户南京并即将建成。民航快递有限责任公司也发展成为我国唯一具有全国民航快递网络和航空快递时效品牌的快递、物流专业公司。2000 年 12 月 28 日,中外运空运发展股份有限公司在上海证交所成功上市,成为国内航空货运代理行业第一家上市公司(简称外运发展)。目前其核心业务之一速递业务已形成高速发展的国内快递自有品牌——中外运速递。中铁快运在 2005 年成立后,通过重新整合优质资源,目前已形成了铁路行包快递运输网、快捷货运网、公路运输网、航空运输网、配送网、经营网、信息网"七网合一"的网络资源核心优势,公司经营网络遍及全国 31 个省、自治区和直辖市,门到门服务网络覆盖国内 500 多个大中城市,能同时提供 70 多个国家及地区的快递和国际航空、铁路货运代理服务。

经过十几年的发展,民营快递企业网络快速扩展,市场份额不断提升,经营逐步走向正规。其代表企业顺丰、申通、圆通、韵达、中通等已成为中国快递行业民族品牌的佼佼者。

三、中国快递服务的发展现状

根据 2011 年邮政行业发展统计公报,快递业务快速增长。全年全国规模以上快递服务企业业务量完成 36.7 亿件,同比增长 57%;快递业务收入完成 758 亿元,同比增长 31.9%。快递业务收入占行业总收入的比重为 48.5%,比上年末提高 3.5%。

(一)业务量主要集中在东部经济发达地区

当前,我国的快递服务活动主要集中在东部经济发达地区。2011 年,东、中、西部地区快递业务收入的比重分别为 81.1%、9.9% 和 9.0%(见图 2-1),业务量比重分别为 79.9%、11.2% 和 8.9%(见图 2-2)。

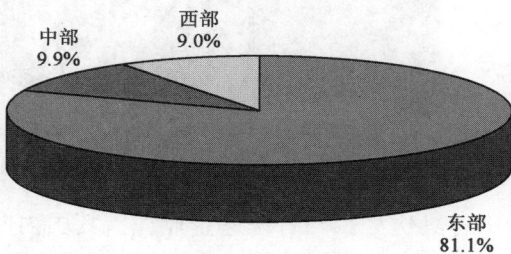

图 2-1　2011 年东、中、西部快递业务收入结构图　　图 2-2　2011 年东、中、西部快递业务量结构图

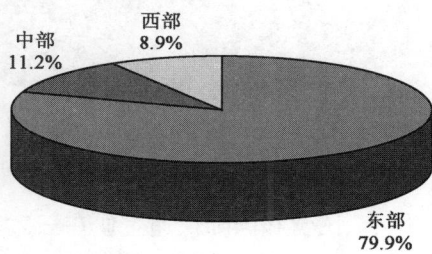

在东部地区,快递服务又集中于以沿海大城市群为中心的三大区域:一是以北京、天津、大连和青岛为中心的环渤海快递服务区域;二是以上海、苏州、杭州和宁波为中心的长江三角洲快递服务区域;三是以广州和深圳为中心的珠江三角洲快递服务区域。除这三大主要区域外,还存在以厦门和福州为中心的环台湾海峡快递服务亚区。近几年,在东部几大快递服务区域的辐射带动下,随着西部开发的加快和中部经济的崛起,中西部地区快递服务也获得了较快的发展。许多地区快递服务从无到有,快递服务网点建设从省会城市向地区中心城市,甚至县级城市发展。

(二)中小型企业占绝大多数

快递服务的从业门槛,不论从资本需求看,还是从从业人员数量和素质要求看都比较低,现实中几十人甚至十几个人就可以提供简单的快递服务。因此,快递企业中中小型企业占绝大多数。受国家邮政局委托,人力资源和社会保障部国际劳工与信息研究所在 2007 年进行的一次调研问卷结果显示,500 人以下的中小型快递企业占到快递企业总数的 86%。具体分布是:50 人及以下规模企业占 45.23%,51~500 人规模企业占 40.78%,501~2000 人规模企业占 8.64%,2000 人以上较大规模企业仅占 5.35%(见图 2-3)。

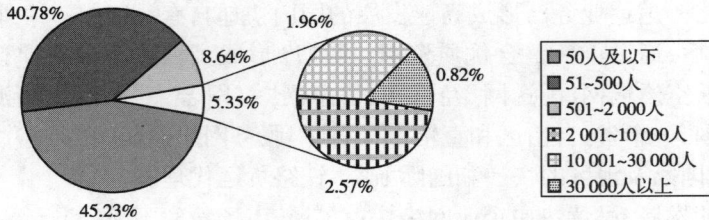

图 2-3 快递企业规模情况图

(三)三大业务均快速发展,不同企业各有优势

快递业务在国内异地、同城和国际及港澳台三大方面均有快速发展。国内异地快递不论从业务量看,还是从业务收入看,市场份额都在 50% 左右。根据国家邮政局和统计局的联合统计调查,2011 年,同城、异地、国际及港澳台地区快递业务收入分别占全部快递收入的 8.7%、58.8% 和 24.4%(见图 2-4);业务量分别占全部快递业务量的 22.3%、74.2% 和 3.5%(见图 2-5)。

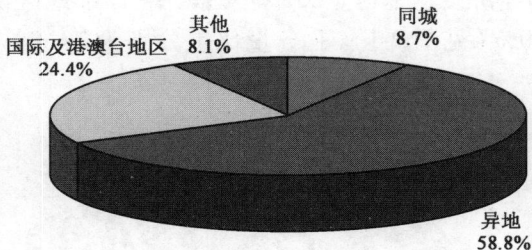

图 2-4 2011 年不同业务种类业务收入结构图

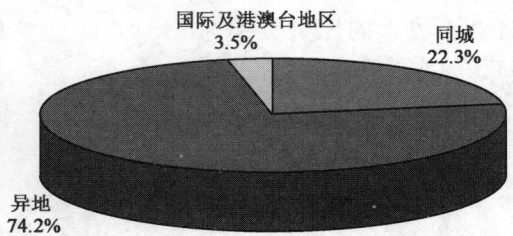

图 2-5 2011 年不同业务种类快递业务量结构图

国有、民营和国际快递企业在三大业务结构中各具优势。国有快递企业凭借其国内网络及品牌等优势,把握着国内异地业务的主动权。而民营快递企业凭借相对低廉的成本和灵活、方便的服务,在同城和异地业务占有一定优势,市场份额显著扩大。国际企业依靠其遍布全球的运递网络、雄厚的资金与技术实力,良好的管理与服务,在国际快递业务上优势明显。

四、中国快递服务的发展趋势

(一)机遇挑战并存

受国际金融危机的后续影响,世界经济增长速度减缓,国际快递服务发展面临挑战。随着全球经济的逐步复苏和国际贸易往来的不断加强,我国仍将是全球重要的物品流通市场,对产品、服务、资本具有较强的吸引力,全球采购、生产和销售需要更多更快捷的物品寄递服务。

(二)需求持续增长

随着我国全面建设小康社会,工业化、信息化、城镇化、市场化、国际化将进一步加速发展,人均国民收入稳步增加,经济结构转型加快,经济社会发展和综合国力再上新台阶。伴随经济规模不断扩大和国际经济贸易往来更加密切,信息交流、物品递送和资金流通等活动日趋频繁,对快递服务的需求将持续增长。

(三)支撑作用突出

预计到2015年,电子商务年交易额将突破18万亿元;我国规模以上企业应用电子商务比率达80%以上;应用电子商务完成进出口贸易额占我国当年进出口贸易总额的10%以上;网络零售额相当于社会消费品零售总额的9%以上。电子商务、网络购物等新型服务业态的迅猛发展,推动人们消费方式的转变,促进网购快递需求快速增长。快递服务成为电子商务、网络购物发展的重要支撑。

(四)产业集中度提升

随着快递业法律法规体系的逐步健全,快递市场运行机制将进一步完善。我国快递企业规模较小、业务模式单一,网络化、一体化服务能力不强的问题仍旧突出,生存与发展的压力依然较大;一些国内快递企业经过多年发展,积累了一定的经营实力和管理经验,具备做大做强的基本条件。遵循市场经济规则,依托市场机制开展快递企业兼并重组,成为做大行业做强企业的客观要求。快递业内以及跨行业、跨地区、跨所有制的兼并重组步伐加快,推动产业集中度进一步提升。

(五)网络日益健全

随着国家"五纵五横"综合交通运输网络的基本建成和高速公路、民航、铁路的快速发展,快递服务网络的承载能力将大大提升,进一步扩大运输能力、提高服务质量、加快发展。

(六)服务能力增强

随着信息和物联网技术的发展及推广,科学技术在快递服务领域将得到更加广泛和深入的应用。先进的分拣传输设备和车辆定位系统的广泛使用将会大大提高快件处理效率。用户数据和各种信息的综合利用以及快件传递过程中信息采集点的逐步增加,将使快递处理信息更加完整,快件跟踪查询的响应速度不断提高。呼叫、营销、客户服务中心等工程的建设,使快递企业的客户关系管理能力显著增强。

第二节　快递服务的特点与分类

作为世界范围内蓬勃发展的新兴产业,现代快递服务是市场经济发展的产物,以满足个性化需求为宗旨,依赖社会资本实现网络的地域覆盖,提供快捷的、门到门的、个性化的附加服务。快递服务和传统邮政业,本质都是信息流、实物流和资金流的三流合一,都是通过网络提供信件和物品的递送服务。它们的递送对象都是信件和物品,都含有信息传递和实物递送的成分。

一、快递服务的定义与特点

(一)快递服务定义

根据《快递服务》国家标准的规定,快递服务是在承诺的时限内快速完成的寄递服务。

快递服务属于邮政业,但又不同于邮政普遍服务。两者在经营范围、服务对象、服务标准、传递渠道、定价机制、企业运行规则、行业监管体制、享受国家政策等方面均有着明显的不同。邮政普遍服务属于政府指导下的低价普惠的非竞争性产品,快递服务属于市场主导的商业化个性化的竞争性产品。

(二)快递服务特点

根据快递服务的定义,快递服务具有以下特点:

(1)快递服务的本质反映在一个"快"字上,快速是快递服务的灵魂。

(2)快递服务是"门到门"、"桌到桌"的便捷服务。

(3)快递服务需要具有完善、高效的服务网络和合理的覆盖网点。

(4)快递服务能够提供业务全程监控和实时查询。

(5)快递服务要求快件须单独封装、具有名址、重量和尺寸限制,并实行差别定价和付费结算方式。

(三)快递服务的作用

快递服务具有促进经济和社会发展的双重作用,具体表现如下:

1.经济作用

(1)从宏观经济发展看,快递服务具有加快流通、方便消费、推动经济结构调整和经济增长方式转变方面的重要经济作用,能提高整个经济运行速度、质量、效益。例如,在推动电子商务等新型商务流通模式的发展中,快递服务起到了关键作用。因此,也被称为国民经济发展的"输血管"和"加速器"。

(2)从区域经济发展看,快递服务加速了地区间经济的联系和沟通,是促进地区经济共同协调发展的纽带和桥梁。

(3)从外贸等经济领域看,快递服务已成为国际贸易和高技术产业供应链的组成部分,在国际范围内提高了供应链的运行效率和运行质量,解决了生产企业远离主销市场的空间劣势问题。

2.社会作用

快递服务的社会作用概括起来大致有以下几个方面:

(1)快递服务是劳动密集型的服务行业,具有创造大量就业岗位和吸纳更多人就业的作用。

(2)快递服务具有促进文化、教育、科技等知识和信息传播的作用。

(3)快递服务具有促进农村和城镇一体化建设的作用。

(4)快递服务具有支持抵抗各种自然灾害或人为灾害,快捷提供救援物资和促使灾区尽快恢复正常生产生活秩序的保障作用。

(5)快递服务具有满足社会特殊群体提供上门运送服务的作用。

二、快递服务的分类

快递服务按寄达范围划分,可分为国内快递、国际快递、港澳台快递三大业务种类;按照所有制形式划分,可分为国有、民营、外资三大主体;按照运输方式划分,可分为航空、公路、铁路三大方式。

(一)国内快递、国际快递、港澳台快递三大业务种类

1.国内快递

国内快递是从收寄到投递的全过程均发生在中华人民共和国境内的快递业务。国内快递又分为同城快递、省内异地快递、省际快递三类,其中省内异地快递和省际快递可统称为国内异地快递。

同城快递是指寄件地和收件地在中华人民共和国境内同一城市的快递业务。比如,寄件地在北京朝阳区,收件地在北京海淀区,快件从北京的朝阳区送往北京的海淀区,这种在同一个城市内传递的快件即称为"同城快递"。同城的概念原则上是指同一城市,但由于快递企业能力和网络结构的不同,各快递企业对同城地域范围的界定会有所不同。

同城快递服务是近年来快递业务中增长最快的业务,它是高度劳动密集型的业务,既不需要发达的交通工具,也不需要尖端的信息监控技术,网络运营和管理技术也不复杂,更多依赖的是一套能够充分调动业务员积极性的灵活的管理体制和分配机制。同城快递具有高度分散、高度竞争性的市场结构。同城快递业务,相对于国内异地快递业务而言,运营成本较低,易于管理;又具有取件和送件及时,能为客户解燃眉之急的特点。同城快递业务成为了部分中小型民营快递企业的主导业务。

国内异地快递业务主要是区域内的业务与区域间的业务。区域内的快递业务可以通过公路或铁路运输完成,区域间的业务一般要依赖航空运力。与同城快递相比,国内异地快递业管理成本较高,取件和送件因分别在不同直辖市、省、自治区而不确定因素增大。

省内异地快递服务是指寄件地和收件地分别在中华人民共和国境内同一省份、自治区中不同地区的快递服务。比如,寄件地在广东省珠海市,收件地在广东省湛江市,快件从广东省珠海市送往广东省湛江市,这种在同一省份、自治区中不同地区的快递服务称为"省内异地快递"。

省际快递服务是指寄件地和收件地分别在中华人民共和国境内不同省份、自治区、直辖市的快递服务。

2. 国际快递

国际快递服务是寄件地和收件地分别在中华人民共和国境内和其他国家或地区(香港、澳门、台湾地区除外)的快递服务,以及其他国家或地区(香港、澳门、台湾地区除外)间用户相互寄递但通过中国境内经转的快递服务。

国际快递服务的特点是技术密集、资本密集和管理密集型业务,也是快递服务领域利润最高的业务,在业界一般称为高端业务。国际快递服务提供商必须具备足够的航空和地面运输能力、枢纽中心和遍布世界主要国家和城市的投递网络、先进的信息跟踪和控制技术。

到目前为止,经营国际业务的主要是国际快递公司、国际货物运输代理企业,以及中国邮政速递物流股份有限公司(简称 EMS)、中国民航快递有限公司和大通国际货运有限公司、中远国际航空货运代理有限公司等中国国内企业。在国际快递服务方面,中国的快递企业还没有形成自己的航空运力和国际投递网络,主要依赖民用航空公司的商业航班和各国邮政制定的邮路,国际快递的时效和能力受到限制,网络的效率也有待进一步提高。

3. 港澳台快递

港澳台快递是寄件地和收件地分别在中国境内和中国香港特别行政区、中国澳门特别行政区、中国台湾地区的快递业务。一般将港澳台市场和国际快递市场合并统计。

(二)国有、民营、外资三大主体

按照所有制形式划分,在我国快递市场提供服务的快递企业分为三大市场主体,即国有、民营和外资快递企业,这些企业规模不等,数量众多。2011 年,全国规模以上快递服务企业业务量累计完成 36.7 亿件,同比增长 57.0%;业务收入累计完成 758 亿元,同比增长 31.9%。

国有、民营和外资快递企业齐头并进,全行业得到快速发展。

2011 年全年国有快递企业业务量完成 10.8 亿件,实现业务收入 271.1 亿元;民营快递企业业务量完成 24.8 亿件,实现业务收入 374.5 亿元;外资快递企业业务量完成 1.1 亿件,实现业务收入 112.5 亿元。国有、民营、外资快递企业业务量市场份额分别为 29.4%、67.6% 和 3.0%,业务收入市场份额分别为 35.8%、49.4% 和 14.8%。

1. 国有快递企业

主要是邮政、民航等部门的国有和国有控股企业,以中国邮政速递物流股份有限公司、民航快递等为代表。

2. 民营快递企业

民营快递企业以顺丰、申通、圆通、韵达、中通、宅急送等企业为代表。目前我国从事快递服务的民营企业主要分布在以北京、上海、广东为核心的长江三角洲、珠江三角洲和京津冀地区。

3. 外资快递企业

1980 年 6 月,日本海外新闻普及株式会社(OCS)经当时我国外贸部和海关总署批准,与国内当时最大的外贸运输企业——中国外运总公司签订了我国第一个快件代理协议。随后,以德国敦豪国际航空快件有限公司(DHL)、美国联邦快递公司(FedEx)、美国联合包裹服务有限公司(UPS)和荷兰天地公司(TNT)(目前已被 UPS 收购)四大国际快递企业为代表的国际快递公司以同样的方式陆续进入中国市场。1984 年,FedEx 登陆中国。1986 年,中外运—DHL 在北京成立。1988 年,UPS 与中外运建立合作关系,同年,TNT 进入中国,与中外运合资建立了"中外运—天地快件有限公司"。

(三)航空、公路、铁路三大运输方式

按照快递运输方式划分,有航空快递、公路快递、铁路快递三种运输方式。航空快递主要依托航空公司和机场,为客户提供个性化的航空运输延伸服务。由于运输快捷,成为远途快递最常用的方式,尤其是在国际快递市场方面发挥了主要作用;公路快递是目前运输量最大的运输方式,国内异地和同城快递基本使用这一方式;铁路快递通过行李车快运,运量大,安全、准时,适用大件物品和一些航空禁运物品的远途运输。此外,在特殊情况下,水路运输也发挥了一定的作用。

事实上,航空快递和铁路快递都和公路快递密切相关,三种运输方式高效、流畅的结合对于提高快件传递效率、提升快递服务质量具有十分重要的意义。

第三节　快递业务网络

一、快递业务网络的定义

快递业务网络是指实现快件收寄、分拣、封发、运输、投递等所依托的实体网络和信息网络的总称。

二、快递业务网络的分类

快递服务是通过网络实现的,其中快件是通过实体网络传递的,快件信息是通过信息网络传输的。因此,快递业务网络可分为快件传递网络和信息传输网络。

三、快件传递网络

(一)快件传递网络的构成

快件传递网络是由快递呼叫中心、收派处理点或营业网点、处理中心和运输线路按照一定的原则和方式组织起来并在调度运营中心的指挥下,按照一定的运行规则传递快件的网络系统。它是由紧密衔接的各个环节组成的统一整体(见图2-6)。只有充分发挥并依靠全网的整体功能,才能顺利地完成快件的传递任务。

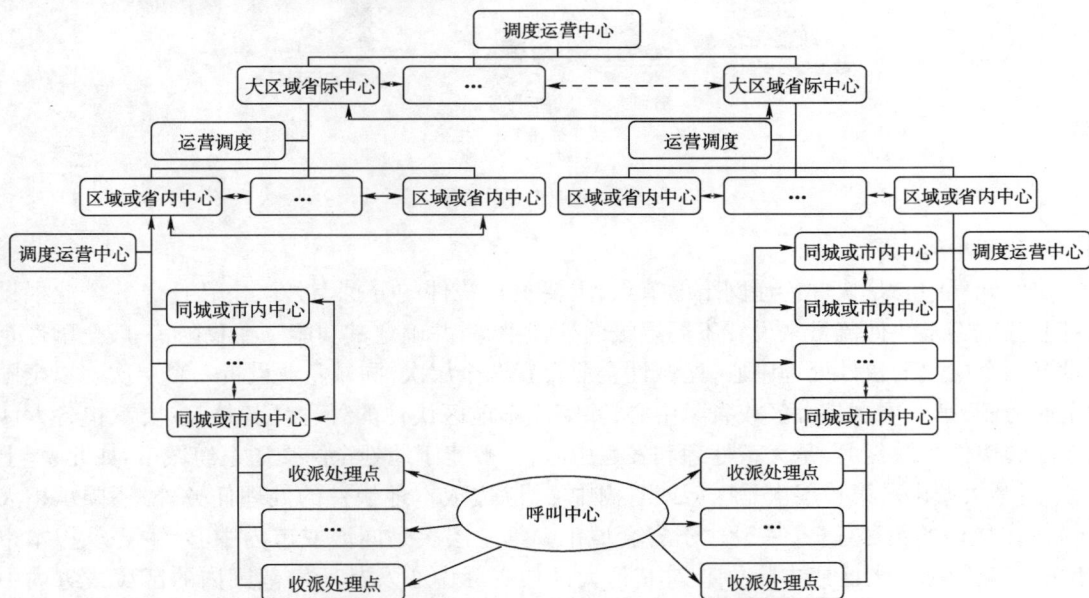

图2-6 快件传递网络构成图

1. 呼叫中心

呼叫中心,亦称"客户服务中心",是快递企业普遍使用的、旨在提高工作效率的应用系统。它主要通过电话、网络系统负责受理客户委托、帮助客户查询快件信息、回答客户有关询问、受理客户投诉等业务工作,见图2-7。

2. 收派处理点或营业网点

收派处理点或营业网点是快递企业收寄和派送快件的基层站点,其功能是集散某个城市某一地区的快件,然后再按派送段进行分拣和派送。

收派处理点或营业网点的设置,应依据当地人口密度、居民生活水准、整体经济社会发展水平、交通运输资源状况以及公司发展战略等因素来综合考虑,要本着因地制宜的原则,科学、合理地设置。从我国快递企业目前设置情况看,城市网点多于农村,东部地区多于西部地区,经济发达地区多于经济欠发达地区。收派集散点是快件传递网络的末梢,担负着直接为客户服务的功能。

随着快递服务业的快速发展,快递企业收派处理点的硬件设施科技含量日益提高、服务质量和效率得到进一步提升,服务功能也朝着日益多样化、综合化和个性化的方向发展。

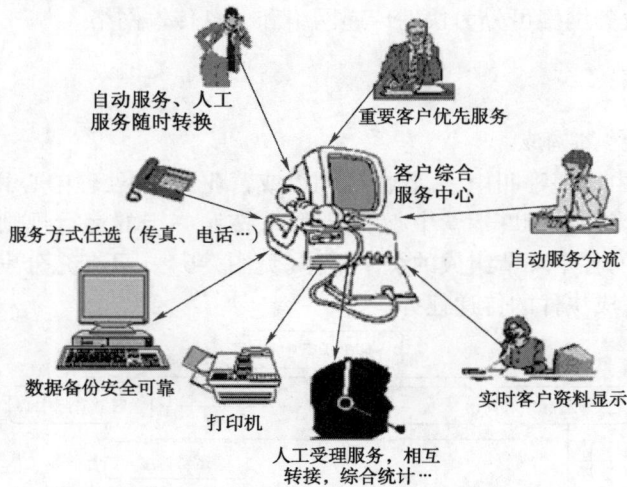

自动服务、人工服务随时转换

重要客户优先服务

客户综合服务中心

服务方式任选（传真、电话…）

自动服务分流

数据备份安全可靠

打印机

实时客户资料显示

人工受理服务，相互转接，综合统计…

图 2-7　呼叫中心示意图

3. 处理中心

快件处理中心是快件传递网络的节点，主要负责快件的分拣、封发、中转任务。企业根据自身业务范围及快件流量来设置不同层级的处理中心，并确定其功能。在我国，一般全国性企业设置三个层次的快件处理中心，区域性企业设置两个层次，同城企业设置一个层次。以全国性企业为例，第一层次是大区或省际中心，除完成本地区快件的处理任务外，主要承担各大区或省际的快件集散任务，是大型处理和发运中心，一般建于地处全国交通枢纽城市，如北京、上海、广州等大城市。第二层次是区域或省内中心，除完成本地快件的处理任务外，还要承担大区(省)内快件的集散任务，一般建于省会城市。第三层次是同城或市内中心，主要承担本市快件的集散任务。大区或省际中心对其他大区或省际中心及其所辖范围内的区域或省内中心、同城或市内中心建立直封关系。区域或省内中心对其大区或省际中心、本大区内的其他区域或省内中心，及其所辖的同城或市内中心建立直封关系。

处理中心的设置方式和位置，对快件的分拣、封发和交运等业务处理和组织形式，以及快件的传递速度和质量起着决定性的作用。

随着快递技术含量的上升和快件业务量的增加，快件处理中心的处理方式也正在由手工操作向半机械化和自动化处理方式过渡。

4. 运输线路

运输线路是指快递运输工具在快件收派处理点、处理中心间以及所在地区车站、机场、码头之间，按固定班次及规定路线运输快件的行驶路线。运输线路按所需运输工具可分为航空运输线路、火车运输线路、汽车运输线路和水运线路。

运输线路和运输工具是保证快件快速、准确送达客户的物质基础之一，是实现快件由分散(各收寄点)到集中(各处理中心)再到分散(各派送点)的纽带。

5. 调度运营中心

调度运营中心是控制并保证快递网络按照业务流程设计要求有序运行的指挥中心。它需要按照预定业务运营计划和目标实行统一指挥，合理组织、调度和使用全网络的人力、物力和财力资源，纠正快件传递过程中出现的偏差或干扰，确保快递网络迅速、高效的良性运转。

(二)快件传递网络的层次划分

快件传递网络是企业按照快递业务流程及快递业务实际运营的需要设立的,每一企业的快件传递网络是一个有机的整体。从我国快递企业的实际情况看,不同企业对快件传递网络又划分出不同的层次。一般而言,全国性企业的网络分为三个层次,即大区或省际网、区域或省内网,以及同城或市内网。

1. 大区或省际网

大区或省际网主要承担省际的快件传递任务。它连接各大区或省际处理中心(包括国际快件处理中心),通过陆路和航空运输组成一个复合型的高效快递运输干线网络,见图2-8。

由于大区或省际网是整个快件传递网的关键环节,又最容易出现堵塞和其他问题,必须建立统一有序的指挥调度系统,及时进行信息反馈,以确保网络的畅通无阻。

该类网络的设立与改造,应遵循社会发展和市场经济需求相适应的原则、追求经济效益与社会效益相一致的原则,以及确保快件快速、有序、安全、准确运递的原则。

2. 区域或省内网

区域或省内网是大区或省际网的延伸,与同城或市内网联系密切,在快件传递网络中起着承上启下的作用。

区域或省内网以区域或省内处理中心为依托,通过以汽车、火车运输为主的运输线路与和其有直封关系上级、同级及下级处理中心相连接构成的。如图2-9所示,杭州是区域或省内中心,其上级中心是上海,下级中心是绍兴、金华等同城或市内中心。杭州通过汽车、火车运输与其上下级中心之间构成区域或市内网。

图2-8　大区或省际网示意图

图2-9　区域或省内网示意图

区域或省内网按快件运输的方式,可划分为以公路运输为主的公路网络、以铁路运输为主的铁路网络以及由多种运输方式相结合的综合网络。

在区域或省内网中,根据快件的流向和流量、当地的地形地貌,以及交通条件等因素,形成不同的网络结构。从其运输线路看,一般常见的有辐射型、直线型和环线型,见图2-10。

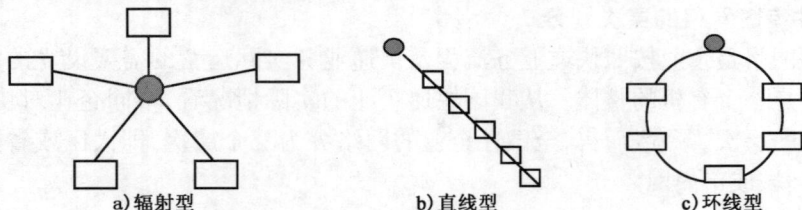

图 2-10 城际运输线路结构图

辐射型是指区域或省内处理中心与其所辖的同城或市内中心形成点对点的关系,各同城或市内中心的快件直接与区域或省内中心进行交换。

直线型表示快递运输工具从区域或省内处理中心出发,由近及远依次经过各同城或市内中心,并卸载到站快件,然后原车按原线路返回,由远及近依次装载待发送快件后回到区域或省内中心。

环线型表示运输工具从区域或省内处理中心出发,依次经过各同城或市内中心卸载到站快件,然后回到区域或省内中心。

混合型是指上述三种基本运输线路的组合。

3. 同城或市内网

同城或市内网是由同城或市内处理中心与若干个收派处理点组成的,除负责快件的收取和派送外,还负责快件的分拣、封发等工作。

同以上二级网络相比,同城或市内网的设置,更多需要考虑的是本地的具体因素,比如市政发展规划、土地征用政策、基本建设投资成本,经济发展水平、产业布局、运输条件,人口结构与密度,文化传统特点,快件的流向和流量等因素,见图2-11。

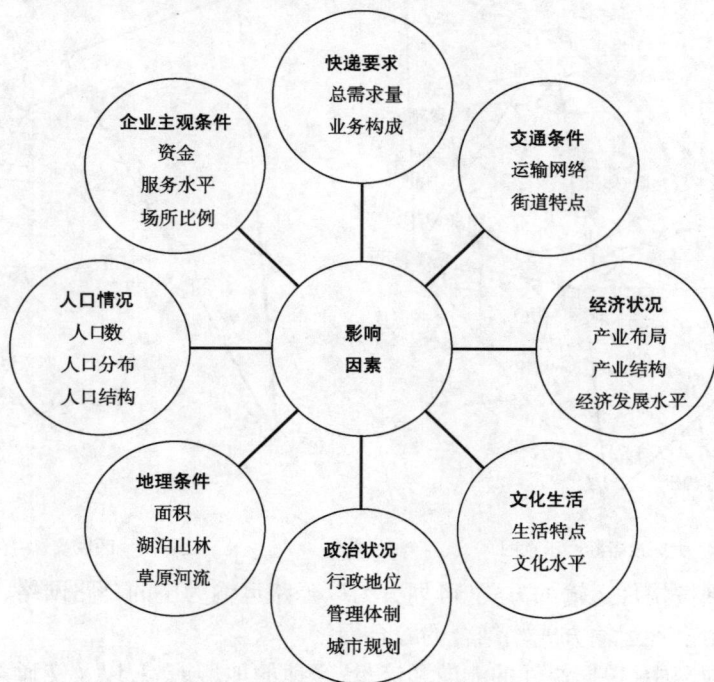

图 2-11 同城或市内网建设的影响因素

四、信息传输网络

在快件传递的过程中,始终伴随着快递相关信息的传输,这些信息包括单个快件运单的信息、快件总包的信息、总包路由的信息,以及快件传递过程中每个节点产生的信息等。传输这些信息的网络就叫做信息传输网络。

快递信息网络主要具有以下作用:第一,实现了对快件、总包等信息的实时传递;第二,实现了企业快递信息资源最大限度的综合利用与共享;第三,便于企业运营管理,提高工作效率,规范操作程序,减少人为差错;第四,便于企业为客户提供更优质的服务,包括为客户提供快件查询;第五,有利于增强企业竞争能力,促进企业可持续发展。

快递信息系统网络由物理系统和软件系统两大部分组成。物理系统主要包括信息采集和处理设备、信息传输线路以及信息交换、控制与存储设备。软件系统包括操作系统、数据库管理系统和网络管理系统。

快递企业这种复杂的信息必须通过不同层次和级别的网络及硬件设备连接和管理,因而快递企业都会量身定做适合自身的信息系统网,以辅佐实物传递网的正常运行。快递信息网络的建设,是一项庞大而且复杂的系统工程,耗资巨大。因此,快递企业应根据自身业务的发展情况,实施分阶段建设的策略,逐步予以完善。在进行硬件建设的同时,应特别注意软件系统的基础建设和技术更新。

第四节　快递服务环节与要求

一、快递服务的环节

快递服务是在承诺的时限内快速完成寄递服务,具有服务范围广泛,服务内容复杂,服务要求严格的特点。

快递服务总体上要遵循系统优化、质控严格、信息完备与协调、作业安全的原则,为客户提供迅速、准确、安全、方便的快递服务。

快递服务主要包括快件收寄、快件处理、快件运输和快件派送四大环节(见图2-12)。

在快递服务四大环节中,不仅每个环节存在大量的组织作业运转工作,而且各个环节之间也需要密切配合、有效组织,从而保证快件传递的动态过程科学、高效。

1. 快件收寄

快件收寄,是快递流程的首要环节,是指快递企业在获得订单后由快递业务员上门服务,完成从客户处收取快件和收寄信息的过程。快件收寄分为上门揽收和网点收寄两种形式,其任务主要包括验视快件、指导客户填写运单和包装快件、计费称重、快件运回、交件交单等工作。

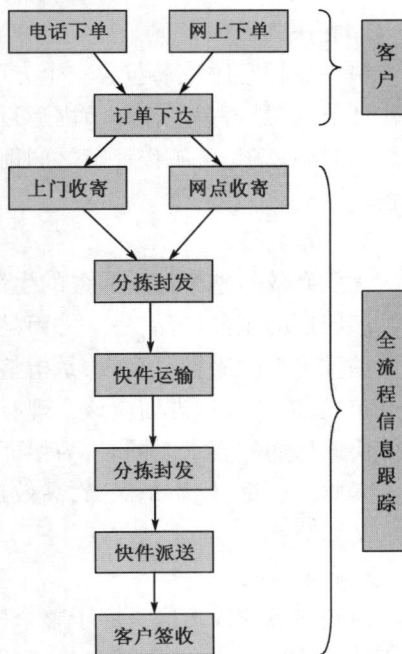

图 2-12　快递流程简图

2. 快件处理

快件处理，包括快件分拣、封发两个主要环节，是快件流程中贯通上下环节的枢纽，在整个快件传递过程中发挥着十分重要的作用。这个环节主要是按客户运单填写的地址和收寄信息，将不同流向的快件进行整理、集中，再分拣并封成总包发往目的地。快件的分拣封发是将快件由分散到集中、再由集中到分散的处理过程，它不仅包括组织快件的集中和分散，还涉及控制快件质量、设计快件传递频次、明确快件运输线路和经转关系等工作内容。

3. 快件运输

快件运输，是指在统一组织、调度和指挥下，按照运输计划，综合利用各种运输工具，将快件迅速、有效地运达目的地的过程。快件运输主要包括航空运输、陆路运输和水路运输三大方式。三种运输方式各具特点，经营方式、运输能力和速度也各不相同。快递企业可根据快件的时效与批量等实际要求，选择合适的运输方式来保证快速、准确地将快件送达客户。随着市场经济的飞速发展，航空运输在快件运输中日趋普遍，地位日益提高。

4. 快件派送

快件派送，是指业务员按运单信息上门将快件递交收件人并获得签收信息的过程。快件派送是快递服务的最后一个环节，具体工作包括进行快件交接、选择派送路线、核实用户身份、确认付款方式、提醒客户签收、整理信息和交款等项工作。快件派送工作不仅是直接保证快件快速、准确、安全地送达客户的最后一环，也是同客户建立与维护良好关系的一个重要机会。

二、快递服务的基本要求

为了保证快件以最快的速度和安全、准确、优质的传递质量，以尽可能少的成本和尽可能便捷的方式从快件寄件人送达收件人，快递服务整个流程必须遵循以下基本要求：

1. 有序流畅

快递流程有序流畅包含三个方面内容：一是工作环节设置合理，尽量不出现重复、交叉的工作环节；二是每一工作环节内运行有条不紊，操作技能和方法运用合理，尽量减少每个岗位占用的时间；三是各工作环节之间衔接有序，运行平稳。上下环节之间应相互配合，保证节奏流畅。

2. 优质高效

优质高效是整个快递服务的生命线。优质，一方面是指最大限度地满足各类客户的需求，提供多层次的服务产品，另一方面是指本着对客户负责的精神，保证每个工作环节的质量，为客户提供优良的服务。高效，是指整个快递流程必须突出"快"的特点，这就要求在网络设计、网点布局、流程管理方面应该合理有效，在工具、设备和运输方式的选择方面能够满足信息和快件快速传递的要求。同时，为保证流程的优质高效，还应合理配置人员，加强员工培训，提高员工素质。这里，优质是保障，高效是灵魂，没有优质，高效就没有基础；没有高效，优质就会失去意义。

3. 成本节约

控制和节约成本应贯穿于整个快递业务流程。应该尽量减少和压缩不必要的快件中转环节，降低运输消耗，合理配置工具和设备，节约使用物料，充分利用一切可重复使用的资源，以降低企业快递成本，节约社会资源。

4. 安全便捷

安全是快递服务始终遵循的基本原则之一。在整个快递流程中,必须最大限度地降低可能会引发快件不安全的一切风险,保证快件在收寄、包装、运输、派送等过程中免受损坏和丢失;确保信息及时录入、准确传输,不发生丢失和毁灭等。

同时,要体现方便客户的人性化服务,在服务场所设置、营业时间安排、上门收寄和派送服务等方面,都应体现出便捷的服务特点,以满足客户的需求。

第三章 快递业务基础知识

前面述及,快递业务按寄达范围分为国内快递业务、国际快递业务、港澳台快递业务三大类。这三类业务除了覆盖地理范围和进出口要求不同外,在业务流程、服务模式和付费方式方面大致相同,这里重点介绍国内快递业务知识,简要介绍国际快递业务和港澳台快递业务知识。

第一节 快件的定义和分类

一、快件定义

快件是快递服务组织依法递送的信件、包裹、印刷品等的统称。

二、快件分类

不同种类的快件具有不同的性质和特点,快件业务可以按以下六种方式进行分类。

1. 按照内件性质分类

所谓内件,是指客户寄递的信息载体和物品。根据信息载体和物品的概念,快件主要可分为信件类快件和物品类快件两种。

2. 按照寄达范围分类

按寄达范围不同可将快件分为国内快件、国际快件、港澳台快件。

3. 按照快递服务时限分类

按照快递服务时限快件可分为标准服务快件、承诺服务时限快件。

(1)标准服务快件

标准服务快件是指快递服务组织从收寄快件开始,到第一次投递的时间间隔符合快递服务标准承诺时限要求的快件。一般,同城快件时限不超过 24 小时,异地快件时限不超过 72 小时。

(2)承诺服务时限快件

承诺服务时限快件是一项兼具时效性和稳定性的高品质快递服务,是指对纳入承诺范围城市间互寄的快件承诺全程时限,对超过承诺时限的快件则退还已收取的费用。

4. 按照赔偿责任分类

按照赔偿责任不同快件分为保价快件、保险快件和普通快件。

(1)保价快件

保价快件是指寄件人按规定交付保价费,快递服务组织对该快件的丢失、损毁、内件短少承担相应赔偿责任的快件。

如果保价快件在传递过程中发生遗失、损坏、短少、延期等问题时,客户可向快递企业提出索赔诉求,快递服务组织须承担相应的赔偿责任。

（2）保险快件

保险快件是指客户在寄递快件时,除交纳运费外,还按照快递企业指定的保险公司承诺的保险费率交纳保险费的快件。如果保险快件在传递过程中发生遗失、损坏、短少、延误等问题时,客户有权向承包的保险公司提出索赔要求。

（3）普通快件

普通快件,是指只交纳快件运费而不对快件实际价值进行保价并交纳保价费的快件。《邮政法》第四十五条第二款明确规定:"邮政普遍服务业务范围以外的邮件的损失赔偿,适用有关民事法律的规定"。同时,《邮政法》第五十九条又规定:"第四十五条第二款关于邮件的损失赔偿的规定,适用于快件的损失赔偿"。这就明确了快件的损失赔偿适用于有关民事法律的规定。

5.按照付费方式分类

按照付费方式不同,快件分为寄件人付费快件、收件人付费快件和第三方付费快件。

6.按照结算方式分类

按结算方式分类,快件分为现结快件和记账快件。

第二节　快递业务知识

一、国内快递服务的主要服务环节

国内快递服务是指从收寄到投递的全过程均发生在在中华人民共和国境内的快递服务。国内快递服务分为省内快递和省际快递,省内快递分为同城快递和省内异地快递。无论是省内快递还是省际快递,主要服务环节和禁限寄物品规定基本一致。

国内快递服务的主要服务环节为:收寄、分拣、封发、运输、投递,以及查询、投诉和申诉、赔偿等。

二、国际快递服务的主要服务环节

国际及港澳台快递业务流程与国内快递业务一样,都要经过收寄、分拣封发、运输和派送四大环节。其主要区别在于,国际快件在入境和出境过程中,需接受我国和有关国家海关的进出境检查,必须办理通关手续。

提供国际快递服务的快递企业的有关业务人员,不仅要熟悉和掌握我国通关的有关法规、政策、制度和程序,而且还必须了解和掌握有关主要国家的通关的规定和知识。

国际快递服务包括国际进境快递服务和国际出境快递服务。

三、快件通关相关知识及要求

（一）我国海关对快递物品的规定

国家对禁止出入境物品有明确的规定。这些规定主要是从保护国家安全、国家利益和公民生命财产安全角度确定的。禁止入境的物品包括武器、毒品、影响环境和危害社会道德的物品以及其他对个人、环境和国家安全有影响的物品。禁止出境的物品包括涉及国家秘密的信

23

息资料、文物、濒危动植物、影响国家安全的音像制品和印刷品等。

限制出入境物品,主要不是整体禁止该种物品的出入境,而是对数量、价值进行限制。例如,对入境的烟草和外币不超过一定数量等。同时,对出境的物品也有类似的限制,如一般文物、贵重中药材等。

快递企业和快递业务员,必须熟悉并严格遵守国家的有关规定,在工作过程中要严格把关,不发生收寄和派送国家明令禁止进出境的物品情况,也不过量收寄不符合限寄要求的物品。

(二)快件通关相关知识和要求

1.报关部门

从事国际快递服务的快递服务组织可设立报关部门,根据有关规定向当地海关申请代理报关资格,办理代理报关业务,并配合海关对受海关监管的进出口国际快件实施查验放行工作。另外,国际快递服务可采用代理报关办法,即由快递企业委托报关中介公司代理报关手续。

2.报关知识

快件的报关和查验应当在快递企业所在地海关办公时间和专门监管场所内进行。如需在海关办公时间以外或专门监管场所以外进行,需事先商海关同意,并向海关无偿提供必需的办公场所及必备的设施。

入境的快件,应当在运输工具申报入境后24小时内向海关办理报关手续;出境的快件,应当在运输工具离境前4小时向海关办理报关手续。

3.快递企业应承担的义务

快递企业经营进出境快件业务,应当承担下列义务。

(1)及时向海关呈交快件通关所需的单证、资料,并如实申报所承运的快件。

(2)通知收、发件人缴纳或代理收、发件人缴纳快件的进出口税款,并按规定对进出境快件交纳税费、监管手续费等。

(3)除非海关准许,快递企业应当将监管时限内的快件存放于专门设立的海关监管仓库内,并妥善保管。未经海关许可,不得将监管时限内的快件进行装卸、开拆、重换包装、提取、派送、发运或进行其他作业。对于进境快件,"监管时限"是指自运输工具向海关申报起至办结海关手续止;对于出境快件,"监管时限"是指自向海关申报起至运输工具离境止。

(4)海关查验快件前,快递企业有关业务人员应对快件进行分类。海关查验快件时,快递企业应当派工作人员到场,并负责快件的搬移、开拆、重封包装等。

(5)发现快件中含有禁止出境的物品,不得擅自处理,应当立即通知海关并协助其进行处理。

四、禁限寄规定

国家法令明确规定,任何组织和个人不得用快递网络从事危害国家安全、社会公共利益或者他人合法权益的活动,并明确规定了禁限寄物品的种类、收寄检查和管理制度。

国家法律、法规明文禁止寄递的物品共有14类,主要包括具有燃烧、爆炸、腐蚀、毒害和放射等性质的危险物品,譬如武器、弹药、刀具,鸦片、大麻、冰毒等物品,还包括严重危害国家安全、破坏民族团结、破坏国家宗教政策、破坏社会稳定的禁寄物品,如宣扬法轮功邪教的宣传品,藏独、台独的标志物等。

限寄物品是指对国家规定的限制流通或实行特许经营的物品,例如烟酒等进行限量快递的物品。

另外,使用国际快递服务时,还要遵守收寄国、寄达国和中转国的相关禁限寄规定。

第四章 快递服务礼仪

第一节 快递服务礼仪

一、服务礼仪

(一)服务礼仪的内涵

礼仪作为人们思想、意识、修养、情操水平的重要标志,在现代社会中占据着极其重要的地位,服务礼仪是各服务行业人员必备的素质和基本条件。学习服务礼仪知识不仅有助于塑造良好的形象,还有助于提高综合素质。

1. 服务礼仪的内容

在道德思想方面,要加强服务人员的世界观和人生观改造,加强其思想品质和职业道德的培养,使其提供的服务是发自内心的、真诚的奉献。

在语言修养方面,服务人员应使用文明礼貌用语,尽量提高个人谈吐修养和口头表达能力。

在表情训练方面,开展文明优质服务,不仅要强调语言文明,还必须要强调表情优雅。优质服务所要求的表情必须以微笑作为最基本内容,辅之以温柔、和气、谦逊和真诚。这是一种后天的气质,是靠经常训练得来的。

在姿态矫正方面,服务人员要随时注意自己站、立、坐、行的姿态,使其尽量符合端正、大方、文明、优雅的标准。

在服饰搭配方面,服饰要整洁、得体、朴实、大方,有统一服装的要着统一服装,杜绝一切不得体和过分的修饰打扮。

在礼仪禁止方面,包括的内容很多,主要有:职业道德方面的禁止,如要忠于职守、恪守信用、不得歧视客户、不得违反承诺等;服务语言方面的禁止,如不得使用任何不文明语言;服务态度方面的禁止,如对待客户热情谦逊,不得与客户发生争执等;服饰方面的禁止,如女职工不准浓妆上岗、男职工不得留长发等;服务纪律方面的禁止,如不得泄露客户信息、禁止酒后上岗等。

可见,服务礼仪是一个人的综合素质体现。提高服务人员的服务礼仪水平,需要全方位提高服务人员的综合素质。

2. 服务礼仪的实质

服务礼仪的基础是知识素养。正如人们所说:"知识可以弥补外表的缺陷,美貌却永远无法弥补知识的缺陷。"服务礼仪作为人的一种内在素质的自然流露,知识素质是它本质的基础。作为一名服务人员,只有注重平时自身知识素养的全面提高,才能从内而外地自然流露出良好的服务礼仪。

（二）服务礼仪的基本要求

服务礼仪的基本要求主要包括语言修养和非语言修养两个方面的内容。

1. 语言修养

"言为心声"，有声语言是人们在交往过程中表情达意的工具。一个现代化的服务人员必须具备良好的语言修养，准确把握语言技巧，努力使自己的语言完美化，使服务对象对服务人员产生敬重感，从而树立起良好的"服务礼仪形象"。语言修养主要有以下几点：

（1）从语言规范方面来说，在服务工作中服务人员应讲普通话。因为普通话可以准确、快捷地把需要传达的信息传递给对方；不能因为使用方言而使别人听不懂，耽误对方宝贵的时间，甚至产生误解，从而引起不必要的矛盾和冲突。

（2）从语言表达方面来说，服务人员应在掌握好本岗位专业知识之外，还要具备较强的语言表达能力及良好的沟通技巧。在与客户沟通时，应学会认真倾听，对对方的疑问能够快速反应并简洁、准确地作出回答，切忌啰嗦、语无伦次和答非所问。

（3）从语言礼貌方面来看，应当将敬语"您好"、"请"、"对不起"、"不客气"、"谢谢"等常挂在嘴边。这些语言看似简单、普通，但所起到的作用却不简单。面对客户，轻轻说一声"您好"，可使双方距离拉近；一句"您请"并伴以由衷的微笑，会使对方内心充满亲切和温馨；一句"谢谢"，会促进双方间相互的尊敬和理解。

（4）在语句选择上，服务人员在对客户的服务过程中，一般应多用陈述语句和一般疑问句，少用或不用祈使句和反问句；多用委婉征询语气，少用或不用命令式语气，责己不责人，尽量把责任推给自己。

2. 非语言修养

研究非语言沟通的心理学家通过实验得出结论认为，在信息传递的全部效果中，55%靠面部表情，38%靠语言，而真正的有声语言效果只占7%，由此可见非语言修养在人际交往中的重要作用。要想树立良好的服务礼仪形象，非语言修养不容忽视。其内容主要包括以下方面：

（1）衣着要得体。一个人的衣着是其修养和文明程度的外在标志。服务人员衣着整洁、合群，对客户有着导向和潜移默化的影响。不修边幅、衣冠不整、蓬头垢面会带来许多负面影响。

（2）仪表要大方。如果一个服务人员仪表端庄、气质高雅、富有学识，能做到有问必答、笑脸相迎、主动服务，那么客户就会愿意与之交谈、接受帮助，从而更好地进行双方的合作。

（3）举止要文明。服务人员在工作中，要注意服务行为中每个动作的礼貌性，态度要温和，行为要端正。

（4）心境要良好。服务人员在服务工作中要始终保持良好的心境。良好的心境来源于自身的虚心修炼、准确的职业定位和丰富的经验。具有良好的心境，就会有温文尔雅、平心静气、和蔼可亲的态度，而且仪表也会越显得自然、不矫揉造作。另外，在出现矛盾时，良好的心境还可有助于理智地、平心静气地去解决问题。

二、快递服务礼仪

快递业务员是快递公司与客户联系的重要桥梁，快递业务员的服务礼仪是客户衡量快递公司服务人员最基本也是最直观的内容之一。

（一）快递服务一般礼仪

俗话说"站有站姿、坐有坐姿"，就是要求大家的仪态要落落大方，站、坐、行都要有度。一般人认为，基本的礼仪仪态有站姿、行姿、坐姿、手势和表情五个方面，这五个方面作为一个整体构成了基本的礼仪形象。

1.站姿

站姿是一个人全部仪态的根本之点。良好的站姿应有挺、直、高的感觉，真正像松树一样舒展、挺拔、俊秀。标准的站姿为：头部抬起，双眼平视，颈部挺直，双肩放松，自然呼吸，双臂自然下垂，放于身体两侧，手部虎口向前，手指稍许弯曲，指尖朝下，两脚呈"V"状分开，二者之间相距一个拳头的宽度。采取站姿后，从正面看，主要特点是头正、肩平、身正，给人以稳重、大方、俊美、挺拔之感。

在遵守基本站姿的基础上，还可以有一些局部的变化。男性与女性在站姿方面的差异主要表现在以下方面：

男性应表现出刚健、潇洒、英武、强壮的风采，体现出一种壮美感，见图4-1。站立时，也可以将双手相握，叠放于腹前，或者相握于身后；双脚可以叉开，与肩同宽。

女性则要表现出轻盈、大方、娴静、典雅的韵味，给人一种优美感。双手可相握或叠放于腹前，双脚可以在以一条腿为重心的前提下稍许叉开。同时，女士需要注意一点，不论是在什么场合，也不管以何种站姿站立，均应有意识地双膝靠拢，见图4-2。

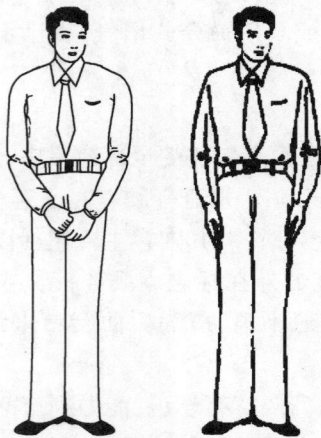

图4-1　标准男士站姿　　　　　　　　　　　图4-2　标准女士站姿

与人交谈过程中，可视情况，适当调整站姿。比如，在与人短时间交谈、倾听他人诉说时，可适当调整站姿，头部微微侧向对方，双脚一前一后站成"丁字步"，略微收腹、收臀，这样站看起来较为优雅。采用此姿势，重心不要频繁转换，否则给人不安稳的感觉。

站立时切忌东倒西歪，耸肩驼背，左摇右晃，两脚间距过大。站立交谈时，身体不要倚门、靠墙、靠柱，双手可随说话的内容做一些手势，但不能太多太大，以免显得粗鲁。在正式场合站立时，不要将手插入裤袋或交叉于胸前，更不能下意识地做小动作，如摆弄衣角、咬手指甲等，这样做不仅显得拘谨，而且给人一种缺乏自信、缺乏经验的感觉。男性站立时注意双脚距离不能过大，女性站立时不要让臀部撅起。

优美的站姿不是天生就有，人们可以通过以下训练来培养良好的站姿。

一是对镜训练法。要求每人面对镜子检查自己的站姿：正面看是否有歪头、斜肩，侧面看是否有含胸、驼背、挺腹、弯腿等，如发现问题要及时调整。同时对镜训练自己在站立时的面部表情，要保持自然微笑。

二是贴墙训练法。要求后脑勺、双肩、臀部、小腿、脚后跟都紧贴墙壁，并在这几个部位的贴墙处，各放置一张卡片，训练中不能让其掉下。这种训练方法可使人的后脑、肩部、臀部、小腿、脚跟保持在一个平面上。

三是背靠背训练法。要求两人一组，背靠背站立，两人的头部、肩部、臀部、小腿、脚跟靠紧，并在两人的肩部、小腿部和各自的膝间相靠处各放置一张卡片，训练中不能让其滑动或掉下。这种训练不仅要让训练者有身体上下处于一个平面的感觉，而且更强调训练者整个身体的平衡、协调和自然。

四是顶书训练法。要求无倚靠站立，把书本放在头顶中心。这种训练方法可使训练者的头和躯体保持平稳。

需要强调的是，站姿的训练不可能一蹴而就，优美的站姿靠的是日积月累。短期培训尽管能取得一定的效果，但平时若不有意识地去保持或不能坚持长期的训练，那么不良的姿势很快就会重现。

2. 行姿

行走姿势，又称行姿或走姿。它指的是人在行走的过程中所形成的姿势，它是站姿的延续动作。优美的行姿能展示人的动态美，体现出一个人的精神风貌。

行姿的基本要点是：身体协调，姿态优美，步伐从容，步态平稳，步幅适中，步速均匀，走成直线。行走方向要明确，给人以稳重之感；最佳步幅应为本人的一脚之长；速度均匀，不宜过快或过慢、忽快或忽慢，正常情况下，每分钟 60 ~ 100 步左右是比较恰当的；重心放准，起步之时，身体的重量要落在前脚掌。由于男女风格不同，男性行走速度稍快，步幅较大，步伐奔放有力；女性速度较慢，步幅较小，步伐轻快飘逸，见图4-3。

行姿不好，不仅影响人的整体美感，还会导致腿部变形。行走的不良姿势有：踢着走，踢着走的时候身体会向前倾，走路时只有脚尖踢到地面，然后膝盖就一弯，脚跟往上一提，这样走路腰部很少出力，一般走小碎步，行姿很不雅；压脚走，与踢着走类似，但此类走路方式双脚着地时间比踢着走的长，走路时身体重量会整个压在脚尖，然后再抬起来，此种走法会形成萝卜腿；内八字走法，会造成 O 形腿；外八字走法，会产生 X 形腿；垫脚尖走，本意是为使步伐更为美妙，实际由于脚尖的用力造成膝盖用力于腿肚，导致萝卜腿。

图4-3　标准行姿

行姿的训练有走直线训练法和顶书训练法两种。走直线训练法是在地上画一条直线，要求双脚踩着直线走。这种训练可纠正错误的步位，控制不当的步幅、速度，还可协调各种动作。训练宜循序渐进，最好配上节奏感较强的音乐。顶书训练法是将书本平稳地放在头顶上，然后起步，要求在行走中书本不滑落。这种训练是为了纠正走路时摇头晃脑、东张西望的毛病。

3. 坐姿

坐姿，指人就座时和坐定之后的一系列动作和姿势。坐姿文雅、大方，坐得端庄、自然，不仅给人以沉着、稳重的感觉，而且也是展现自己气质与风范的重要形式。

就座时,通常从左侧走向自己的座位,然后落座。若是走向他人对面的座位落座,最好是采用后退法,待腿部接触到座位边缘后,再随势坐下。穿裙装的女士就座,应先用双手向前拢平裙摆,然后再坐下。在就座的整个过程中,不管是移动座位还是放下身体,都不应发出噪声。

落座后,依照双腿与双脚所处的不同位置,可以采取以下几种坐姿。

正襟危坐式,又称基本坐姿或双腿垂直式,适用于最正规的场合,应为:上身与大腿、大腿与小腿都应形成直角;小腿垂直于地面;双膝、双脚(包括两脚跟)都要完全并拢(图4-4)。

双腿叠放式,适合穿短裙的女士使用,造型极为优雅,应为:将双脚完全的一上一下交叠在一起,交叠后的双脚之间没有任何缝隙,犹如一条直线;双脚斜放于左右一侧;斜放后的腿部与地面呈45°夹角;叠放在上的腿的脚面垂直地面(图4-5)。

图4-4　正襟危坐式

图4-5　双腿叠放式

双腿斜放式,适合穿裙子的女士在较低处就座时使用,应为:双脚首先并拢,然后双脚向左或向右侧斜放,力求使斜放后的腿部与地面呈45°夹角。

前伸后曲式,适用于女性的优美坐姿,应为:大腿并紧后,向前伸出一条腿,并将一条腿曲后,双脚脚掌着地,双脚前后保持在一条直线上。

大腿叠放式,适合于男性在非正式场合使用,应为:两条腿在大腿部分叠放在一起,叠放后位于下方的一条腿的小腿垂直于地面,脚掌着地;位于上方的一条腿的小腿则内收,同时脚尖向下。

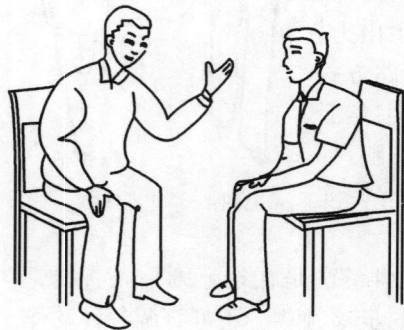

双腿交叉式,男女皆可选用,适用各种场合,应为:双膝并拢,然后双脚在脚踝处交叉;交叉后的双脚可以内收,也可以斜放,但不宜向前方伸出去。当与客户面对面就坐时,以正襟危坐式的方式最佳,见图4-6。

离座时,起身动作应轻缓,保持上身是直立状态,可将右脚向后收半步,而后站起,待站定后,从座位的左侧离去。

蜷缩一团、半坐半躺、跷二郎腿和单脚踩凳等都是不良坐姿。蜷缩一团的坐姿会使脊柱向前弯曲,背肌受到牵引,长期如此,腰背肌过度疲劳形成劳损,脊柱也会失去正常生

图4-6　双人面对面坐姿

理弯曲,易损伤致痛;坐在靠椅边缘、背部靠在靠背上的半坐半躺姿势,腰部以下没有支撑,腰部悬空,向后受力加重,易引起腰痛;跷二郎腿则是"有姿势,无实际"的坐姿,经常固定架起一侧腿的人,该侧臀部及大腿外侧的肌、筋过劳而造成慢性损伤,同时也会一定程度地造成盆骨

侧倾;单脚踩凳的坐姿是坐下后缩起一腿踩在凳上,这种姿势会使盆骨向一边倾斜、腰部弯向一侧,导致双侧腰肌力平衡失调,易造成腰肌劳损、腰椎错位等伤害。

由此可见,良好的坐姿对人的气质修养及身心健康都有着重要作用,要通过不断的坐姿自我控制练习来培养良好的坐姿。

4.手势

手势是一种无声的语言,在交往中有着丰富的含义,是一种表现力很强的体态语。使用手势时,需要注意把握好以下三个原则。

一是规范原则。根据惯例,人们在交往中,表示"再见"、"请进",或"鼓掌"、"介绍"等,都有其规范的手部动作,不能随意改变和乱加使用,以免产生误解,引起麻烦。

二是贴切原则。手势语的使用要适应交往情境和环境,适合不同的交往对象,要考虑到双方关系、年龄、地位、心理及文化背景等方面的差异。例如,与老年人交谈时,若将双手背于身后,有不敬之嫌。又如,在我国,招呼他人过来时,习惯于伸出右臂,掌心向下动,这手势在英国则被认为是"去那边"的意思,而在美国,则只能用于唤狗过来。

三是适度原则。手势语在交际中的作用显而易见,但这并不意味着多多益善。多余的手势,不仅不能表情达意,反而是画蛇添足。而当众搔头皮、掏耳朵、抠鼻孔、剔牙齿、修指甲、挠痒痒、摸脚丫、搓泥垢等不卫生的手势,以及在与人交谈时,用手指指点他人,或在桌子上乱涂、乱画等手势都是不良行为,有损服务人员形象,应极力避免。

5.交谈

与客户交谈是快递服务人员不可避免的行为,如何得体地完成每一次交谈尤为重要。在与客户交谈时,应注意以下一些方面。

在表情方面,眼神可以流露出内心的情感,给人以不同的感受:在与人交谈中,热情、真诚的目光,会让人感到你对他的欢迎、尊重;狡黠、游离不定的目光,会使对方产生不信任;目不转睛、长久地瞪视,甚至可能激起对方的愤怒。在与别人交谈中,应注意注视他人的部位与注视的角度。注视对方的常规身体部位有:对方的眼睛,但时间不宜过久,否则双方都会难堪;对方的面部,注视他人的面部时,最好不要聚集于一处,而以散点柔视为宜;如没有任何理由而注视对方的头顶、胸部、腹部、大腿都是失礼的表现。人们运用目光来进行交流,如果目光运用不当,不仅会影响信息的传递、感情的交流,而且容易引起误会,甚至可能带来麻烦。因此,在运用目光时要特别注意。

除了前面提到的,运用不当的目光还有:第一,当别人说错了话或拘谨不安时,仍直视对方。这种目光会被误解为对他的讽刺和嘲笑。第二,在与多人共处时,只注视着某一个人。这种目光会使别人觉得受到冷落。此时,应保证重点、兼顾多方,要让每一个人都能得到你的注视。第三,对别人浑身上下反复打量,尤其是对陌生异性。这种目光易被理解为有意寻衅闹事。第四,与人见面,不是正视对方而采用俯视。这是一种居高临下的目光,让人有不平等、受歧视的感觉。第五,窥视他人。这种目光表明了你心中有鬼。第六,频繁地眨眼,快速转动眼球。这就是挤眉弄眼,会给人留下轻浮、不稳重的印象。

除了眼神,微笑也是一种生动的表情,会创造出令人备感轻松的氛围。它是人们领会的最快最好的一种情感,是人际交往的最佳入场券。快递服务人员应该做到:一到岗位,就把个人的一切烦恼和不安置于脑后,振作精神,把微笑服务贯穿于工作的全过程中。微笑的基本方法是:面部肌肉放松,嘴角两端微微向上提起,唇部略呈弧形,不发声、不露齿地轻轻一笑。除此之外，还应注意面部其他部位的相互配合。通常，微笑时，眼睛略微张大，目光亮而有神，眉头自然舒展，眉毛微微上扬。微笑虽然是"世界通用语言"，但也不能不分场合、不看对象地随意使用。微笑要兼顾对象，当对方存在生理缺陷、满面哀愁，或当对方由于说错了话、做错了事、出了洋相而颇感尴尬时，都不应该面带微笑。

在与客户交谈的动作举止上，应该控制和规范自己的一些有意或无意的动作。如快递服务人员在讲话时，可用适当的手势来补充和说明所阐述的具体事情；若倾听客户讲话时，则可以用点头、微笑等来反馈"我正在注意听"、"我很感兴趣"等信息。适度的举止既可表达敬人之意，又有利于双方的沟通和交流。

在适当的运用一些动作时，快递服务人员也应避免过分、多余的动作。与人交谈时可有动作，但动作不可过大，更不要手舞足蹈、拉拉扯扯、拍拍打打等行为。为表达敬人之意，切勿在谈话时左顾右盼，或是双手置于脑后，或是高架"二郎腿"。交谈时应尽量避免打哈欠，如果实在忍不住，也应侧头掩口，并向他人致歉。尤其应当注意的是，不要在交谈时以手指指人，因为这种动作有轻蔑之意。

（二）快递服务形象礼仪

1. 面部卫生

面部清洁与护理是保持良好仪表仪容的基础。面部清洁的标准是：无灰尘、无污垢、无汗渍、无分泌物、无其他不洁之物。快递服务人员在进行面部修饰时注意保持清新自然而不过分做作。

因为男性户外活动多，加上油脂分泌较旺盛，皮肤较粗糙，更易产生黑头、皱纹等，如果皮肤护理不当，容易在社交中给人不好的印象。男性服务人员应该刮净胡须；面部保持清洁，眼角不留有分泌物，如戴眼镜，应保持镜片的清洁；保持鼻孔清洁，平视时鼻毛不得露于鼻孔外。

女性服务人员则要求在工作中化淡妆，淡妆以突出五官中最美的部分、掩盖或矫正缺陷部分为目的，通过恰当的淡妆修饰，实现自然、清晰、大方的美。女性化淡妆的程序有隔离肌肤与彩妆、修正肤色、画眉妆、化眼妆、化唇妆和定妆六步。

2. 口腔卫生

保持口腔清洁是与人交际必需的环节，也是当今文明社会交往所必须要求的。口腔清洁的目标是拥有一口洁白清新的牙齿。

在工作中应预防口臭。因口臭从口腔里发出的难闻的气味，不仅致使对方不悦，也会使自己难堪。存在口臭问题时，应避免用嘴呼吸，以免呼出的异味影响到他人，在工作时也应注意保持一定的距离，必要时也可用手来遮掩，或用口香糖减少异味，但应避免在客户面前嚼口香糖这种不礼貌的行为。口臭作为一种疾病，既可能是内脏疾病引起的，也可能是口腔疾病或不注意口腔卫生引起的。有口臭者应在保持良好口腔卫生习惯基础上查明口臭的原因，尽早治愈。

同时注意，在工作前不吃有异味的食品，如蒜、葱、韭菜和臭豆腐等，不饮酒或含有酒精的饮料，谨慎处理饭后食物残渣；工作中应尽量不抽烟，以此来避免工作时的口臭问题。

3. 头发卫生

头发反映着一个人的道德修养、审美水平、知识层次及行为规范，可以通过个人的发型来判断其工作单位的高低层次。快递服务行业人员的发型要给人以亲切感，要勤洗，无头皮屑，且梳理整齐。

男士头发长短要适中,不剪怪异发型,不留长发,以前不盖额、侧不掩耳、后不及领为宜;女士宜选轻便式短发、自然式束发,但不宜披发。

4. 耳、鼻部卫生

耳、鼻部是很多快递服务人员容易忽视的部位,需要更加注意清洁卫生。

服务人员要对耳廓、耳根后及耳孔边经常进行除垢,不可在此处留皮屑。但此举不宜在工作岗位上进行,特别是不要在客户面前掏自己的"耳屎"。

快递服务人员切勿当众用手去擤鼻涕,更不要用力吸入腹中,去除鼻涕宜在无人在场时进行,以手帕或纸巾进行辅助。注意不要将此举搞得响声太大。

有的快递服务人员耳孔周围会长出一些浓密的耳毛,有人鼻毛长到一定程度也会冒出鼻孔之外,对此,应定期检视、修剪。

5. 手部卫生

在快递服务中,手臂通常被视为快递服务人员所拥有的"第二枚名片",一双清洁的手是快递服务人员的基本要求。工作中,握手等手部姿态都会使对方由手对你产生第一印象,所以手部卫生在仪容中占有很重要的位置。人们很容易将手的形象与个人形象乃至个人修养相联系。

快递服务人员要求手臂干净整洁,饭前便后要洗手。指甲要经常修剪,指甲的长度不应超过指尖。长指甲不仅不利健康,服务中还容易伤到他人。指甲缝中不能有污垢。不能用牙齿啃指甲,也不能在公共场合修剪指甲,这都是不文明、不雅观的举止。此外,快递服务人员不能在工作岗位上乱用双手,如揉眼、挖耳、抠鼻、剔牙、抓痒等,也不能用双手四处乱摸。在手臂上刻字刻画更是在严禁之列。

(三)快递服务服饰礼仪

1. 着装

快递服务人员应着公司统一工装。工装,一般泛指人们在工作场合的着装,对快递服务人员来说,工装就意味着在其工作之时,按照有关规定应当穿着与本人所扮演的服务角色相称的统一制作的正式服装。上岗时着工装,不仅减少了快递服务人员在服饰搭配上的精力消耗,保证全体员工着装的整齐划一,而且还可以同时增强其归属感、向心力和凝聚力。快递服务人员身着的工装要熨烫整齐,不得有污损;衣服袖口须扣上,衣领要摆好,上衣下摆须束在裤内;系深色皮带,鞋带要系好,保持鞋面干净,穿深色袜子,不得穿着拖鞋或高跟鞋上班。

2. 配饰

按公司的不同规定,若有需要,工牌应时刻佩戴于胸前。可以不佩戴任何饰物,但是如果佩戴了饰物,则一定要合乎身份。不得佩戴装饰性很强的装饰物、标记和吉祥物。手腕除了手表外最好不再戴有其他装饰物。

(四)快递服务行为礼仪

行为礼仪是快递服务人员最应注意的一个方面,其直接影响着客户对快递服务人员及快递公司的价值判断。作为一名快递服务员,一言一行不但代表自己,更代表着公司的企业形象,如果在服务过程中语言不规范,态度不佳,行为让人难以接受,不但会导致公司的信誉下降,也会影响到个人的工作业绩。

1. 公共场合礼仪

在公共场合,快件业务员应遵纪守法、尊老爱幼、乐于助人、见义勇为;应爱护公共设施,爱护园林设施,爱护公共绿地;在使用公共卫生间时,应做到便后随手冲水,洗完手后随手关上水龙头。

2. 上门服务礼仪

打招呼是与客户沟通的第一步,积极、主动、愉快地与客户打招呼,将有助于与客户进行沟通。打招呼时看着对方的眼睛,会让对方觉察到对他的尊重;即便当对方看不到你的眼睛,也要看着对方打招呼。若仓促打招呼,即便穿着整洁、神清气定地去上门收派件,客户也会怀疑你的专业性与真实性。如果是在路途中遇到客人,不论你是否能够记得起是哪位客户,如果你鼓足勇气先行打招呼,你会给客户留下美好的印象。来到客户处,主动向前台门卫、客户或其他靠近的人员打招呼,这是体现对客户的尊敬。当对方在接电话或接待其他人员时,稍稍点下头或使用某些恰当的肢体语言会比唐突地打招呼更有效,等客户忙完了,再进行工作。

在与对方交谈时,开朗、清晰地说话,也是对对方的尊重,仅做姿势,会让对方不知所措。即使是很小的差错,有效地使用委婉的语言,也可以缓和双方的气氛,让对方更能接受你的歉意。在答话过程中,不论是对客户,还是公司的同事及生活中的亲人或朋友,如果有意或无意地发出轻蔑的语调,或丢下刺耳的话,都会给你带来意想不到的麻烦。

点头是其中的一种答话方式。当交谈时,对方看得见会有很好的效果,如果对方看不见,还使用点头的方式答话,会被对方认为是不礼貌的行为。即使只是随声附和:是、明白、听到了、知道了,也会让交谈对方感受到你在认真听他们说话。

在上门服务时,应将手机设置到振动或无声状态,以免由于手机铃声突然响起而影响你的服务质量或引发客户的不满情绪。

3. 窗口服务礼仪

窗口是客户了解快件企业最直观的渠道。能够准确、迅速地接待客户是对窗口服务人员最基本的要求。在客户向窗口靠近的过程中,窗口服务人员应迅速做出反应,主动向客户问好、询问客户需求,并帮助和指导客户完成快件寄递业务。

4. 接、递物品礼仪

快递业务员在向客户递送或接收快递物品、运单、宣传单或其他票据时,都应采取双手递上或接过来的方式,以示对客户的尊重。如果是需要客户签字,应双手将文件递上,并使文件的正面对着客户一方。

如果向客户发放宣传单页被拒绝时,快递业务员也应双手从客户手中接过宣传单页,并说:"如果您今后有这方面的需要,我将随时为您送上业务介绍单"。快递业务员切忌单手用力抽回单页或做出其他气愤动作。

(五)快递服务用语礼仪

快递服务人员与客户交谈时,应使用文明语言,尽量少用专业术语,让客户有亲切感,避免出现影响交流效果的情况。

1. 日常服务用语

在快件服务中,语言要亲切,招呼要热情,待人要诚恳有礼貌,主动、恰当、自如地使用文明用语。常见的礼貌用语有:"您好;请;对不起;麻烦您……;劳驾;打扰了;好的;是;清楚;请问……;请稍等(候);抱歉……;没关系;不客气;有劳您了;非常感谢(谢谢);再见(再会)等等。"快递业务员与客户打交道时应分别使用以下文明礼貌用语。

在同客户打招呼时,可以说:

早上好/下午好！我是××快递公司快递服务人员。

您好，我是××快递公司快递服务人员，让您久等了！

称呼客户时，可以用：

贵公司/贵部门（对方公司的称呼）；

姓氏＋先生/小姐（对客户本人的称呼）；

我们（对自己公司的称呼）；

我（对自己的称呼）。

同客户交流时，可以说：

您说/请讲；

是的/嗯/知道/明白；

还请您阅读一下……

打扰一下，请您在这里签个字；

请让我来帮您包装快件吧；

真是对不起，刚才是我搞错了，我马上更正，请您谅解；

谢谢您的信任，我们会准时将所寄物品送至收件方的，打扰您了；

谢谢您了，总是承蒙关照，希望下次再为您服务。

当遇到客户寄递的物品属于违禁品时，可以解释和劝阻说：

对不起/非常抱歉，这种（类）液体属于易燃液体，是航空违禁品，不能收寄，请您谅解；

对不起/非常抱歉，这种（类）粉末会被认为是违禁品而被有关部门查扣，不能收寄，请您谅解；

非常抱歉，这种（类）物品在运输途中可能会存在安全隐患，不能收寄，请您谅解。

在任何情况下，都应避免使用以下粗俗或带有攻击或侮辱性的语言：

◆你家这楼真难爬！

◆运单怎么还没有准备好啊，我很忙！

◆每次到您这里都耽误我好多时间，您看，今天又是这样！

◆你怎么这么笨，都教过您好多次了，还要问如何填写运单！

◆你们公司到底在哪里啊，我的腿都要走断了还找不到！

◆我们公司不是为你家开的，说怎样就怎样！

◆嫌贵，就别寄了！

◆我没时间，自己填写！

◆找领导去/您找我也没用，要解决就找领导去！

◆有意见，告去/你可以投诉，尽管去投诉好了！

2. 电话礼仪

电话已是现代社会最重要的沟通渠道。为更好地开展业务，也要求快递服务人员掌握正确的电话礼仪，来更好地处理客户、自身和公司的关系。

快递业务员应时刻保持手机畅通，及时接听电话。接、打电话时，都应当马上告知自己的身份，如："您好，我是××快递公司。"这样就不会让客户产生猜疑，并可节省时间。如果对方没有告诉你他的姓名，而你主动告诉他时，可以减少敌对的气氛。

在通话过程中要专心，边吃东西或喝饮料边打电话是对客户的极端不尊敬，如果你真得必须分神来照顾其他事,请向客户解释清楚并请客户稍等。用手捂住听筒讲话也会让客户感觉不礼貌。在与客户通电话时,尽量减少其他声音。

如果因故无法按时到达客户处,要在第一时间通知公司客服部门,向客户致电表示歉意,争取得到客户谅解。

在确定对方确实已经讲完时,再结束电话,并让对方先挂断电话后自己再挂断电话。

常用的电话文明礼貌用语有:

早上好/下午好/打扰您了,我是××公司快递服务人员,前来收件/派件。

您好,打扰您了,我是××公司快递服务人员,现在为您派件,但不知您的具体位置是在哪?

您好,打扰您了,我是××公司快递服务人员,您是在××大厦A座×楼吗?

很高兴与您通话,×先生/小姐。

不好意思,我马上到您那派件,请您稍等。

第二节 快递业务员服务规范

在快递服务过程中,快递服务人员,尤其是与客户发生直接联系的一线快递服务人员,其形象和服务规范对于完成工作具有十分重要的作用。快递服务人员规范的服务会起到开发新客户与巩固老客户的双重作用。本节重点介绍收派人员和窗口处理人员的服务规范。

一、快件收派

快递收派员到达目的地后,就要进入客户单位或小区里进行快件收派工作。在工作中,收派员代表公司以工作身份进入客户所在场所,不应私带亲属、朋友,避免给客户带来困扰。

1. 等待进门

在客户单位或小区时,应主动出示工牌,礼貌地与客户处的员工打招呼并进行自我介绍,如:"您好! 我是××快递公司快递服务人员,我是来给×先生/小姐收/派快件的。"

在客户场所需配合客户公司或小区的要求办理相关进出入登记手续,及时归还客户公司的相关证明,如放行条、临时通行证等。

若由收发室(小区物业等)统一办理收派快件的,事先应向客户确认,并得到客户许可,否则应向工作人员说明快件的重要性和责任,尽量由客户亲自签收,但无论何种情况都不得与前台人员发生任何口角和冲突。

当前往客户办公室(房间)时,无论客户办公室(房间)的门是打开还是关闭,都应该按门铃或敲门向客户请示。若按门铃,用食指按门铃,按铃时间不超过3秒,等待5~10秒后再按第二次;若需要敲门时,应用食指或中指连续敲门三下,等候5~10秒门未开,可再敲第二次,敲门时,应用力适中,避免将门敲得过响影响其他人;在等候开门时,应站在距门1米处,待客户同意后方可进入房间内。

2. 进门

进门后,于客户场所应遇事礼让、和平共处,不东瞅西望,对除客户外的相关人员,如客户的同事、朋友应礼让三分,在征得客户同意后,才能进出客户办公场所或其他地方;在客户处的走廊、大厅、电梯里遇到客户处的员工都应主动让路,如确需超越时应说:"对不起,麻烦一下"。快递服务人员切忌出现手把门框、脚踏墙壁的动作。

针对与客户的熟悉程度不同,应采用不同的自我介绍方式。如是上门服务次数较少，不认识客户或与客户不熟悉，应面带微笑、目光注视客户，采用标准服务用语，自信、清晰地说:"您好，我是××快递公司快递服务人员×××，我是来为您收件的"，介绍的同时出示工牌，把工牌有照片一面朝向客户，停顿2秒，让客户看清楚照片和姓名;如上门服务次数较多，与客户很熟悉或属于公司经常服务的客户，可省略自我介绍，但应热情主动与客户打招呼，并直接表示:"您好，×先生/女士，我是来为您收件的。"

当对方在电话中或接待其他人员，稍稍点下头或使用某些恰当的肢体语言会比唐突的打招呼更有效，等客户忙完了，再进行工作。

3.收派等待

当到达客户所在场所，不能马上收取快件时，要态度谦逊、礼貌地上前询问，并视等候时间做出调整，责怪、不耐烦的询问语气只会增加客户的反感而不会得到帮助。千万不要埋怨客户，对服务行业来说，这是大忌。

如果快递服务人员到达客户处，客户还没有把需要托寄的物品准备好，收件员应礼貌地询问还需多长时间，如果在15分钟内不能准备好的话，应做到:一是向客户解释因时间紧张，还需去其他公司收取快件，不能长时间等候，告知客户准备好后再打公司接单电话，同时快递服务人员本人应打电话跟公司讲明情况，说明已去过但客户未准备好。二是与客户约定收件时间，在约定时间内一定要赶回客户处收取快件，同时也应向公司备案。

在短时间的快件收派等待时间内，快递服务人员未经客户允许，不得随意就坐或随意走动，任意翻看客户处的资料、不耐烦、私喝客户处的水、与前台人员开玩笑、吸烟等更是不允许，也不得在客户处大声喧哗，私自使用客户电话，这都将会引起客户怀疑甚至反感。在客户处使用手机时也应尽量小声，以不影响到客户为原则。

4.快件签收

将快件双手递给客户，并说"×先生/小姐，这是您的快件，请确认一下。"

若客户没有疑问，则用右手食指轻轻指向运单上收件人签署栏，"×先生/小姐，麻烦您在这里签收，谢谢";若客户对快件有疑问，应礼貌提醒客户:"请您和寄件客户再联系确认一下好吗?"

在签收过程中，如发生快件损坏、部分遗失、货件数量不符等情况，导致客户拒绝签收时，需做耐心解释，态度要不卑不亢、不温不火、有礼有节，不能与客户发生任何争执，及时与公司联系，协商处理办法。

5.快件收取

询问客户，"×先生/小姐，这是您要寄的快件吗?"并双手接过客户递过来的快件。

将运单双手递给客户，"请您填写运单"或"请问运单填好了吗?"

6.快件验视

无论货物是否包装好，快递服务人员都应礼貌地询问和验视客户所托寄物品的内容，"×先生/女士，为了对您负责，请允许我帮您确认一下包装内的物品、数量或内包装是否完好，以免有什么遗漏。"

如若验视出所寄物品为违禁物品时，应礼貌地告知客户公司不予受理的物品，并给予解释，"对不起/非常抱歉，这种(类)物体属于易燃液体(危险物品)，是航空违禁品，不能收寄，请您谅解。"

验视快件时应尽量小心，要让客户感觉到你对客户托寄物品的爱护。

7. 快件包装

对于验视确认能够快递的快件，如果客户已提供包装，要仔细检查其严实性与牢固程度。在客户面前做好易碎品的相应防护措施及标识，并主动提醒和协助客户加固包装，客户心理会更加踏实和放心。

如果客户没有进行包装，则应当着客户的面进行包装，按照公司规定操作，操作时不要影响客户的办公，如有纸屑或其他杂物落下应及时拣起并放入纸篓中或带到外面投入垃圾箱中。

8. 快件称重

如在客户处称重或计算轻抛重量，应主动提示客户："×先生、小姐，请您看一下，计费重量是×千克，运费是××元。"

如无法在客户处称重，应在征得客户同意后将货物带回公司称重，并于第一时间通知客户最终的计费重量和实际运费。如遇客户不信任的情况，快递服务人员应向其说明，"×先生/小姐，请您放心，我们会在第一时间将准确的计费重量通知您，另外，我们公司在这方面监督是非常规范和严格的。"

9. 填写运单

在客户不明白运单填写的相关内容时，应主动做出合理解释。

当运单填写不详细时，快递服务人员应耐心解释，"×先生/小姐，为了保证您的快件准时、安全、快捷地送达，麻烦您把××栏目详细填一下，谢谢您。"

10. 客户签字

将运单双手递给客户，并用右手食指轻轻指向寄件或收件人签署栏，"×先生/小姐，麻烦您在这里签名，谢谢！"

将客户留存条递给客户，"请您收好，这是给您的留底，作为查询的凭证"，并告知客户，"这次快件的运费一共是××元。"

11. 收费

快递服务人员须按运单上的应收运费进行收取，不得以任何理由收取任何额外费用，如联系电话费、过路费、过桥费等。当客户付运费时，应双手接受客户交付的运费。根据客户的要求开出收据或回公司开具发票并及时交给客户。

12. 辞谢与道别

所有收派工作完成后，一定要进行辞谢和道别。辞谢时，可以说"谢谢您，希望下次再为您服务。"此时，眼睛一定要看着客户，即使客户背对着你或低着头，也要让对方清楚地听到（但不能影响客户处其他的人员），以让客户感觉到对他的尊重。之后微笑着道别，"还有快件要发吗？谢谢您，如有需要请随时致电我们，再见。"离开办公室时应把门轻轻带上。与客户道别，如果话说得好，会让客户很受用；不与客户道别，扬长而去，会给客户多少好像少点什么的感觉，最后客户会总觉得不放心。

二、窗口收寄人员服务规范

1. 准备工作

窗口收寄人员应提前到岗，穿着工装、佩带工牌，检查各项准备工作是否完成，在规定时间准时对外办理业务。

当客户走近窗口时,临近窗口服务人员应分辨身份、起身对客户打招呼:"您好,请问您办理什么业务?"

2. 窗口服务

(1)收寄

如果问清楚客户是前来寄送快件的,窗口服务人员应说:"×先生/小姐,这是您要寄的快件吗?"并双手接过客户递过来的快件。

将运单双手递给客户,"请您填写运单。"或"请问运单填好了吗?"

无论货物是否包装好,快递服务人员都应礼貌地询问和检查客户所托寄物品的内容,"×先生/女士,为了对您负责,请允许我帮您确认一下包装内的物品、数量或内包装是否完好,以免有什么遗漏。"

如若检查出所寄物品为违禁物品时,应礼貌地告知客户公司不予受理的物品,并给予解释,"对不起/非常抱歉,这种(类)物体属于易燃液体(危险物品),是航空违禁品,不能收寄,请您谅解。"

检查快件时应尽量小心,要让客户感觉到你对客户托寄物品的爱护。对于检查确认能够快递的快件,如果客户已提供包装,要仔细检查其严实性与牢固程度。在客户面前做好易碎品的相应防护措施及标识,并主动提醒客户并加固包装,客户心理会更加踏实和放心。如果客户没有进行包装,则应当着客户的面进行包装。

快件在秤上显示重量后,应主动提示客户:"×先生、小姐,请您看一下,计费重量是×千克,运费是××元。"

在客户不明白运单填写的相关内容时,应主动做出合理解释。当运单填写不详细时,快递服务人员应耐心解释,"×先生/小姐,为了保证您的快件准时、安全、快捷地送达,麻烦您把××栏目详细填一下,谢谢您。"

将运单双手递给客户,并用右手食指轻轻指向寄件或收件人签署栏,"×先生/小姐,麻烦您在这里签名,谢谢!"

将客户留存条递给客户,"请您收好,这是给您的留底,作为查询的凭证",并告知客户,"这次快件的运费一共是××元。"

(2)签收

如果问清客户是前来取快件的,窗口服务人员应说:"请您出示您的有效证件"。双手接过客户证件后,对客户说:"请您稍等,我给您查找您的快件。"

找到快件后,双手将快件递给客户,"这是您的快件,请确认一下。"若客户没有疑问,则用右手食指轻轻指向运单上收件人签署栏,"×先生/小姐,麻烦您在这里签收,谢谢!"若客户对快件有疑问,应礼貌提醒客户:"请您和寄件客户再联系确认一下好吗?"

在签收过程中,如发生快件损坏、部分遗失、货件数量不符等情况,导致客户拒绝签收时,需做耐心解释,态度要不卑不亢、不温不火、有礼有节,不能与客户发生任何争执,及时与公司联系,协商处理办法。

3. 送别客户

当客户办理完业务离开柜台时,窗口服务人员应对客户道别:"谢谢您,请慢走!"

第五章 安全知识

第一节 国家安全知识

一、国家安全的概念

国家安全是维持主权国家存在和保障其根本利益的各种要素的总和,既包括传统的政治安全和军事安全,也包括非传统的、非军事领域的经济安全、社会安全、科技安全和资源环境安全等。

二、国家安全的重要性

国家安全直接关系社会主义制度的稳定以及改革开放和社会主义现代化建设的顺利进行。任何个人和企业都有维护国家的安全、荣誉和利益的义务,不得做出有危害国家安全、荣誉和利益的行为。因此作为快递业务员,必须了解并掌握国家安全的相关知识。

三、快递企业及其从业人员维护国家安全的权利和义务

1. 权利

根据《中华人民共和国国家安全法》的规定,国家对支持、协助国家安全工作的公民和组织给予保护,对维护国家安全有重大贡献的给予奖励;快递企业及从业人员对国家安全机关及其工作人员超越职权、滥用职权和其他违法行为,都有权向上级国家安全机关或者有关部门检举、控告;对协助国家安全机关工作或者依法检举、控告的公民和组织,任何人不得压制和打击报复。

2. 义务

由法律规定的公民和组织的义务,是国家运用法律的强制力保障实施的,是必须履行的,违反法律规定、不履行义务者就要承担相应的法律责任。快递企业作为一个社会组织、快递业务员作为一个公民,同样承担着维护国家安全的义务。

《中华人民共和国国家安全法》对公民和组织维护国家安全所必须承担的义务作了如下七条规定:

(1)教育和防范、制止的义务;

(2)提供便利条件和协助的义务;

(3)及时报告的义务;

(4)如实提供情况和协助的义务;

(5)保守秘密的义务;

(6)不得非法持有属于国家秘密的文件、资料和其他物品的义务;

(7)不得非法持有、使用窃听、窃照等专用间谍器材的义务。

第二节 信息安全知识

一、快件信息安全的概念

快件的信息安全是指通过制定规章制度和技术措施,防止在未经许可的情况下,修改、盗窃客户快件的信息或对快件进行物理破坏。保证客户快件中的个人和商业信息安全,是快递业务员必须履行的职责和义务。

二、快件信息安全的重要性

随着信息化建设的不断深入,国民经济和社会发展对信息化的依存度越来越高,信息安全已成为国家安全、城市安全、公共安全的关键环节。快件中的某些重要信息,一旦发生安全问题,有可能影响社会稳定和经济运行,其后果将是灾难性的。快递企业能否保证快件中的信息安全将直接影响到快件能否安全、及时地送达客户,关系到快递企业的服务质量和信誉。

三、保障快件信息安全的基本要求

(1)快件在处理过程中,除指定的有关工作人员外,不准任何人翻阅信息。

(2)快递从业人员不得私自抄录或向他人泄露收、寄件人名址、电话等快件信息。

(3)处理快件的工作场所,除有关工作人员外,其他人员不得擅自进入。

(4)严禁将快件私自带到与工作无关的任何场所。

(5)严禁隐匿、毁弃或非法开拆快件,发现此类现象时应立即制止,并及时向主管部门报告。

(6)申请改寄、撤回或更改收件人地址、姓名,必须严格审阅有关证件,在未确认寄件人和办妥手续前不得将快件交申请人阅看。

(7)发现包装破损并有可能暴露内件信息时,应立即报告主管人员。

第三节 职业安全知识

职业安全是指企业应按照国家有关职业安全与卫生法规的要求,为职工提供一个符合国家职业安全和卫生标准的工作场所或作业环境,劳动者则应懂得有关职业安全与卫生的法规和相关知识,正确掌握安全使用生产设施和劳动保护用品的方法,以保护自己免受职业事故或职业病的伤害。职业安全不仅关系到广大职工的切身利益,也是快递企业安全、高效生产的有力保障。职业安全在现代企业管理中已显得日益迫切和重要。

一、职业病和工伤事故的预防

1.职业病的预防

(1)建立劳动卫生职业病防治网。由各级领导负责,有关方面大力协作,建立一个专业防治机构以及劳动保护专职人员组成的防护网,开展职业病的防治工作。

(2)建立空气中毒物浓度测定制度。定期测定,以提供改进预防措施的依据。

(3)建立工作前体检、定期体检制度。工作前体检在于防止患有某些疾病的人不适于该工作,如腰部受过重伤的工人不宜从事搬运工作。定期体检的目的在于早期发现职业危害对人体的影响,早期诊断,早期治疗。

(4)合理使用劳动防护用品,尽量减少快递企业常见的职业伤害。

(5)技术革新、工艺改造。这是预防职业病的重要途经,从根本上改善劳动条件,控制和消除某些职业性毒害。

(6)增加通风排气设备,将有毒气体局限化并及时排出;对少数高毒物质,必须采取严格密闭,隔离式操作,以避免或减少直接接触。

2.工伤事故的预防

工伤预防措施可分为工程技术措施、教育措施、管理措施和经济措施等。

(1)工程技术措施是指对设备、设施、工艺、操作等,从安全角度考虑计划、设计、检查和保养的措施。

对新设备、新装置,从设计阶段开始就应充分考虑安全问题。一般新设备开始时能满足安全要求,但使用以后,因磨损、疲劳或腐蚀等因素的影响,设备也会转变为不安全状态。因此必须根据生产的发展和设备的使用情况,及时改进或采取相应的工程技术措施。工程技术措施是最基本的预防措施。

(2)教育措施是指通过不同形式和途径的安全教育,使职工掌握安全方面的知识和操作方法。安全教育不仅仅是为了学习安全知识,更重要的是要会应用安全知识。

在开展思想教育方面,要使企业领导、管理人员和操作人员从思想上认识到安全工作对生产的促进和保护作用,正确处理好安全与生产的关系,自觉地去组织和落实安全措施。加强法制观念,严格执行规章制度,是做好安全工作的基础。通过提高各级领导和广大职工的政策水平,正确理解安全生产方针,严格认真执行安全生产法规,做到不违章指挥、不违章作业。

在开展安全技术知识教育方面,应包括开展生产技术、安全技术和专业安全技术三个层次的教育。生产技术教育包括企业的基本生产概况、生产工艺流程、操作方法、设备性能以及产品的结构、质量和规格。安全技术知识教育包括企业生产过程中的不安全因素及其规律性、可预防性、安全防护基本知识和尘毒防治的综合措施,个人防护用品的正确使用、发生事故时的紧急救护及自救措施等。而专业安全技术知识教育是对特种作业人员进行的专门教育。掌握先进、实用的安全技术是进行安全生产的另一重要前提。

(3)管理措施是指由国家机关、企业单位组织制订有关的安全规程、规范和标准,从制度上采取的措施。管理措施包括贯彻实施有关法规、规章、标准、规范、安全操作规程,组织安全检查,落实岗位责任制、交接班制度以及各种安全认证制度,如挂牌操作等。

(4)经济措施是指采用经济手段辅助进行工伤预防。比较行之有效的措施是在企业内部设立各种安全奖。对安全生产落实到位的单位和个人进行物质奖励,反之,则进行相应的经济惩罚。

3.工伤保险

工伤保险是指劳动者因在生产经营活动中或在规定的某些特殊情况下,遭受意外伤害、患职业病以及因这两种情况造成死亡,在员工暂时或永久丧失劳动能力时,员工或其遗属能够从国家、社会得到必要的物质补偿的一种社会保险制度。这种补偿既包括受到伤害的职工医疗、康复的费用,也包括生活保障所需的物质帮助。工伤保险是社会保险制度的重要组成部分,也是独立于企事业单位之外的社会保障体系的基本制度之一。

《工伤保险条例》第十条规定:用人单位应当按时缴纳工伤保险费。职工个人不缴纳工伤保险费。用人单位缴纳工伤保险费的数额为本单位职工工资总额乘以单位缴费费率之积。

《工伤保险条例》第四条第3款规定,职工发生工伤时,用人单位应当采取措施使工伤职工得到及时救治。对受伤较轻的,可以到本单位的内部医疗机构进行简单处理;但对伤害严重的,应当将伤者尽快送到四周有相应处理能力的医疗机构进行抢救。一方面,用人单位的抢救要抢时间,以满足紧急救治工伤职工的需要;另一方面,用人单位在运送伤员时,要运用科学的卫生防护手段和技术,使伤情得以控制,而不加重病情。此外,根据1991年国务院制定的《企业职工伤亡事故报告和处理规定》,用人单位要及时地向有关部门报告,否则要受相应的处罚。

二、职业安全中的劳动防护用品

1. 劳动防护用品的概念

劳动防护用品是指为使劳动者在生产过程中免遭或减轻事故伤害和职业危害而提供的个人随身穿(佩)戴的用品。劳动防护用品除个人随身穿用的防护性用品外,还有公用性的防护设施和用具,如安全网、护罩、护栏等。

2. 快递业务员常用的劳动防护用品

(1)护腰带或护腰背心。用于腰的保护,防止快递业务员因长期搬运快件弯腰或腰部负力过重而引起腰肌劳损。

(2)口罩。快递业务员在粉尘较多的作业环境中,需要佩戴防护口罩,减少粉尘对身体的直接危害,预防尘肺病。

(3)防护鞋。用于保护足部免受伤害。快递业务员进入处理场地,需要穿上防护鞋,防止足部砸伤;雨雪天气,路面较滑时,应该穿上防滑鞋,防止摔倒。

(4)防护手套。用于手部保护,防止手部撞击、切割、擦伤。快递业务员在搬运有可能对手部造成伤害的(表面粗糙、锋利等)快件时,应该戴上防护手套。

三、企业的职业安全文化

企业的职业安全文化是指企业为了安全生产所创造的文化,是安全价值观和安全行为准则的总和,是保护员工身心健康、尊重员工生命、实现员工价值的文化,是得到企业每个员工自觉接受、认同并自觉遵守的共同安全价值观。企业安全文化体现为每一个人、每一个单位、每一个群体对安全的态度、思维及采取的行为方式。

企业的职业安全文化是实现职业安全的灵魂,当前,有的企业存在着这样的怪现象:一方面有严格的安全管理制度,另一方面员工对制度却熟视无睹,违章作业屡见不鲜,究其原因,主要是由于企业的职业安全文化基础不牢固。如果说制度的约束对安全工作的影响是外在的、冰冷的、强制执行的、被动意义上的,那么安全文化的作用则是内在的、温和的、潜移默化的、主动意义上的。企业安全文化所具有的凝聚、规范、辐射等功能不仅对企业安全生产,甚至对提升整个企业管理水平会产生巨大的推动作用。

良好的企业职业安全文化不仅会使企业的安全环境长期处于相对稳定状态,更重要的是经过职业安全文化的建立,能使员工的思想素质、敬业精神、专业技能等方面得到不同程度地提高,同时也会带动与安全管理相适应的经营管理、科技创新、结构调整等中心工作的平衡发展,这对树立企业的品牌形象和增强企业的综合实力等都将大有裨益。

第四节　快件安全知识

保证快件的安全是快递服务中一个非常重要的内容,快件的安全直接影响到快递企业的服务质量和企业形象。

一、快件安全的内容

快递企业应采取措施,确保快件安全:

(1)防止损毁。即防止快件受潮、污染、虫咬、鼠咬、火烧等造成损毁。

(2)防止被盗。防止快件整件或部分内件在收派过程中被盗。既要防止社会人员盗窃快件,也要加强内部快件安全管理。

(3)防止泄密。保守快件信息秘密,确保快件的安全。

(4)防止丢失。在外部收派过程中防止夹带快件、外包装破损等造成的快件丢失。

二、保障快件安全的注意事项

1. 利用非机动车收派

(1)快件不交由他人捎转带,不乱扔乱放,不让他人翻阅。

(2)进入单位或居民区内,车辆及快件应尽量放在视线可及或有人看管的相对安全的地方,做到快件不离身。

(3)收派快件时,不出入与工作无关的场所。

(4)雨雪天气准备好防水防冻物品,防止快件被淋湿。

(5)派送时,将快件捆扎牢固,使快件不裸露在外。在路上随时注意,避免快件掉落。

2. 利用机动车收派

(1)派送快件用的机动车后厢玻璃窗应安装防护网,摩托车装快件的容器应加装锁具。

(2)机动车递送快件时要将车辆放在适当的位置(视线可及或有人看管的较为安全的地方)。驾驶员下车时必须锁好车辆并将车钥匙取下,以确保快件和车辆的安全。

除此之外,快递业务员需要加强安全防范意识,克服麻痹思想,确保人身安全和快件安全。如发生快件、车辆被盗抢的情况,快递业务员应立即报警,并及时向领导汇报,妥善处理好被盗快件的善后工作。

第五节　交通安全知识

严格遵守交通安全规则是人身安全的重要保证,无论是汽车、摩托车还是自行车都要严格遵守交通法律法规,做到既保证自身的安全,又不对他人造成伤害。

一、驾驶汽车的安全注意事项

(1)预见性驾驶。许多交通事故都是由于驾驶员对险情确认迟缓或判断失误所致。为了避免交通事故的发生,预测在什么的场合会有怎样的险情,对于安全驾驶非常重要。

学会判断——不要因错误判断或盲目自信导致事故;及时确认——对复杂的交通环境中可能出现的险情进行及时确认;有效操作——根据险情的程度,理智的采取相应驾驶操作。

(2)应急驾驶。很多交通事故往往是因为一些突然情况所致,比如:爆胎、转向失控、制动失灵、火灾、碰撞、天灾(地震、发大水等)。驾驶员一旦遇上这些紧急情况,一定要采取必要的应急技术措施,最大限度地减轻或化解事故带来的损失和伤亡。

二、使用助力自行车的交通安全注意事项

(1)使用助力自行车驮载快件,长宽高不准超过规定限度:高度自地面起不宜超过1.5米,宽度左右不宜超出车把0.15米,长度前端不宜超出车轮,后端不宜超出车身0.3米。

(2)收派途中助力自行车应当在非机动车道内行驶。

(3)在没有区分机动车道与非机动车道的道路上,应当靠车行道的右侧行驶,并注意观察瞭望,避让机动车辆。

(4)转弯前,减速慢行,向后瞭望并伸手示意,确认安全后方可转弯。

(5)不牵引其他车辆,也不被其他车辆牵引;不攀扶其他车辆;双手不离车把。

(6)通过陡坡或交通情况复杂地段时,下车推行通过。

(7)超越其他车辆时,不能影响被超车辆和其他车辆的正常行驶。

三、使用摩托车的交通安全注意事项

(1)摩托车载物,高度从地面起不得超过1.5米,长度不得超出车身0.2米。两轮摩托车载物宽度左右不得超出车把0.15米;三轮摩托车载物宽度不得超过车身。

(2)按规定线路行驶。在道路同方向划有两条以上机动车道的,左侧为快速车道,右侧为慢速车道。在快速车道行驶的机动车应当按照快速车道规定的速度行驶,未达到快速车道规定的行驶速度的,应当在慢速车道行驶。摩托车应当在最右侧车道行驶。

(3)驾驶摩托车双手不得离开车把。

(4)不许在车把上悬挂物品。

(5)行车途中不准挂拨或接听电话。

(6)不准下陡坡时熄火或者空挡滑行。

第六节　消防安全知识

快递服务工作,尤其是快件处理场地同消防安全工作联系十分紧密。作为快递业务员,必须增强消防安全意识,掌握消防安全相关知识,以杜绝消防隐患。

一、处理场地的消防安全注意事项

(1)场地内要保持环境清洁,各种物料码放整齐并远离热源,注意室内通风。

(2)保证场地内防火通道的畅通,出口、通道处严禁摆放任何物品。

(3)场地内不得私接乱拉电源、电线,如确实需要,需报相关部门批准和办理。

(4)使用各种设备必须严格遵守操作规程,严禁违章作业。

（5）电气设备运行期间，要加强巡视，发现异常及时处理。

（6）避免各种电气设备、线路受潮和过载运行，防止发生短路，酿成事故。

（7）场地内禁止使用明火，如确实需要须征得安保部同意，在采取有效安全措施后，方可使用。使用期间须由专人负责，使用后保证处理妥当、无隐患。

（8）负责消防安全人员按时对本部门内各部位进行检查，出现问题及时报告。

（9）场地内，消防灭火器等消防器材及设施必须由专人负责，定点放置。定期检查自动报警系统、消防喷淋设备能否正常使用。

（10）当日工作结束前，应检查场地内所有阀门、开关、电源是否断开，确认安全无误后方可离开。

（11）发现火灾险情要积极扑救，并立即报警。

二、几种常见的灭火器

（1）二氧化碳系列灭火器：适用于扑灭油类、易燃液体、可燃气体、电器和机械设备等的初起火灾，具有结构简单、容量大、移动灵活、操作方便的特点。使用时，它喷出的二氧化碳灭火剂能使燃烧物的温度迅速降低，并隔绝空气，使燃烧停止，灭火后不留污渍。

（2）泡沫灭火器：适用于扑灭 A 类（木材、棉麻等固体物质）和 B 类（石油、油脂等自然液体）物质的初起火灾，是目前国内外油类火灾基本的扑救方式。泡沫与着火的油面接触，在油的表面形成一层抑制油类蒸发与氧气隔绝的保护膜，泡沫与保护膜起到双重灭火作用，具有操作方便、灭火效率高、有效期长、抗复燃等优点。适用于油田、炼油厂、原油化工企业、车库、飞机库、港口和油库等场所。

（3）干粉灭火器：适用于扑灭可燃固体（如木材、棉麻等）、可燃液体（如石油、油脂等）、可燃气体（如液化气、天然气等）以及带电设备的初起火灾。在一般场所作为机动灵活的消防设备。

三、处理场地灭火器放置环境条件的规定

（1）灭火器放置环境温度应与其规定的使用温度范围相符。

灭火器不得受烈日暴晒、接近热源或者受剧烈震动。因为温度过高或剧烈震动会使灭火器内压力剧增而影响安全。对于化学反应式灭火器，温度过高可能导致药粉分解而失效，而气温过低则影响喷射性能。水型灭火器，温度过低还可能导致药剂冻结，失去灭火能力，并可能损坏灭火器筒体。

（2）灭火器应放置在通风、干燥、清洁的地方。灭火器会因受潮或受化学腐蚀的影响而锈蚀，造成开关失灵，喷嘴堵塞，降低灭火器的使用寿命。

（3）灭火器放置地点应明显，距离地面高度为 50 厘米，便于取用，且不影响安全疏散，推车式灭火器与保护对象之间的通道应保持畅通无阻。

四、灭火和报警的基本方法

物质燃烧必须同时具备三个必要条件，即可燃物、助燃物和着火源。根据这些基本条件，一切灭火措施都是为了破坏已经形成的燃烧条件，或终止燃烧的连锁反应而使火熄灭。

灭火的基本方法有：冷却法，如用水扑灭一般固体物质的火灾，通过水吸收大量热量，使燃

烧物的温度迅速降低,最后使燃烧终止;窒息法,如用二氧化碳、氮气、水蒸气等降低氧气浓度,使燃烧不能持续;隔离法,如用泡沫灭火剂灭火,泡沫覆盖燃烧体表面,在冷却的同时让火焰和空气隔离开来,达到灭火的目的;化学抑制法,如用干粉灭火剂通过化学作用,破坏燃烧的链式反应,使燃烧终止。

　　接通"119"火灾报警电话后,报警人要向接警中心讲清失火单位的名称、地址、什么东西着火、火势大小等。同时,报警人要注意听对方提出的问题,以便正确回答;把自己的电话号码和姓名告诉对方,以便联系;打完电话后,立即派人到主要路口迎接消防车;迅速组织人员疏通消防通道,使消防车到达火场后能立即进入最佳位置灭火救援;如果着火地区发生了新的变化,要及时报告消防队,使其能及时改变灭火战术,取得最佳效果。

第六章　地理与百家姓知识

第一节　中国地理知识

一、中国地理概况

中国位于赤道以北，亚洲东部，太平洋西岸，它的版图被形象地比作一只头朝东尾朝西的雄鸡。

中国陆地总面积约960万平方公里，在世界各国中，仅次于俄罗斯和加拿大，居第三位，差不多同整个欧洲面积相等，是亚洲面积最大的国家。中国领土东西距离约5200公里，南北距离约5500公里，最东端在黑龙江省的黑龙江和乌苏里江主航道中心线的相交处，最西端在新疆帕米尔高原，最南端在南海南沙群岛的曾母暗沙，最北端在黑龙江省漠河以北的黑龙江主航道中心线上。

中国的大陆海岸线全长18000多公里，北起中朝边界的鸭绿江口，南到中越边界的北仑河口，沿海有许多优良港湾。我国所濒临的海洋，从北到南依次为渤海、黄海、东海和南海。

与中国陆地相邻的国家有14个，东邻朝鲜，西邻阿富汗、巴基斯坦，南邻缅甸、老挝、越南，北邻俄罗斯、蒙古，西北邻哈萨克斯坦、吉尔吉斯斯坦、塔吉克斯坦，西南邻印度、不丹、尼泊尔。同中国隔海相望的国家有6个，东面是韩国、日本，南面是马来西亚、文莱、印度尼西亚，东南面是菲律宾。

二、中国的区域划分及主要城市

（一）中国现行的行政区域划分

行政区域划分是一个国家为了进行分级管理而实行的国土和政治、行政权力的划分。具体地说，就是国家根据政治和行政管理的需要，根据有关法律规定，充分考虑经济联系、地理条件、地区差异、民族分布、风俗习惯等客观因素，将全国的地域划分为若干层次大小不同的行政区域，设置相应的地方国家机关，实施行政管理。行政区域划分以国家或次级地方在特定的区域内建立一定形式、具有层次唯一性的政权机关为标志。

根据《中华人民共和国宪法》规定，我国的行政区域划分如下：

（1）全国分为省、自治区、直辖市和特别行政区；

（2）省、自治区分为自治州、县、自治县、市；

（3）县、自治县分为乡、民族乡、镇；

（4）自治州分为县、自治县、市；

（自治区、自治州、自治县都是民族自治地方。）

（5）直辖市和较大的市分为区、县；

（6）特别行政区是根据《中华人民共和国香港特别行政区基本法》和《中华人民共和国澳门特别行政区基本法》设立的香港和澳门两个特别行政区。

目前中国有34个省级行政区,即23个省、4个直辖市、5个自治区和2个特别行政区。见图6-1。

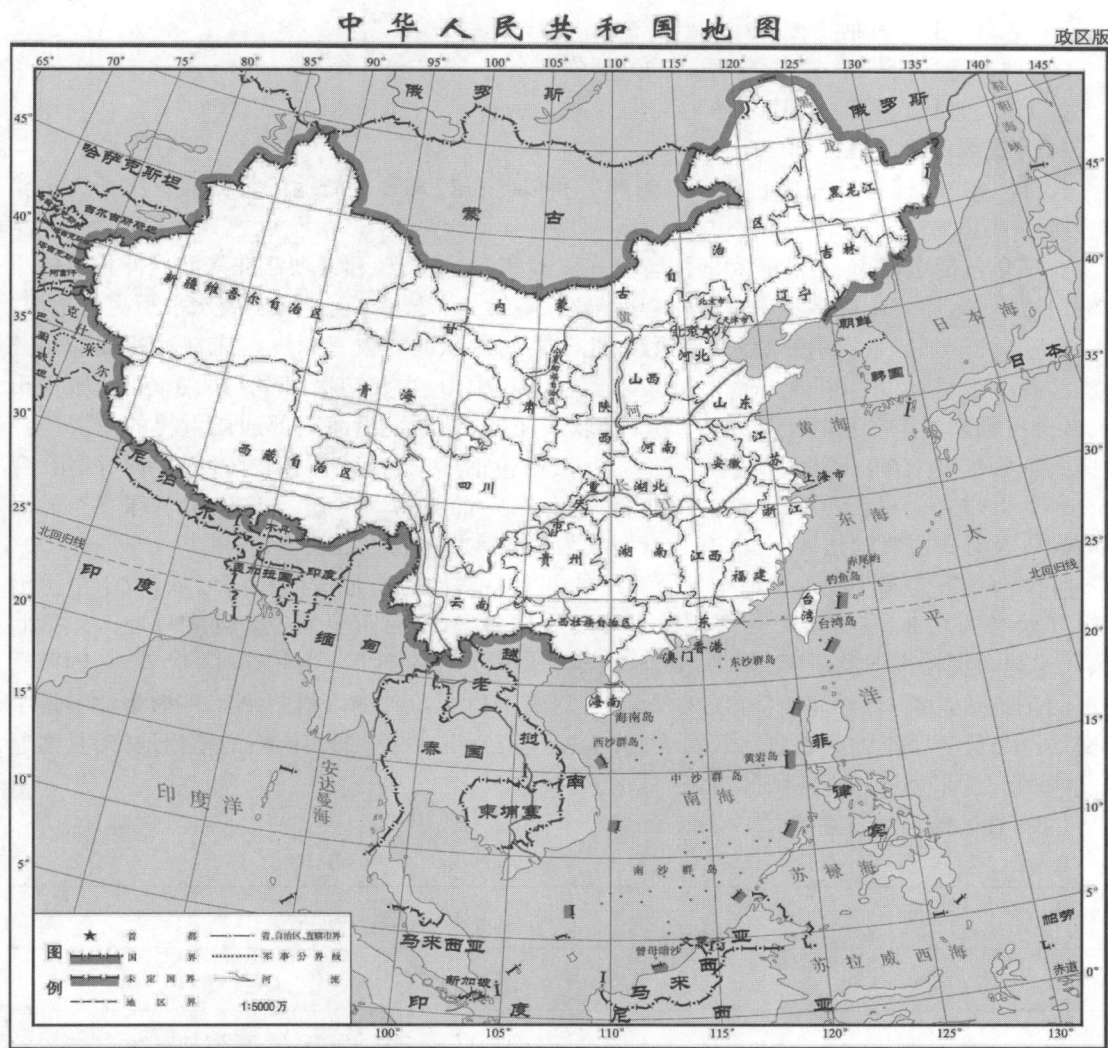

图6-1　中国行政区划图　（资料来源:国家测绘局网）

（二）中国七大区划分

中华人民共和国成立后,为了适应革命和建设的需要,中央对中华人民共和国成立前的省级行政区划进行了大幅度的改革和调整,其中尤为重要的是建国初期六大行政区的设置,即东北、华北、西北、华东、中南和西南六个大区,其中中南区又被分为华南地区和华中地区。

大区是省级以上的行政划单位,一方面代表中央人民政府领导区内各省、自治区、直辖市人民政府,是中央人民政府的派出机关,另一方面也是地方政权的最高机构,是一级地方政府。大区一级政府已经于1954年被撤销,但这一说法一直沿用至今。

(1)华北地区(北京、天津、河北、山西、内蒙古)

(2)华东地区(上海、江苏、浙江、安徽、福建、江西、山东)

(3)华南地区(广东、广西、海南)

(4)华中地区(河南、湖北、湖南)

(5)东北地区(黑龙江、吉林、辽宁)

(6)西北地区(陕西、甘肃、宁夏、青海、新疆)

(7)西南地区(重庆、四川、云南、贵州、西藏)

(三)主要经济发展区划分

长江三角洲(简称长三角)、珠江三角洲(简称珠三角)和环渤海地区是目前我国三大主要的经济发展区域。

长三角包括上海市、江苏省和浙江省。它紧临东海,是长江和钱塘江在入海处冲积成的三角洲,长江三角洲城市群是我国城市化程度最高、城镇分布最密集、经济发展水平最高的地区。

珠三角,位于广东省东部沿海,是西江、北江共同冲积成的大三角洲与东江冲积成的小三角洲的总称,包括广州、深圳、珠海、佛山、东莞、江门、中山、惠州市区、博罗县、惠东县、肇庆市区、四会市和高要市。水陆交通发达,与海外联系便捷,是内地沿海南部通向世界的重要门户地区。近些年来又提出了"泛珠三角"的概念,其中包括广东、福建、湖南、江西、广西、四川、海南、云南、贵州九个省区和香港、澳门两个特别行政区,简称为"9+2"。这说明了珠三角的迅速崛起以及有着巨大的拓展空间,并且有望成为世界瞩目的特大经济区。

环渤海地区是指环绕着渤海全部及黄海的部分沿岸地区所形成的经济区域,位于中国沿太平洋西岸的北部,在中国对外开放的沿海发展战略中,占有重要地位。环渤海地区包括北京、天津两大直辖市以及辽宁、河北、山东、山西和内蒙古中部地区,共五省(区)二市。国家有关部门正式确立了"环渤海经济区"的概念,并对其进行了单独的区域规划。环渤海地区是中国交通网络最为密集的区域之一,是我国航空、海运、公路、铁路、通信网络的枢纽地带,是沟通东北、华北、西北经济和进入国际市场的重要集散地。

(四)难认地名拼音注释

1. 东北区

省	市、县名称读音
辽宁省	阜(fù)新　　桓(huán)仁　　岫(xiù)岩
吉林省	磐(pán)石　　乾(qián)安　　镇赉(lài)
黑龙江省	肇(zhào)东　　穆陵(líng)

2. 华北区

省、直辖市、自治区	市、县名称读音
天津市	蓟(jì)县
河北省	滦(luán)县　　井陉(xíng)　　蠡(lí)县 藁(gǎo)城　　蔚(yù)县　　任(rén)丘

续上表

省、直辖市、自治区	市、县名称读音
山西省	临猗(yī)　　岢(kě)岚　　稷(jì)山 隰(xí)县　　忻(xīn)州　　襄垣(yuán) 繁峙(shì)　　芮(ruì)城　　盂(yú)县
内蒙古自治区	巴彦淖(nào)尔　　磴(dèng)口　　扎赉(lài)特旗

3. 华东区

省	市、县名称读音
江苏省	邳(pī)州　　溧(lì)阳　　如皋(gāo) 睢(suī)宁　　沭(shù)阳　　邗(hán)江 盱眙(xū yí)　　六(lù)合
浙江省	诸暨(jì)　　鄞(yín)州　　衢(qú)州 南浔(xún)　　嵊泗(shèng sì)　　缙(jìn)云 上虞(yú)　　台(tāi)州　　丽(lí)水
安徽省	亳(bó)州　　旌(jīng)德　　砀(dàng)山 枞(zōng)阳　　蚌埠(bèng bù)　　滁(chú)州 歙(shè)县　　濉(suī)溪　　黟(yī)县 颍(yǐng)上　　宿(sù)州
福建省	闽侯(hòu)　　柘(zhè)荣　　建瓯(ōu) 诏(zhào)安
江西省	余干(gàn)　　鄱(pó)阳　　弋(yì)阳 婺(wù)源
山东省	莘(shēn)县　　济(jǐ)南　　兖(yǎn)州 郓(yùn)城　　郯(tán)城　　莒(jǔ)县 牟(mù)平　　临朐(qú)　　邹(zōu)平 淄(zī)博　　无棣(dì)　　鄄(juàn)城 茌(chí)平

4. 华中区

省	市、县名称读音
河南省	荥(xíng)阳　　渑(miǎn)池　　浚(jùn)县 郾(yǎn)城　　濮(pú)阳　　临颍(yǐng) 泌(bì)阳　　鄢(yān)陵　　嵩(sōng)县 郏(jiá)县　　漯(luò)河　　武陟(zhì) 杞(qǐ)县　　潢(huáng)川

续上表

省	市、县名称读音
湖北省	浠(xī)水　黄陂(pí)　蕲(qí)春 郧(yún)西　秭(zǐ)归
湖南省	郴(chēn)州　耒(lěi)阳　攸(yōu)县 醴(lǐ)陵　汨(mì)罗　芷(zhǐ)江 澧(lǐ)县　沅(yuán)陵

5. 华南区

省、自治区	市、县名称读音
广东省	大埔(bù)　番禺(pān yú)　东莞(guǎn)
广西壮族自治区	岑(cén)溪　邕(yōng)宁
海南省	儋(dān)州

6. 西南区

省、自治区、直辖市	市、县名称读音
重庆市	涪(fú)陵　酉(yǒu)阳　綦(qí)江
四川省	什邡(shí fāng)　郫(pí)县　珙(gǒng)县 汶(wèn)川　荥(yíng)经　邛崃(qióng lái) 犍为(qián wéi)　筠(jūn)连　华蓥(yíng) 阆(làng)中
贵州省	湄(méi)潭　瓮(wèng)安　石阡(qiān)
云南省	砚(yàn)山　漾濞(bì)　宁蒗(làng) 牟(móu)定　勐(měng)海
西藏自治区	察隅(yú)　贡嘎(gā)

7. 西北区

省、自治区	市、县名称读音
陕西省	阎(yán)良　柞(zhà)水　岚皋(gāo)
甘肃省	碌(lù)曲　宕(dàng)昌　泾(jīng)川 迭(dié)部
青海省	海晏(yàn)
新疆维吾尔自治区	尉(yù)犁　若羌(qiāng)　鄯(shàn)善 焉耆(qí)　噶(gá)尔

第二节　中国的交通运输

目前我国快递运输采取航空、陆路(包括铁路和公路)和水路几种运输方式,其中主要以航空和陆路运输为主,水路运输使用相对较少。

一、航空运输

改革开发以来,我国的民用航空事业发展迅速。航线安排以大城市为中心,在大城市之间建立干线航线,同时辅以支线航线,由大城市辐射至周围小城市。航线按起讫点的归属不同分为国际航线和国内航线。国内航线又可分为干线航线和支线航线。干线航线是指连接北京和各省会、直辖市或自治区首府或各省、自治区所属城市之间的航线,如北京—上海航线、上海—南京航线等。支线航线则是指一个省或自治区之内的各城市之间的航线。2007 年我国国内航线达到 1216 条(至香港、澳门 48 条),通航全国 146 个城市,已形成以北京为中心,以上海、天津、重庆、西安、广州等城市为起点的主要航空线,联系各省、自治区、直辖市的国内航空运输网。

目前我国有中国国际航空股份有限公司、中国南方航空股份有限公司和中国东方航空公司等主要航空公司(表6-1),近些年来民营航空公司发展迅速,已有以春秋航空公司、奥凯航空公司、吉祥航空公司为代表的七家民营航空公司。有的快递企业具备自有飞机,大部分快递企业则依托航空公司进行快件的运输,主要采取班机运输、包机运输和集中托运等方式。

我国主要航空公司标志、代码及名称　　　　　　表 6-1

航空公司标志	代　　码	航空公司名称
	CA	中国国际航空公司
	CZ	中国南方航空公司
	MU	中国东方航空公司
	3U	四川航空公司

航空公司标志	代　码	航空公司名称
	MF	厦门航空有限公司
	ZH	深圳航空公司
	HU	海南航空公司

小　知　识

　　我国国内航空号的编排由航空公司的两字代码和四位阿拉伯数字组成。航空公司的代码由民航总局规定,后面的四位数字分别代表:第一位代表航空公司的基地所在地区,第二位代表航班终点所在地区(1 代表华北、2 代表西北、3 代表华南、4 代表西南、5 代表华东、6 代表东北、8 代表厦门、9 代表新疆),第三、四位代表航班的序号(奇数表示由基地出发向外飞的航班,偶数表示飞回基地的回程航班)。如深圳—北京航班 CZ3151,CZ 是南方航空公司的代码,第一位数字 3 表示华南地区,南航的基地在广州;1 表示华北,北京在华北地区;51 是航班号,由于末尾是奇数因此表示从基地广州出发向外飞的航班。

二、公路运输

　　公路运输是快递运输必不可少的方式,可以"从门口到门口"将快件直接送到家庭、单位、企业等,并且可以通达乡村,甚至是边远地区。

　　我国的公路按照技术指标要求可分为高速公路、一级公路、二级公路、三级公路、四级公路和等外级公路六级;按照在公路网中的地位和作用可分为国道、省道、县道、乡道和村道五级,其中国道是全国公路网的骨干道路,起到联系其他各级道路的重要作用;按照公路路面类型可分为铺装路面、简易铺装路面和未铺装路面。

　　目前我国的公路已遍布全国各地,截至 2011 年底,全国公路总里程达 410.64 万公里,公路密度为 42.77 公里/百平方公里。全国等级公路里程 345.36 万公里,等级公路占公路总里程的 84.1%。其中,二级及以上公路里程 47.36 万公里,占公路总里程的 11.5%。各行政等级公路里程分别为:国道 16.94 万公里、省道 30.40 万公里、县道 53.36 万公里、乡道 106.60万公里、专用公路 6.90 万公里、村道 196.44 万公里。全国高速公路达 8.49 万公里,其中国家高速公路6.36万公里。

1. 国家高速公路路线

国家高速公路网采用放射线与纵横网格相结合布局方案,由7条首都放射线、9条南北纵线和18条东西横线组成,简称为"7918"网,总规模约8.5万公里,其中主线6.8万公里,地区环线、联络线等其他路线约1.7万公里。具体路线是:

(1)首都放射线

共7条,分别是北京—上海、北京—台北、北京—港澳、北京—昆明、北京—拉萨、北京—乌鲁木齐、北京—哈尔滨。

(2)南北纵线

共9条:鹤岗—大连、沈阳—海口、长春—深圳、济南—广州、大庆—广州、二连浩特—广州、包头—茂名、兰州—海口、重庆—昆明。

(3)东西横线

共18条:绥芬河—满洲里、珲春—乌兰浩特、丹东—锡林浩特、荣成—乌海、青岛—银川、青岛—兰州、连云港—霍尔果斯、南京—洛阳、上海—西安、上海—成都、上海—重庆、杭州—瑞丽、上海—昆明、福州—银川、泉州—南宁、厦门—成都、汕头—昆明、广州—昆明。

此外,国家高速公路网还包括辽中环线、成渝环线、海南环线、珠三角环线、杭州湾环线共5条地区环线、2段并行线和37段联络线。

小 知 识

高速公路命名规则一是路线名称使用路线起、终点县级以上行政区地名。国家高速公路路线名称由路线起、终点地名加连接符"—"组成,路线简称由起终点地名的首位汉字组合表示,也可以采用起讫点城市或所在省(区、市)的简称表示。例如,"北京—哈尔滨高速公路",简称为"京哈高速"。二是国家高速公路的阿拉伯数字编号采用1位、2位和4位数,并与一般国道相区别。国家高速公路网路线编号采用字母标识符和阿拉伯数字组成。由于国家高速公路属于国道网的一部分,因此字母标识符仍然采用汉语拼音"G",与一般国道一致。国家高速公路编号与一般国道编号的区别主要体现在数字位数上。现行的国道编号是3位数,国家高速公路的编号采用1位、2位和4位数,其中:首都放射线采用1位数,如京哈高速(北京—哈尔滨高速)编号为"G1";纵线和横线采用2位数,如沈海高速(沈阳—海口高速)为"G15",青银高速(青岛—银川高速)为"G20";城市绕城环线和联络线采用4位数编号。三是数字编号的特征有规律可循。首都放射线编号为1位数,由正北方向开始按顺时针方向升序编排,编号区间为1~9。纵向路线编号为2位奇数,由东向西升序编排,编号区间为11~89。横向路线编号为2位偶数,由北向南升序编排,编号区间为10~90。

对地方高速公路网的命名和编号原则上与国家高速公路网的命名和编号规则保持一致,其编号的字母标识符采用汉语拼音"S"表示。

2. 国道主干线——五纵七横

历时近15年,总规模约3.5万公里的"五纵七横"国道主干线于2007年年底基本贯通,见

表6-2。国道主干线由5条纵线和7条横线组成,这12条主干线全部都是二级以上的高等级公路,其中高速公路约占总里程的76%,一级公路约占总里程的4.5%,二级公路占总里程19.5%。主干线连接了首都、各省省会、直辖市、经济特区、主要交通枢纽和重要对外开放口岸,覆盖了全国所有人口在100万以上的特大城市和93%的人口在50万以上的大城市,是具有全国性政治、经济、国防意义的重要干线公路。

国道"五纵七横"主干线　　　　　　　　　　　　表6-2

五　　纵	七　　横
同江—三亚	绥芬河—满洲里
北京—福州	丹东—拉萨
北京—珠海	青岛—银川
二连浩特—河口	连云港—霍尔果斯
重庆—湛江	上海—成都
	上海—瑞丽
	衡阳—昆明

我国国家公路干线的编号是以1、2、3为字头的,1字头表示是以北京为起点的放射线状干线公路,2字头是南北纵向干线公路,3字头是东西横向干线公路。我国1字头的干线公路共有12条,如G101指的是京沈线,由北京发出,路经承德,到达沈阳。2字头的干线公路共有28条,如G212是兰渝线,由兰州发出,路经广元最后到达重庆。3字头的干线公路共有30条,如G308是青石线,从青岛出发,路经潍坊、济南最后到达石家庄。

三、铁路运输

铁路运输是快递运输的方式之一。铁路网是由相互连接的铁路干线、支线、联络线和铁路枢纽构成的铁路网系统。目前我国铁路已基本形成以北京为中心,以四纵、三横、三网和关内外三线为骨架,可通达全国省市区的铁路网。这里的四纵是指京广线、京九线、京沪线、北同蒲—太焦—焦柳线;三横是指京秦—京包—包兰—兰青—青藏线、陇海—兰新线、沪杭—浙赣—湘黔—贵昆线;三网指的是东北铁路网、西南铁路网和台湾铁路网;关内外三线是京哈线、京通线和京承—锦承线。

铁路枢纽是在两条或两条以上的铁路线交汇处,由若干个车站、线路及一系列设备组成的运输生产整体,任务是办理各线之间大量客货列车的解体、编组、转线等业务。我国铁路枢纽众多,比较大的有40多个,其中重要的有北京、广州、上海、徐州、哈尔滨、贵阳、重庆、昆明、西安、乌鲁木齐、呼和浩特等20个。

目前,中国是世界上高速铁路发展最快、系统技术最全、集成能力最强、运营里程最长、运营速度最高、在建规模最大的国家。截至2010年7月,我国投入运营的高速铁路已达到6920营业公里,其中,新建时速250～350公里的高速铁路有4044营业公里,既有线提速达到时速200～250公里的高速铁路有2876营业公里。我国高速铁路运营里程居世界第一位,正在建设中的高速铁路有1万多公里。

四、水路运输

我国的水上运输有着悠久的历史,水上运输条件十分优越,是大宗货物的主要运输方式,但由于受自然条件的限制,而且速度慢、连续性较差,因此快递运输中采用水路运输方式较少。

小　知　识

铁路列车的车次编排和上行、下行有关。进京方向或是从支线到干线称为上行车次，上行车次编为双号；离京方向或是从干线到支线称为下行车次，下行车次编为单号。如：T11 次是北京开往沈阳北方向，为下行车次；T12 是沈阳北开往北京方向，为上行车次。

列车编号前会出现"Z、T、K、D、N、L、G、C"等字母，分别代表不同的含义。Z 开头的列车简称直特，是直达特别快速旅客列车，字母 Z 是"直"字的汉语拼音简写。此种列车在行程中一站不停或者经停必须站但不办理客运业务。T 开头的列车简称特快，是特别快速旅客列车，字母 T 是"特"字汉语拼音的简写。这样的列车在行程中一般只经停省会城市或当地的大型城市。K 开头的列车简称快速，是快速旅客列车，此种列车在行程中一般只经停地级行政中心或重要的县级行政中心。D 开头的列车是动车组列车。N 开头的列车简称管内快速，是管内快速旅客列车，字母 N 是"内"字汉语拼音的简写。L 开头的列车是临时旅客列车。G 开头的列车是高速铁路列车，C 开头的列车是城际铁路列车，这样的列车一般经停一些重要车站。

我国的主要内河航道有长江航道、珠江航道和京杭大运河。长江航道有"黄金航道"的美称，干流航线与京广、京九、京沪等多条铁路线及京杭运河相交，既沟通内地和沿海，又联系了南北各大地区。珠江是我国南方最大的河流，流域面积达 45.3 万平方公里，水量仅次于长江。珠江三角洲航运最为发达，这里水网密布，沟通海洋，从广州到我国南方黄埔港，一般能通航远洋海轮。京杭大运河北起北京，南至杭州，史上曾是我国南北交通大动脉，流经京、津、冀、鲁、苏、浙 6 省市，全长近 1800 公里，沟通长江、黄河、海河、淮河、钱塘江五大水系。目前通航河段是山东济南以南河段，在我国内河航运中货运量居第三位。

我国海运分为沿海航线和远洋航线。沿海航线主要以国内城市间的运输为主，远洋航线则以国际运输为主。沿海航线分为南方沿海航区和北方沿海航区。南方沿海航区以广州为中心，主要通航海港有厦门、汕头、湛江、海口等。北方沿海航区以大连、上海为中心，主要通航海港有天津、秦皇岛、宁波、烟台、青岛、连云港等。

第三节　世界地理知识

一、地球概貌

地球表面大部分是海洋，陆地只占一小部分。地球表面总面积约 5.1 亿平方公里，其中陆地面积约 1.49 亿平方公里，占地表总面积的 29.2%，海洋面积约 3.61 亿平方公里，占总面积的 70.8%。

地球表面的海洋是相互沟通的，形成了统一的世界大洋。根据海陆分布形势，世界海洋可分为四部分，即我们通常所说的四大洋，按面积大小依次为：太平洋、大西洋、印度洋、北冰洋。

地球表面的陆地被海洋分隔成大小不等的许多块，我们通常把海洋所包围的大面积陆地叫做大陆，小块陆地叫做岛屿。大陆及其附近的岛屿合称为洲。地球上有七大洲，按面积大小依次为：亚洲、非洲、北美洲、南美洲、南极洲、欧洲和大洋洲。

二、世界区域划分

亚洲是世界第一大洲，位于东半球的东北部，按地理方位分为：东亚、东南亚、南亚、西亚、中亚和北亚。主要国家有中国、日本、韩国、印度、柬埔寨、伊朗、哈萨克斯坦等。

非洲作为世界第二大洲，位于亚洲的西南，按地理方位分为：北非、西非、中非、东非和南非。主要国家有埃及、肯尼亚、南非、尼日利亚等。

北美洲位于西半球北部，是世界第三大洲，主要国家有加拿大、美国、墨西哥、巴拿马等。

欧洲位于亚洲西面，按地理方位分为：东欧、西欧、南欧、北欧和中欧。主要国家有俄罗斯、英国、法国、荷兰、意大利、德国、芬兰、西班牙、瑞典等。

南美洲位于西半球南部，主要国家有巴西、阿根廷、智利、乌拉圭等。

大洋洲介于亚洲和南极洲之间，主要国家有澳大利亚、新西兰、汤加、斐济等。

三、时区

地球自西向东自转，东边总比西边先看到太阳，东边的时间也总比西边的早。假如根据当地的正午，也就是当天太阳位置最高时来决定的时间则只能适用于当地，并不适用其他国家，这就造成了种种不便。为了克服时间上的混乱，1884 年在华盛顿召开的国际经度会议上，规定将地球表面按经线平均划分为 24 个时区，每个时区跨经度为 15 度，时间正好是 1 小时。世界时区划分以经过英国伦敦格林尼治天文台的经线即 0 度经线为标准，首先分别向东、西方向各跨 7.5 度，也就是西经 7.5 度到东经 7.5 度这一时区是中时区（零时区），然后中时区以东是东 1~12 区，以西是西 1~12 区。每个时区的中央经线上的时间就是这个时区内统一采用的时间，称为区时。例如，我国在东 8 区，时间就比在东 7 区的泰国的时间早 1 小时，而比在东 9 区的日本的时间晚 1 小时。因此，向西走，每过一个时区，就要把表拨慢 1 小时；向东走，每过一个时区，就要把表拨快 1 小时。我国把首都北京所在的东 8 区的时间作为全国统一的时间，称为北京时间。

四、我国的国际运输

我国的国际运输是我国运输业的重要组成部分，是加强我国与其他国家联系，增强友好关系、实现共同发展的重要领域，在对外开放中发挥着重要作用。随着快递服务的迅速发展，往来于国际间的快件不断增多，国际运输成为实现其快速发展的必要手段。

我国的国际航线和国际航空业务发展迅速，航空班机已飞往五大洲的 40 多个国家，与 180 多个外国航空公司建立了业务联系。国际航线主要是从北京、上海、广州等地发出，如北京至伦敦、纽约、悉尼、东京等地的国际航线。

目前，我国已与俄罗斯、蒙古、哈萨克斯坦、尼泊尔、缅甸、老挝、越南、柬埔寨和泰国等 14 个国家签署了政府间汽车运输协定。我国与周边国家商定开通了 242 条国际道路运输线路，已开通的国际道路客货运输线路共有 201 条，其中客运线路 100 条，货运线路 101 条。如今我国与地域相邻的俄罗斯、中亚各国等均有铁路相通。

我国已开辟了 30 多条远洋运输航线，同世界 150 多个国家和地区的重要港口有航运联系。远洋航线以上海、大连、秦皇岛、天津、青岛、广州、宁波等沿海开放港口城市为出口岸，分为东行、西行、南行和北行航线。东行航线东至日本、横渡太平洋到达美洲各国港口，西行航线可达东南亚、南亚、西亚、非洲和欧洲各港口,南行航线到达东南亚和大洋洲各港口,北行航线到达朝鲜、韩国和俄罗斯远东沿海港口。

第四节　百家姓知识

"姓氏"在现代汉语中是一个词,但在秦汉以前,姓和氏有明显的区别。先有姓后有氏。姓源于母系社会,同一个姓表示同一个母系的血缘关系。中国最早的姓,如:姜、姚、姒、妫、嬴等,大都是"女"字旁的。而氏是以父系来标识血缘关系,是在父权家长制确立后才出现的。

提起中国姓氏,人们最熟悉的自然是《百家姓》,它与《三字经》、《千字文》并称"三百千",是中国古代幼儿的启蒙读物。根据明清朝代有文字记载的学者的研究,《百家姓》早在宋朝以前就存在。在宋朝初期由一位地处吴、越地区(现今浙江省杭州市)不知名的儒家学者将其编辑、装订成册。据南宋学者王明清考证,该书前几个姓氏的排列是有讲究的:赵是指赵宋,既然是国君的姓理应为首;其次是钱姓,钱是五代十国中吴越国王的姓氏;孙为当时国王钱俶的正妃之姓;李为南唐国王李氏。

《百家姓》将常见的姓氏编成四字一句的韵文,像一首四言诗,便于诵读和记忆,因此,流传至今,影响极深。

姓氏同快递服务业务,特别是收寄派送业务联系紧密。快递业务员,尤其是负责派送的快递业务员熟悉并牢牢记住客户姓氏,有利于提高派送快件的速度和质量。

《百家姓》原先收集 411 个姓,后经增补到现在的 504 个姓,其中单姓 444 个,复姓 60 个。以下是 504 个姓氏:

赵(zhào)	钱(qián)	孙(sūn)	李(lǐ)
周(zhōu)	吴(wú)	郑(zhèng)	王(wáng)
冯(féng)	陈(chén)	褚(chǔ)	卫(wèi)
蒋(jiǎng)	沈(shěn)	韩(hán)	杨(yáng)
朱(zhū)	秦(qín)	尤(yóu)	许(xǔ)
何(hé)	吕(lǚ)	施(shī)	张(zhāng)
孔(kǒng)	曹(cáo)	严(yán)	华(huà)
金(jīn)	魏(wèi)	陶(táo)	姜(jiāng)
戚(qī)	谢(xiè)	邹(zōu)	喻(yù)
柏(bǎi)	水(shuǐ)	窦(dòu)	章(zhāng)
云(yún)	苏(sū)	潘(pān)	葛(gě)
奚(xī)	范(fàn)	彭(péng)	郎(láng)
鲁(lǔ)	韦(wéi)	昌(chāng)	马(mǎ)
苗(miáo)	凤(fèng)	花(huā)	方(fāng)
俞(yú)	任(rén)	袁(yuán)	柳(liǔ)
酆(fēng)	鲍(bào)	史(shǐ)	唐(táng)
费(fèi)	廉(lián)	岑(cén)	薛(xuē)
雷(léi)	贺(hè)	倪(ní)	汤(tāng)
滕(téng)	殷(yīn)	罗(luó)	毕(bì)

郝（hǎo）	邬（wū）	安（ān）	常（cháng）
乐（yuè/lè）	于（yú）	时（shí）	傅（fù）
皮（pí）	卞（biàn）	齐（qí）	康（kāng）
伍（wǔ）	余（yú）	元（yuán）	卜（bǔ）
顾（gù）	孟（mèng）	平（píng）	黄（huáng）
和（hé）	穆（mù）	萧（xiāo）	尹（yǐn）
姚（yáo）	邵（shào）	湛（zhàn）	汪（wāng）
祁（qí）	毛（máo）	禹（yǔ）	狄（dí）
米（mǐ）	贝（bèi）	明（míng）	臧（zāng）
计（jì）	伏（fú）	成（chéng）	戴（dài）
谈（tán）	宋（sòng）	茅（máo）	庞（páng）
熊（xióng）	纪（jì）	舒（shū）	屈（qū）
项（xiàng）	祝（zhù）	董（dǒng）	梁（liáng）
杜（dù）	阮（ruǎn）	蓝（lán）	闵（mǐn）
席（xí）	季（jì）	麻（má）	强（qiáng）
贾（jiǎ）	路（lù）	娄（lóu）	危（wēi）
江（jiāng）	童（tóng）	颜（yán）	郭（guō）
梅（méi）	盛（shèng）	林（lín）	刁（diāo）
钟（zhōng）	徐（xú）	丘（qiū）	骆（luò）
高（gāo）	夏（xià）	蔡（cài）	田（tián）
樊（fán）	胡（hú）	凌（líng）	霍（huò）
虞（yú）	万（wàn）	支（zhī）	柯（kē）
昝（zǎn）	管（guǎn）	卢（lú）	莫（mò）
经（jīng）	房（fáng）	裘（qiú）	缪（miào）
干（gān）	解（xiè）	应（yìng）	宗（zōng）
丁（dīng）	宣（xuān）	贲（bēn）	邓（dèng）
郁（yù）	单（shàn）	杭（háng）	洪（hóng）
包（bāo）	诸（zhū）	左（zuǒ）	石（shí）
崔（cuī）	吉（jí）	钮（niǔ）	龚（gōng）
程（chéng）	嵇（jī）	邢（xíng）	滑（huá）
裴（péi）	陆（lù）	荣（róng）	翁（wēng）
荀（xún）	羊（yáng）	於（yū）	惠（huì）
甄（zhēn）	鞠（qū）	家（jiā）	封（fēng）
芮（ruì）	羿（yì）	储（chǔ）	靳（jìn）
汲（jí）	邴（bǐng）	糜（mí）	松（sōng）
井（jǐng）	段（duàn）	富（fù）	巫（wū）
乌（wū）	焦（jiāo）	巴（bā）	弓（gōng）
牧（mù）	隗（kuí/wěi）	山（shān）	谷（gǔ）
车（chē）	侯（hóu）	宓（mì）	蓬（péng）

全（quán）　郗（xī）　班（bān）　仰（yǎng）
秋（qiū）　仲（zhòng）　伊（yī）　宫（gōng）
宁（nìng）　仇（qiú）　栾（luán）　暴（bào）
甘（gān）　钭（tǒu）　厉（lì）　戎（róng）
祖（zǔ）　武（wǔ）　符（fú）　刘（liú）
景（jǐng）　詹（zhān）　束（shù）　龙（lóng）
叶（yè）　幸（xìng）　司（sī）　韶（sháo）
郜（gào）　黎（lí）　蓟（jì）　薄（bó）
印（yìn）　宿（sù）　白（bái）　怀（huái）
蒲（pú）　台（tái）　从（cóng）　鄂（è）
索（suǒ）　咸（xián）　籍（jí）　赖（lài）
卓（zhuó）　蔺（lìn）　屠（tú）　蒙（méng）
池（chí）　乔（qiáo）　阴（yīn）　鬱（yù）
胥（xū）　能（néng）　苍（cāng）　双（shuāng）
闻（wén）　莘（shēn）　党（dǎng）　翟（zhái）
谭（tán）　贡（gòng）　劳（láo）　逄（páng）
姬（jī）　申（shēn）　扶（fú）　堵（dǔ）
冉（rǎn）　宰（zǎi）　郦（lì）　雍（yōng）
郤（xì）　璩（qú）　桑（sāng）　桂（guì）
濮（pú）　牛（niú）　寿（shòu）　通（tōng）
边（biān）　扈（hù）　燕（yān）　冀（jì）
郏（jiá）　浦（pǔ）　尚（shàng）　农（nóng）
温（wēn）　别（bié）　庄（zhuāng）　晏（yàn）
柴（chái）　瞿（qú）　阎（yán）　充（chōng）
慕（mù）　连（lián）　茹（rú）　习（xí）
宦（huàn）　艾（ài）　鱼（yú）　容（róng）
向（xiàng）　古（gǔ）　易（yì）　慎（shèn）
戈（gē）　廖（liào）　庾（yǔ）　终（zhōng）
暨（jì）　居（jū）　衡（héng）　步（bù）
都（dōu）　耿（gěng）　满（mǎn）　弘（hóng）
匡（kuāng）　国（guó）　文（wén）　寇（kòu）
广（guǎng）　禄（lù）　阙（què）　东（dōng）
欧（ōu）　殳（shū）　沃（wò）　利（lì）
蔚（yù）　越（yuè）　夔（kuí）　隆（lóng）
师（shī）　巩（gǒng）　厍（shè）　聂（niè）
晁（cháo）　勾（gōu）　敖（áo）　融（róng）
冷（lěng）　訾（zī）　辛（xīn）　阚（kàn）
那（nā）　简（jiǎn）　饶（ráo）　空（kōng）
曾（zēng）　毋（wú）　沙（shā）　乜（niè）

61

养(yǎng)	鞠(jū)	须(xū)	丰(fēng)
巢(cháo)	关(guān)	蒯(kuǎi)	相(xiāng)
查(zhā)	後(hòu)	荆(jīng)	红(hóng)
游(yóu)	竺(zhú)	权(quán)	逯(lù)
盖(gě)	益(yì)	桓(huán)	公(gōng)
仉(zhǎng)	督(dū)	晋(jìn)	楚(chǔ)
闫(yán)	法(fǎ)	汝(rǔ)	鄢(yān)
涂(tú)	钦(qīn)	归(guī)	海(hǎi)
岳(yuè)	帅(shuài)	缑(gōu)	亢(kàng)
况(kuàng)	后(hòu)	有(yǒu)	琴(qín)
商(shāng)	牟(móu)	佘(shé)	佴(nài)
伯(bó)	赏(shǎng)	墨(mò)	哈(hǎ)
谯(qiáo)	笪(dá)	年(nián)	爱(ài)
阳(yáng)	佟(tóng)	言(yán)	福(fú)
万俟(mò qí)	司马(sī mǎ)	上官(shàng guān)	欧阳(ōu yáng)
夏侯(xià hóu)	诸葛(zhū gě)	闻人(wén rén)	东方(dōng fāng)
赫连(hè lián)	皇甫(huáng fǔ)	尉迟(yù chí)	公羊(gōng yáng)
澹台(tán tái)	公冶(gōng yě)	宗政(zōng zhèng)	濮阳(pú yáng)
淳于(chún yú)	单于(chán yú)	太叔(tài shū)	申屠(shēn tú)
公孙(gōng sūn)	仲孙(zhòng sūn)	轩辕(xuān yuán)	令狐(líng hú)
钟离(zhōng lí)	宇文(yǔ wén)	长孙(zhǎng sūn)	慕容(mù róng)
鲜于(xiān yú)	闾丘(lú qiū)	司徒(sī tú)	司空(sī kōng)
亓官(qí guān)	司寇(sī kòu)	子车(zǐ chē)	颛孙(zhuān sūn)
端木(duān mù)	巫马(wū mǎ)	公西(gōng xī)	漆雕(qī diāo)
乐正(yuè zhèng)	壤驷(rǎng sì)	公良(gōng liáng)	拓拔(tuò bá)
夹谷(jiá gǔ)	宰父(zǎi fù)	谷梁(gǔ liáng)	段干(duàn gàn)
百里(bǎi lǐ)	东郭(dōng guō)	南门(nán mén)	呼延(hū yán)
羊舌(yáng shé)	微生(wēi shēng)	梁丘(liáng qiū)	左丘(zuǒ qiū)
东门(dōng mén)	西门(xī mén)	南宫(nán gōng)	第五(dì wǔ)

第七章 计算机与条码知识

第一节 计算机知识

计算机又称电脑,是一种能快速、高效地完成信息处理的数字化电子设备。它能按照人们编写的程序对数据进行加工处理、存储或传送,获得所期望的结果信息,并利用这些信息来提高劳动生产率、提高人们的生活质量。

通常可以将计算机分为巨型机、大型机、小型机、微型机、工作站几类,本节中所说的计算机主要是指微型机,即个人计算机(简称 PC 机),包括便携式和台式两种。这种计算机的特点是体积小、重量轻、价格低廉、易使用、应用面广,使用者主要是个人或者家庭。

一、计算机基础知识

(一)计算机硬件系统

计算机的硬件系统是指实际的物理设备,形象地说就是"看得见、摸得着"的计算机主机和外设的物理实体。从功能角度而言,主要包括五大部件:控制器、运算器、存储器、输入设备、输出设备。

1. 微处理器(CPU)

微处理器即中央处理器,是由控制器和运算器共同组成的,是计算机的核心部分,相当于计算机的"大脑"。控制器是计算机的控制、协调中心,主要是按照要求控制、管理计算机系统各个部件协调一致的工作;运算器的主要功能是完成各种算术运算、逻辑运算以及移位、传送、比较等工作。

2. 存储器

存储器主要用于存放程序和数据,分为主存储器(内存储器,简称内存)和辅助存储器(外存储设备,简称外存)。内存主要是用来存储当前正在使用的程序和数据及其最终结果,分为随机存储器(RAM)和只读存储器(ROM),前者可以写入也可以读出,但关机后数据将会丢失,后者只能读出,关机后数据不会丢失。辅助存储器简称外存,用来长期存储大量暂时不用的数据、程序及运算结果,包括软盘、硬盘、光盘、磁带等。

3. 输入设备

输入设备是用户将数据、指令和程序输入到计算机内存储器时所使用的设备,常用的有键盘、鼠标、扫描仪、光笔、CD – ROM、DVD – ROM。

4. 输出设备

输出设备是将计算机的处理结果转换成外界能够识别和使用的数字、文字、图形、声音等形式的设备,常用的主要有显示器、打印机、绘图仪、音响等。

通常将 CPU 和内存合称为"主机",把输入设备和输出设备以及外存储器合称为外部设备。外存储器一般归属外部设备,它既可以作为输入设备,又可以作为输出设备。

(二)常用计算机软件介绍

软件是计算机系统中的各类程序、文件以及所需要的数据的总称。形象地说软件是"看不见、摸不着"的,其中最重要的是程序,它是计算机完成特定工作的最重要因素。

根据使用途径,可以将计算机软件分为系统软件和应用软件。

1.系统软件

系统软件是指管理、监控和维护计算机资源的软件,如操作系统、汇编和编译程序等语言处理程序、系统实用程序等。

(1)常见的操作系统有微软公司出品的 Windows 系列、我国自主开发的红旗 Linux。目前个人计算机使用较多的是其中的 Windows XP、Windows 7。另外还有 Linux、UNIX 等操作软件。

(2)语言处理程序,又称程序设计语言,包括机器语言、汇编语言、高级语言。

(3)系统实用程序,一般是指一些服务性程序,主要从事对计算机监控、调试、故障诊断等工作。

2.应用软件

应用软件是为解决实际问题或达到一定的应用目的而编制的程序,如办公软件、杀毒软件、媒体播放软件、图片处理软件以及一些行业专业软件等。

(1)办公软件最常用的包括 Word 和 WPS 处理软件,主要用于文字的排版输出;Excel 表格处理软件,主要用于表格数据的处理;PowerPoint 软件,主要用于演示文稿的制作;

(2)常用的杀毒软件包括瑞星、诺顿、卡巴斯基、金山毒霸等;

(3)常用的媒体播放软件包括超级解霸、Realone、豪杰解霸、暴风影音等;

(4)图片处理软件主要是用于一些图片及照片的编辑处理,常用的有 Photoshop、ACDSee 等;

(5)行业专业软件主要是应一些行业的特殊业务需求而专门设计制作的应用软件,如快件跟踪查询系统和快递企业内部信息处理系统等。

(三)计算机病毒知识

随着计算机的普及以及网络的发展,计算机使用时的安全问题就变得尤为重要。计算机病毒简单而言就是一种程序,它可以使个人计算机完全失去工作能力,甚至会造成数据完全丢失。

1.计算机病毒的定义

计算机病毒是病毒编制者在计算机程序中插入的破坏计算机功能或者破坏数据,影响计算机使用并且能够自我复制的一组计算机指令或程序代码。

计算机病毒分类的方法有很多,如按病毒存在的媒体分为网络病毒、文件病毒和引导型病毒;按病毒传染的方法可分为驻留型病毒和非驻留型病毒;按病毒破坏的能力可分为无害型、无危险型、危险型和非常危险型;按病毒的算法可分为伴随型病毒、"蠕虫"型病毒和寄生型病毒。

2.计算机病毒的特点

(1)传染性

这是衡量一个程序是否为病毒的首要条件,指的是计算机病毒的再生机制。大多数计算机病毒都是通过不断的自我复制来达到破坏目的或扩大破坏效果的。

(2)人为性

计算机病毒从本质上来说也是一种程序,是人为编制的而并不是由计算机自身故障所产生的。

(3)潜伏性

计算机病毒可以隐藏在计算机系统中几周、几个月甚至是几年的时间而不被发现。通过隐蔽,病毒就可以完成自身的传染和复制。

(4)可触发性

计算机病毒一般都是有控制条件的,只有达到这个条件,计算机病毒才会被激活并开始传染或者破坏。

(5)破坏性

计算机病毒一旦被激活,就会对原有的计算机系统产生破坏作用。破坏作用有大有小,但都会导致一个共同的危害结果,那就是降低计算机系统的工作效率。

3.计算机病毒的传播

计算机病毒可以通过存储设备进行传播,例如软盘、硬盘、光盘等,也可以通过计算机网络进行传播。

计算机病毒的传播还必须同时满足两个条件:一是计算机系统要处于运行状态;二是计算机要有对磁盘的读写操作或文件传送操作。

计算机病毒在传播时要先进入并存储在内存中,然后寻找机会进行传染,找到攻击目标后进行病毒复制和破坏。

4.计算机病毒的检测与防治

(1)计算机病毒的检测

计算机病毒是具有潜伏性的,所以在其没有发作前,一般很难被察觉。当计算机病毒发作时,可以根据计算机运转状态出现的异常进行判断。常见的异常状况有:

①计算机运行速度变慢;

②计算机不明原因的重启或者死机;

③系统启动的时间过长或者不能正常启动;

④用户访问的设备无法正常使用;

⑤计算机中的文件丢失或被更改,常用的程序不能正常运行;

⑥屏幕上出现与程序无关的信息或者画面;

⑦计算机的外设,如打印机、显示器等无法正常工作;

⑧磁盘空间或内存空间无故变小。

(2)计算机病毒的防治

计算机病毒的防治主要是在使用计算机时注意以下几点:首先不要随意使用不明来源的软盘、光盘和程序,使用外来盘必须先杀毒;其次要定期对重要的程序或数据进行备份,如有需要,可对写入数据的软盘进行写保护,将重要的文件设置为"只读属性";第三,要使用杀毒软件,采用防病毒软件的实时监控功能,定期对计算机系统进行病毒查杀,定期对杀毒软件进行升级。

目前常用的杀毒软件有瑞星杀毒软件、金山毒霸、江民 KV 系列杀毒软件、诺顿杀毒软件、卡巴斯基杀毒软件等。

二、计算机网络基础

计算机网络是指把多个分布在不同地点上、具有独立自主功能的计算机通过通信方式连接起来以便进行信息交换、资源共享或协同工作的系统。按照网络覆盖范围的大小,可以将计算机网络分为局域网、区域网、广域网。

(一)局域网、区域网、广域网

1. 局域网

局域网,也称局部网,它是将一个小区域内的具有通信能力的个人计算机进行相互连接的通信网络。主要用于有限距离内的计算机之间进行数据和信息的传递。这里所说的有限距离,一般是指 10 公里之内,几百米至数公里不等,可以覆盖一个大楼或是一个企业。

局域网的特点还包括数据传输率高、误码率低、网络协议简单、灵活等,所以局域网一般都比较稳定,性能可靠而且便于扩充和管理。

局域网的功能主要在于资源共享,所以通常采用"客户机—服务器"模式。客户机是局域网中的客户终端,一般是指用户使用的个人计算机,也称工作站,客户可以通过它向服务器发出请求,使用网络系统提供的服务。服务器是为网络中的所有客户机提供共享资源,并对这些资源进行管理的高性能的管理机,一般采用大型机、小型机或高性能的计算机。

2. 区域网

区域网的覆盖范围比局域网要大一些,通常可以覆盖一个城市,从几十公里到几百公里不等,因此也称为城市网、城域网。它所要求的硬件、软件都比局域网要高一些,室外通信线路大多使用的是光纤。

3. 广域网

广域网是覆盖范围最大的网络系统,又称远程网。它是通过一组复杂的分组交换设备和通信线路将各主机与通信子网连接起来的大型网络。一个广域网中通常可以包含若干个局域网或者区域网。

在广域网中最为人所熟知的就是互联网。互联网与局域网的工作原理相同,但是局域网通常连接的只有几十到几百台计算机,而互联网连接了全球 150 多个国家、上亿台计算机,信息和资源可以通过互联网在全球范围内达到共享。

(二)互联网、因特网、万维网

互联网、因特网、万维网三者的关系是:互联网包含因特网,因特网包含万维网。

国际标准的互联网写法是 Internet,任何能彼此通信的设备组成的网络都叫互联网。

因特网是互联网的一种,国际标准写法是 Internet。它是由上千万台设备组成的全球最大的互联网。

因特网是基于 TCP/IP 协议实现的,TCP/IP 协议由很多协议组成,其中位于应用层的协议有 FTP、SMTP、HTTP 等。只要应用层使用的是 HTTP 协议,就称为万维网(World Wide Web)。

(三)中国互联网的发展

截至 2011 年 12 月底,中国网民规模突破 5 亿,达到 5.13 亿,全年新增网民 5580 万。互联网普及率较上年底提升 4%,达到 38.3%。

中国手机网民规模达到 3.56 亿,占整体网民比例为 69.3%,较上年底增长 5285 万人。

家庭电脑上网宽带网民规模为 3.92 亿,占家庭电脑上网网民比例为 98.9%。

农村网民规模为 1.36 亿,比 2010 年增加 1113 万,占整体网民比例为 26.5%。

网民中 30～39 岁人群占比明显提升,较 2010 年底上升了 2.3%,达到 25.7%。

网民中初中学历人群占比继续保持增长,由 32.8% 上升至 35.7%。

使用台式电脑上网的网民比例为 73.4%,比 2010 年底降低 5%;手机则上升至 69.3%,其使用率正不断逼近传统台式电脑。

2011 年,网民平均每周上网时长为 18.7 个小时,较 2010 年同期增加 0.4 小时。

截至 2011 年 12 月底,中国域名总数为 775 万个,其中.CN 域名总数为 353 万个。中国网站总数为 230 万个。

三、计算机日常操作基础

(一)计算机的使用环境

良好的使用环境、正确的操作规则和合理的维护,不仅能延长计算机设备的使用寿命,还能保证计算机工作状态的稳定,提高工作效率。总体而言,使用计算机时应保持工作环境洁净、温度适宜、避免潮湿、保持平稳、忌震动。

1. 温度

计算机的最佳工作环境温度是 10～30℃。因为计算机在工作时自身的各个部件,尤其是 CPU、电源等,都会向外释放大量的热量,所以如果周围的温度过高会影响计算机的散热。温度过低,会使计算机内某些部件的参数发生变化,加速部件的老化。另外,使用计算机时不宜使工作环境的温度骤然改变,例如将机器从低温环境猛然移至高温环境中,这样会使计算机内部的电子器件表面结晶而造成损坏。

2. 湿度

计算机工作环境的相对湿度应保持在 20%～80%。湿度较低时,容易产生静电干扰;湿度过高时,计算机内的电子器件表面容易受潮、变质,严重时还会发生短路现象。

3. 洁净

计算机工作环境应保持洁净,避免灰尘。由于计算机散热的需要,计算机的机箱不是完全封闭的,这就难免会有灰尘覆盖。灰尘过多,会影响电子器件的散热,并且会带来大量的静电,影响计算机的正常运行。因此,使用计算机时要保持环境洁净,定期打扫、除尘,计算机关机散热后,最好用防静电织物把计算机罩好。

4. 静电与磁场

静电可能使计算机部件失灵,严重的甚至能击穿主板或其他板卡的元器件,造成永久性的损害。注意保持工作环境的相对湿度可以较为有效地防止静电产生,而过分干燥的环境则很容易引起静电。需要用手接触到计算机内部电子器件时,最好带上防静电手套,或先与其他金属接触一下,释放身体所带的静电。计算机如果受到周围磁场的影响,可能会出现数据处理出错或者丢失、显示器抖动,甚至显示器深度磁化等现象。因此,计算机在使用时,最好与会产生强烈磁场的电,如电视、冰箱、马达或者大型音箱等设备保持 13cm 以上的距离。

5. 电源电压

计算机对电源电压的要求有两个:一是要稳定,二是不间断供电。

我国计算机能够正常工作的标准电压为 198～242V，电压不稳定会影响磁盘驱动器的运行，从而引起读写错误，而且也会影响到打印机等外部设备。过低的电压会使计算机自动关机或死机，电压过高则会熔断保险丝甚至烧毁电源，危害更大。

6.其他

计算机显示器、机箱的后侧都有若干凹槽和开口，这是用于通风和散热的。为了防止过热、确保计算机能够稳定工作，在计算机使用时和使用后的一定时间内，不要覆盖这些开口。另外，不要将重物压在计算机的机箱上，增加箱体负担。显示器上更不能放置重物，以免造成显示器托盘与 LCD 屏幕间的衔接部位断裂。

（二）计算机正常操作顺序

1.开机

由于系统在开机的瞬间会产生较大的电流冲击，因此开机时应严格遵守先开外设，再开主机的顺序，即开机时，应先打开打印机、显示器等的电源，再打开主机电源。

2.关机

关机时的顺序与开机正好相反。关机时，应先关闭主机电源，然后再关外设设备的电源。

计算机在使用时，不要频繁地开、关机。如遇到计算机"死机"现象，尽量使用热启动（同时按下 Ctrl、Alt、Delete 键），非使用冷启动不可的时候，也应在关机 30 秒后，再次开机。

计算机在开机状态下，不宜进行清洁，不宜随便搬动、不宜拔插各种接口卡。如果要拆装主机和外部设备的信号电缆，也最好不要在开机时进行。

（三）计算机的日常保养和维护

1.计算机系统的日常保护

首先，为了防止突然断电或计算机硬件损害所引发的数据资料丢失，在使用计算机时应养成随时保存资料的习惯，对于某些重要的数据资料，还应使用其他的外设存储设备进行数据备份。

其次，要养成定期使用杀毒软件进行全盘扫描的习惯。可以根据计算机使用的频率来确定杀毒周期，一般以一周为宜。

2.显示器的日常保养

对于显示器的保养，最主要的就是清洁。对显示器进行清洁时，首先应关闭电源，拔下电源线和信号线。不要使用酒精、清洁剂等化学溶液进行擦拭清洁，更不能使用粗糙的布或者餐巾纸。清洁显示器应该使用不掉碎屑的软质布料，从屏幕中心螺旋式地向外轻轻擦拭。要注意防止液体或其他物体进入显示器内部。显示器的屏幕不可用手或者笔等硬物直接碰触。计算机长时间不操作时，应设定屏幕保护程序，防止屏幕老化。需要搬运显示器时，应使用柔软的物体将屏幕包裹好。

3.键盘鼠标的日常保养

（1）键盘保养

要定期对键盘进行清洁。注意清洁时不要让液体流入键盘缝隙中，以免造成短路，损坏器件。在录入数据、使用键盘时，不要用力敲击键盘，以免损坏。

（2）鼠标保养

鼠标在使用时要注意保持鼠标移动平面的光滑与清洁，同时不要用力、过于频繁地点击鼠标键，以免影响鼠标使用寿命。

4.打印机的日常保养

打印机必须在干净无尘、无酸碱腐蚀的环境中工作,排放要平稳,防止震动。安装打印机时,应保证打印机处于关机状态。要注意适当增加通风和保温,打印机的工作环境太潮湿或粉尘过多的话,打印机的部分构件和墨盒的打印喷嘴都可能受到腐蚀和污染。打印机的工作环境猛然发生较大变化时,墨盒的塑料构件和喷嘴孔径等零件会发生变化,影响打印的效果。

打印机使用时不要频繁地开、关机。一般一个月左右要对打印机进行一次彻底的清洁。清洁时要关闭电源,从送纸器中取出所有纸张。要定期用酒精清洁打印头,以免污垢堵塞打印头导板针孔。

打印机连续工作1小时后,应停止5~10分钟左右,以保证打印效果和打印机寿命。要定期检查硒鼓和墨盒,根据使用情况,及时更换新墨盒。如需搬运打印机,应使墨盒归位,注意保持打印机水平切勿倒置,否则打印头清洗槽中的墨水会倒流出来。

第二节　条形码技术知识

一、条形码技术概述

1.条形码技术的定义

条形码(又称条码)是将线条与空白按照一定的编码规则组合起来的符号,用以代表一定的字母、数字等资料。条形码系统是由条形码符号设计、制作及扫描阅读组成的自动识别系统。世界上最早的条形码是20世纪20年代开始发明的,我国从80年代中期开始研制并使用条形码。目前,条形码已广泛应用于国民经济各个领域。

2.条形码技术的特点

(1)输入速度快

资料显示,如果键盘输入,一个每分钟打90个字的打字员输入12个字符或字符串需要1.6秒,而使用条形码,做同样的工作只需0.3秒,速度提高了5倍,而且条形码可以实现"即时数据输入"。

(2)准确度高

键盘输入数据出错率为三百分之一,利用光学字符识别技术出错率为万分之一,而采用条形码技术误码率低于百万分之一。

(3)成本低

条形码标签易于制作,对印刷技术设备和材料没有特殊要求,识别设备操作容易,不需要特殊培训,且设备也相对便宜。与其他自动化识别技术相比较,应用条形码技术所需费用比较低。

(4)可靠性强

条形码技术可靠准确。条形码识别装置与条形码标签相对位置的自由度要比光学字符识别(OCR)大得多。而且常用的一维条形码上所表示的信息完全相同并且连续,这样即使是标签有部分缺欠,仍可以从正常部分输入正确的信息。

(5)灵活实用

条形码符号作为一种识别手段可以单独使用,也可以和有关设备组成识别系统实现自动化识别,还可和其他控制设备联系起来实现整个系统的自动化管理。同时,在没有自动识别设备时,也可实现手工键盘输入。

3.条形码阅读设备和分类

(1)在线式阅读器

在线式阅读器按其功能和用途,又可分为多功能阅读器和各类在线式专用阅读器。多功能阅读器除具有识别多种常用码制的功能外,根据不同需要还可增加编程功能、可显示功能以及多机联网通信功能等。

(2)便携式阅读器

主要有笔式扫描器、CCD式扫描器和激光扫描器三种。

笔式扫描器,俗称光笔,是一种外型像笔的扫描器,使用时移动光笔去扫描物体上的条形码。光笔的价格比较便宜,但扫描的长度稍受限制,大约在32个字符左右,较适合一般小商店及个人使用。

CCD扫描器采用发光二极体的泛光源照明整个条形码,再透过平面镜与光栅将条形码符号映射到由光电二极体组成的探测器阵列上,经探测器完成光电转换,再由电路系统对探测器阵列中的每一光电二极体依次采集信号,辨识出条形码符号,完成扫描。CCD扫描器的优点是操作方便,不直接接触条形码也可辨读,性能较可靠,寿命较长。图7-1所示为手持式CCD扫描器。

激光手持式条形码扫描器是利用激光二极管作为光源的单线式扫描器,它主要有转镜式和颤镜式两种。激光平台式扫描器是一种体积较大、价格较高的扫描系统,使用时以物就机,即机器固定,以物品的移动来扫描解码,适用于输送带或一般大型超市,见图7-2。

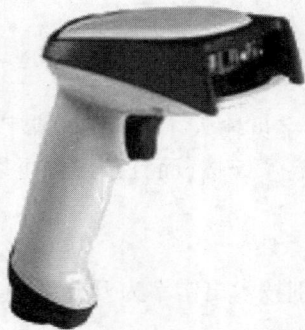

图7-1 手持式扫描器

图7-2 平台式激光扫描器

二、条形码种类

从维度看,条形码主要可分为一维条形码和二维条形码两种,不同维度的条形码又可细分为多种码制。例如,一维条形码主要有UPC码、EAN码、39码、128码、库德巴码等;二维条形码主要有PDF417、Maxi Code、Data Matrix等。

一维条形码自问世以来,不久便得到普及使用,目前它仍是我国经济社会最为广泛应用的码制。但是由于一维条形码的信息容量很小,其应用范围受到一定的限制。随着技术的发展,人们在一维条形码的基础上又发明了二维条形码。与一维条形码相比,二维条形码具有信息密度高、容量大,编码范围广,保密、防伪性能好,译码可靠性高,纠错能力强等优点,更能满足人们在某些领域的高使用要求。但是相应的,其成本也远远高于一维条形码。

目前,国内快递服务使用的条形码多为一维的 39 码、128 码,也有部分企业开始使用二维码。因此,在这里主要介绍这三种码制。

1.39 码

39 码于 1974 年由 Intermec 公司推出,是一种可供使用者双向扫描的分散式条形码。它的最大优点是条形码长度没有限制,可以根据需求做相应调整。条形码能用大小写英文字母、数字和其他一些符号表示,通常以"＊"作为起始码和终止码,见图7-3。由于 39 码具有自我检查能力,可以不设校验码。基于这些特点,39 码的应用比一般一维条形码广泛,目前主要利用于工业产品、商业资料及票证的自动化管理。

图 7-3　39 码的结构

2.128 码

128 码于 1981 年推出,是一种长度可变、连续性的字母数字条形码。与其他一维条形码相比,128 码比较复杂,数字、字母和符号可以交互运用,编码方式灵活,应用弹性也较大。

128 码的结构大致可分为起始码、资料码、终止码、校验码等四部分,其中校验码是可有可无的。128 码有 A、B、C 三种类型,可提供标准 ASCII(美国信息互换标准代码)中 128 个字符的编码使用。主要用于工业、仓库和零售业,见图7-4。

3. PDF417 码

PDF417 码是美国符号科技公司(Symbol Technologies, Inc.)发明的二维条形码,由于其不仅具有错误侦测能力,而且能从受损的条形码中读回完整的资料,所以错误复原能力非常强,错误复原率最高可达 50%,PDF417 条码具有成本低、信息可随载体移动,不依赖于数据库和计算机网络、保密防伪性能强等优点。目前主要应用于运输包裹与商品资料标签,见图7-5。

起始码　　　　　　　　　　　　终止码

图 7-4　128 码的结构

图 7-5　PDF417 码的结构

71

第八章 相关法律、法规和标准的规定

本章主要介绍与快递业务员工作有一定关联的法律基础知识,包括邮政法、民法、合同法、刑法、消费者权益保护法、国家安全法等基本内容,也简要地介绍快递市场管理办法、快递业务经营许可管理办法、快递服务国家标准、万国邮政公约等内容。

第一节 《中华人民共和国邮政法》的有关规定

《中华人民共和国邮政法》(以下简称《邮政法》)由中华人民共和国第十一届全国人民代表大会常务委员会第八次会议于2009年4月24日修订通过并公布,自2009年10月1日起正式施行。

一、《邮政法》的主要规定

《邮政法》在关于邮政企业专营权、邮政普遍服务、快递企业法律地位、外资快递企业经营快递服务、消费者权益保护、损失赔偿等方面有着比较大的修改和变动。

《邮政法》内容包括总则、邮政设施、邮政服务、邮政资费、损失赔偿、快递业务、监督检查、法律责任和附则,共九章八十七条。

二、《邮政法》中关于快递业务的规定

快递,是指在承诺的时限内快速完成的寄递活动。《邮政法》第六章对快递业务相关内容有着明确的规定。主要有以下内容:

(1)经营快递业务,应当依照本法规定取得快递业务经营许可;未经许可,任何单位和个人不得经营快递业务。外商不得投资经营信件的国内快递业务。国内快递业务,是指从收寄到投递的全过程均发生在中华人民共和国境内的快递业务。

(2)申请快递业务经营许可,必须具备下列条件:符合企业法人条件;不低于标准的注册资本;有与申请经营的地域范围相适应的服务能力;有严格的服务质量管理制度和完备的业务操作规范;有健全的安全保障制度、措施和法律、行政法规规定的其他条件。

(3)申请快递业务经营许可,在省、自治区、直辖市范围内经营的,应当向所在地的省、自治区、直辖市邮政管理机构提出申请,跨省、自治区、直辖市经营或者经营国际快递业务的,应当向国务院邮政管理部门提出申请;申请时应当提交申请书和有关申请材料。

(4)受理申请的邮政管理部门应当自受理申请之日起四十五日内进行审查,作出批准或者不予批准的决定。予以批准的,颁发快递业务经营许可证;不予批准的,书面通知申请人并说明理由。邮政管理部门审查快递业务经营许可的申请,应当考虑国家安全等因素,并征求有关部门的意见。申请人凭快递业务经营许可证向工商行政管理部门依法办理登记后,方可经营快递业务。

（5）邮政企业以外的经营快递业务的企业（以下称快递企业）设立分支机构或者合并、分立的,应当向邮政管理部门备案。

（6）快递企业不得经营由邮政企业专营的信件寄递业务,不得寄递国家机关公文。

（7）快递企业经营邮政企业专营业务范围以外的信件快递业务,应当在信件封套的显著位置标注信件字样。快递企业不得将信件打包后作为包裹寄递。

（8）经营国际快递业务应当接受邮政管理部门和有关部门依法实施的监管。邮政管理部门和有关部门可以要求经营国际快递业务的企业提供报关数据。

（9）快递企业停止经营快递业务的,应当书面告知邮政管理部门,交回快递业务经营许可证,并对尚未投递的快件按照国务院邮政管理部门的规定妥善处理。

（10）经营快递业务的企业依法成立的行业协会,依照法律、行政法规及其章程规定,制定快递行业规范,加强行业自律,为企业提供信息、培训等方面的服务,促进快递行业的健康发展。经营快递业务的企业应当对其从业人员加强法制教育、职业道德教育和业务技能培训。

第二节　《快递市场管理办法》的有关规定

为加强快递市场管理,维护国家安全和公共安全,保护用户合法权益,促进快递服务健康发展,依据《邮政法》和国家有关规定,2008 年 7 月 12 日实施《快递市场管理办法》（以下简称《办法》）。

针对目前快递服务中的延误、丢损等投诉热点问题,《办法》规定,我国将建立以公众满意度、时限准时率和用户申诉率为核心的快递服务质量评价体系,实行快递企业等级评定制度;快递企业应公布并遵守服务承诺、合理制定格式合同、建立与用户沟通渠道和制度,不得操纵市场价格、扰乱市场秩序,不得违法泄露用户信息,不得私自开拆、隐匿、毁弃、扣留、倒卖、盗窃用户快件等;《办法》明确了禁止寄递的物品种类,同时要求建立严格的收寄验视制度,对信件以外的快件应按照国家有关规定当场验视内件、当面封装;《办法》还规定快递企业应加强对快递从业人员的职业技能培训,定期向邮政管理部门上报统计报表和报告;《办法》还规定了邮政管理部门将定期评估测试快递服务水平,定期向社会公告快递服务质量。

《办法》主要从以下三方面为快递服务和管理进行了规范:

1.快递服务的基本规范

（1）明确要求提供执行快递服务标准。国家邮政局委托中国标准化研究院起草了《快递服务》国家标准,并于 2012 年 5 月 1 日正式实施。

（2）明确要求快递企业应当公布并遵守其服务承诺,合理制定格式合同。快递企业一定要向公众公布自身的服务承诺,承诺服务时限,做到明码标价,规范合同格式,杜绝霸王条款。

（3）针对目前快递服务中主要的投诉热点问题,明确了快递企业以及从业人员禁止性的行为种类。如私自开拆、隐匿、毁弃、扣留、倒卖、盗窃快件等。

2.快递安全的基本规范

（1）收寄安全制度。进一步明确了禁止寄递物品的种类,要求企业建立健全严格的收寄验视制度,除信件类的快件都要当场验视。

（2）应急保障制度。规定在发生重大服务阻断或者停止快递服务时,企业应当及时妥善地保管和处理好快件。同时还规定接受网络购物等经营商委托提供快递服务的快递企业时,应当和委托方签订安全保障协议。

（3）监督检查制度。明确了对企业的监督检查制度,对违反国家有关规定,危害安全的行为制订了必要的处罚措施。

3. 快递市场管理的主要方式

（1）要求企业实行备案制度。规定从事快递经营活动的快递服务组织应当办理备案手续,以加强市场监管的有效性。

（2）统计报告制度。规定快递企业应当按照《国家统计法》的有关规定履行企业的统计上报义务。

（3）等级评定制度。快递企业服务质量到底如何,要通过第三方进行调查研究并予以公告,让群众、用户和消费者了解企业的实际情况。具体规定由邮政管理部门定期评估、测试快递服务水平,并向社会进行公告,充分发挥社会监督的作用。

（4）行业自律制度。快递企业在自愿的前提下,组建行业协会,制定自律性的规章制度,对市场经营活动作出规范。

（5）信息报送制度。快递企业应当按相关规定,向邮政管理机构报送与监管事项有关的文件资料。

第三节　《快递业务经营许可管理办法》的有关规定

为规范快递业务经营许可管理,促进快递行业健康发展,根据《邮政法》、《中华人民共和国行政许可法》及其他有关法律、行政法规的规定,2009年10月1日颁布实施《快递业务经营许可管理办法》。

一、快递业务经营许可的管理规定

国务院邮政管理部门及省、自治区、直辖市邮政管理机构(以下统称邮政管理部门)负责快递业务经营许可的管理工作。

快递业务经营许可管理,应当遵循公开、公平、公正以及便利高效的原则。

经营快递业务,应当依法取得邮政管理部门颁发的《快递业务经营许可证》,并接受邮政管理部门及其他有关部门的监督管理;未经许可,任何单位和个人不得经营快递业务。

二、对快递经营许可条件的规定

1. 申请经营快递业务应符合的条件

（1）申请经营快递业务的组织必须是企业法人。

（2）注册资本应符合的条件。

在省、自治区、直辖市范围内经营的,注册资本不低于人民币五十万元;跨省、自治区、直辖市经营的,注册资本不低于人民币一百万元;经营国际快递业务的,注册资本不低于人民币二百万元。

（3）具备与申请经营的地域范围相适应的服务能力。

（4）有严格的服务质量管理制度，包括服务承诺、服务项目、服务价格、服务地域、赔偿办法、投诉受理办法等，有完备的业务操作规范，包括收寄验视、分拣运输、派送投递、业务查询等制度。

（5）有健全的安全保障制度和措施，包括保障寄递安全、快递服务人员和用户人身安全、用户信息安全的制度，符合国家标准的各项安全措施，开办代收货款业务的，应当以自营方式提供代收货款服务，具备完善的风险控制措施和资金结算系统，并明确与委托方和收件人之间的权利、义务。

（6）法律、行政法规规定的其他条件。

2.外商不得投资经营信件的国内快递业务

国内快递业务，是指从收寄到投递的全过程均发生在中华人民共和国境内的快递业务。

邮政企业以外的经营快递业务的企业（以下称快递企业），不得经营由邮政企业专营的信件寄递业务，不得寄递国家机关公文。

三、快递经营许可审批程序

1.快递经营许可申请

申请快递业务经营许可，在省、自治区、直辖市范围内经营的，应当向所在地省、自治区、直辖市邮政管理机构提出申请；跨省、自治区、直辖市经营或者经营国际快递业务的，应当向国务院邮政管理部门提出申请。

2.申请快递业务经营许可，应当向邮政管理部门提交的申请材料

快递业务经营许可申请书；工商行政管理部门出具的企业名称预核准通知书或者企业法人营业执照；验资报告、场地使用证明以及与申请经营的地域范围相适应的服务能力的相关材料；法律、行政法规规定的其他材料。

3.快递业务经营许可申请受理

邮政管理部门应当自受理之日起四十五日内对申请材料审查核实，作出批准或者不予批准的决定。予以批准的，颁发《快递业务经营许可证》；不予批准的，书面通知申请人并说明理由。

邮政管理部门审查快递业务经营许可的申请，应当考虑国家安全等因素，并征求有关部门的意见。

4.《快递业务经营许可证》备案

跨省、自治区、直辖市经营或者经营国际快递业务的，自企业取得《快递业务经营许可证》之日起三十日内，企业分支机构应当持《快递业务经营许可证》副本，到所在地省、自治区、直辖市邮政管理机构备案。

快递企业设立、撤销分支机构或者合并、分立的，应当向邮政管理部门备案。

《邮政法》公布前按照国家有关规定，经国务院对外贸易主管部门批准或者备案，并向工商行政管理部门依法办理登记后经营国际快递业务的国际货物运输代理企业，依照《邮政法》相关规定领取《快递业务经营许可证》的，应当向国务院邮政管理部门提交下列材料：

《快递业务经营许可证》领取申请书；国务院对外贸易主管部门批准或备案文件；工商行政管理部门依法颁发的营业执照；分支机构名录。

四、许可证管理

经营快递业务的企业，应当按照《快递业务经营许可证》的许可范围和有效期限经营快递业务。

《快递业务经营许可证》的有效期限为五年。

1. 许可证换领

经营快递业务的企业，应当在《快递业务经营许可证》有效期限满三十日前向颁发许可证的邮政管理部门提出申请，换领许可证。

《快递业务经营许可证》中企业名称、企业类型、股权关系、注册资本、经营范围、经营地域和分支机构等事项发生变更的，应当报邮政管理部门办理变更手续，并换领许可证。

2. 许可证年度报告制度

《快递业务经营许可证》管理实行年度报告制度。经营快递业务的企业应当在每年 4 月 30 日前向颁发《快递业务经营许可证》的邮政管理部门提交下列材料：

（1）年度报告书，包括年度经营情况、遵守法律法规情况等；

（2）《快递业务经营许可证》副本原件；

（3）企业法人营业执照复印件。

3. 许可证交回

快递企业在《快递业务经营许可证》有效期内停止经营的，应当提前书面告知颁发许可证的邮政管理部门，交回《快递业务经营许可证》，并按邮政管理部门规定妥善处理未投递的快件。

4. 许可证注销

遇有下列情形之一的，邮政管理部门应当依法办理快递业务经营许可的注销手续：

（1）《快递业务经营许可证》有效期届满未延续的；

（2）企业法人资格依法终止的；

（3）申请人自取得《快递业务经营许可证》后无正当理由超过六个月未经营快递业务的，或者自行连续停业六个月以上的；

（4）《快递业务经营许可证》有效期内停止经营的；

（5）快递业务经营许可依法被撤销、撤回的，或者《快递业务经营许可证》被依法吊销的；

（6）法律、行政法规规定的其他情形。

五、对取得《快递业务经营许可证》的企业监督检查

邮政管理部门依法对取得《快递业务经营许可证》的企业进行监督检查，被检查企业应当接受和配合监督检查。监督检查的主要内容：

（1）经营快递业务的企业名称、法定代表人（负责人）、经营地址、经营范围、经营地域、经营期限等重要事项，应当与《快递业务经营许可证》登记事项相符合；

（2）《快递业务经营许可证》变更、延续、注销等手续的执行和办理情况；

（3）经营快递业务的企业应当持续符合颁发《快递业务经营许可证》的条件；

（4）法律、行政法规规定的其他内容。

邮政管理部门进行监督检查时，监督检查人员不得少于两人，并应当出示执法证件；应当

记录监督检查的情况和处理结果,由监督检查人员签字后归档。

邮政管理部门进行监督检查时,不得妨碍经营快递业务的企业正常的生产经营活动,不得收取任何费用。

公民、企业和其他组织发现邮政管理部门的工作人员在实施行政许可和监督检查过程中有违法行为,有权向邮政管理部门举报,接到举报的邮政管理部门应当及时核实、处理。

第四节　《快递服务》国家标准的有关规定

为了提高快递服务质量和服务水平、规范快递服务市场、保障消费者的合法权益和增强快递企业竞争力。《快递服务》国家标准(以下简称《标准》)于2012年5月1日正式实施。

《标准》严格遵循新《邮政法》及《快递市场管理办法》的规定,并根据快递市场的最新发展,对原行业标准中的部分内容进行细化,增加大量原行业标准中未涉及的内容。

《标准》包括三部分内容,分别是GB/T 27917.1–2011《快递服务 第1部分:基本术语》,GB/T 27917.2–2011《快递服务 第2部分:组织要求》和GB/T 27917.3–2011《快递服务 第3部分:服务环节》。各部分单独成册,既相对独立,又紧密联系,共同构成了《快递服务》国家标准的全部内容。

《标准》着重就快递服务组织要求、服务质量、服务环节、快件查询和赔偿等方面做出了规范。其中快递服务组织要求包括了对服务资质的规定、对服务能力的规定、对加盟企业管理与国际业务代理的规定。

一、对服务资质的规定

《标准》在法人资质、人员资质、企业最低人数等方面作出了规定。比如,快递服务组织应依法取得邮政管理部门颁发的快递业务经营许可证。快递服务组织应具有工商行政管理机关注册登记的企业法人资质。在省、自治区、直辖市范围内经营快递业务的服务组织,其总部及分支机构的人员总和应不低于15人。经营跨省快递业务的快递服务组织,其总部及分支机构的人员总和应不低于100人。经营中国香港、澳门、台湾快递业务或国际快递业务的组织,其总部及分支机构人员总和应不低于20人。

二、对服务能力的规定

《标准》从经营省内快递业务、跨省快递业务和国际快递业务三类组织应具备的服务能力分别做出了规定。

1.在省、自治区、直辖市范围内经营快递业务的服务组织应具备的服务能力

(1)具备在省、自治区、直辖市范围内经营快递业务的网络和运递能力。

(2)经营同城快递业务的,应提供寄递快件的电话查询服务;经营省内异地快递业务的,除提供电话查询服务外,还应当有提供快件跟踪查询的信息网络。

(3)有符合《国家职业技能标准 快递业务员(试行)》并通过资格认定的快递业务员,经营同城快递业务的,快递业务员中具备初级以上资格的不应低于30%;经营省内异地快递业务的,快递业务员中具备初级以上资格的不应低于40%。

2.跨省、自治区、直辖市经营快递业务的服务组织应具备的服务能力

(1)具备与经营地域范围相适应的网络和运递能力。

(2)有封闭的、面积适宜的快件处理场所,符合国务院邮政管理部门及国家安全机关依法履行职责的要求,并配备相应的处理设备、监控设备和消防设施。

(3)有统一的计算机管理系统,有可提供寄递快件跟踪查询的信息网络,并配备符合规定的数据接口,可根据要求向邮政管理部门提供快件的有关数据。

(4)有符合《国家职业技能标准 快递业务员(试行)》并通过资格认定的快递业务员,快递服务组织总部及其分支机构快递业务员中具备初级以上资格的不应低于40%。

3.经营国际及中国港澳台快递业务的服务组织应当具备的服务能力

(1)具备经营国际及中国港澳台快递业务的网络和运递能力。

(2)有封闭的、面积适宜的快件处理场所,符合国务院邮政管理部门及国家安全机关、海关依法履行职责的要求,并配备相应的处理设备、监控设备和消防设施。

(3)有统一的计算机管理系统,有可提供寄递快件跟踪查询的信息网络,并配备符合规定的数据接口,可根据要求向邮政管理部门和相关部门提供快件的相关数据。

(4)有符合《国家职业技能标准 快递业务员(试行)》并通过资格认定的快递业务员,快递服务组织总部及其分支机构快递业务员中具备初级以上资格的不应低于50%。

(5)有获得专业资格的报关、报检、报验人员。

三、对加盟企业管理与国际业务代理的规定

1.加盟企业管理规定

快递服务组织(总部)对加盟企业的管理,应满足以下要求:

(1)所选择的加盟企业具有企业法人资质,并取得邮政管理部门颁发的相应的快递业务经营许可证。

(2)建立加盟企业的遴选制度,确保所选择的加盟企业具备与经营地域范围相适应的运递能力。

(3)与加盟企业签订相关合同,明确责任和义务。合同宜符合国务院邮政管理部门及其他相关部门指定的《快递行业特许经营(加盟)合同》(示范文本)的要求。

(4)建立统一的作业规范,并对加盟企业进行业务指导与培训。

(5)建立评估制度,对加盟企业的服务意识、作业流程、内部管理、用户满意度等内容进行考核。

(6)妥善处理加盟企业之间的纠纷,并协调处理全网用户投诉。

(7)加强风险管理,制订风险管理预案。

2.国际业务代理

在境内代理国际快递业务的代理商,应满足以下要求:

(1)具有企业法人资格,并取得邮政管理部门颁发的国际快递业务经营许可证。

(2)具有代理收寄或投递国际快件的能力。

(3)与委托方签订代理协议,明确双方权利和义务。

四、对服务质量的规定

《标准》分别就服务时限、彻底延误时限、业务档案、快件赔偿等方面作出了规定。

1. 服务时限规定

在服务时限方面,规定了快递最长服务时限。除了与用户有特殊约定(如偏远地区),快递服务时限应满足以下要求:同城不得超过 24 小时,国内异地快递不超过 72 小时;香港澳门台湾快递服务时限不超过 6 个日历天;亚洲和北美洲地区快递服务时限不超过 6 个日历天;欧洲地区快递服务时限不超过 8 个日历天;大洋洲地区快递服务时限不超过 9 个日历天;其他地区国际快递服务时限可视实际情况而定。

2. 彻底延误时限的规定

彻底延误时限是从快递服务组织承诺的快递服务时限到达之时起,到用户可以将快件视为丢失的时间间隔。

在彻底延误时限方面,规定同城快件为 3 个日历天,省内异地和省际快件为 7 个日历天,港澳台快件和国际快件为 21 个日历天。

3. 业务档案规定

对于快递服务组织运营过程中形成的各种记录,要求应进行分类、汇总、储存,并形成业务档案,作为其经营管理的依据。快递服务组织宜采用现代信息技术,建立档案数据库,实现档案的计算机管理和查询。国内快递运单的实物保存期限宜不少于 1 年,电子保存期限应不少于 2 年,国际及港澳台快递运单实物保存期限不应少于 6 个月,其他档案的保存期限应满足相关法律法规要求。

4. 快件赔偿规定

《标准》规定,当快件发生延误、丢失、损毁、内件不符的情况时,快递服务组织应予寄件人或寄件人指定的受益人一定的赔偿,有约定的按约定赔偿,购买保价(保险)的快件按照被保价(保险)金额进行赔偿;没有购买保价(保险)的快件,按照《邮政法》及相关规定办理。

同时,属于物品本身性质、不可抗力、寄件人过错、收件人过错等原因产生的损失,快递服务组织可不负担赔偿责任。

在索赔处理时限上,同城件、国内异地快件和港澳台快件为 30 个日历天,国际快件为 60 个日历天。当双方就赔金支付问题达成一致后,7 个工作日内必须支付赔金。

此外,《标准》对服务费用、服务场所、快递运单以及收寄、投递、处理、查询和运输等运营环节也作出了明确的规定。

第五节　《中华人民共和国民法通则》的有关规定

《中华人民共和国民法通则》是我国的基本法之一,主要调整的是平等主体的公民之间、法人之间、公民和法人之间的财产关系和人身关系。《中华人民共和国民法通则》由中华人民共和国第六届全国人民代表大会第四次会议于 1986 年 4 月 12 日通过,自 1987 年 1 月 1 日起施行。

一、民事权利

民事权利是民事主体实现自己某种利益的可能性。公民和法人的民事权利受到法律保护,在受到侵害时有权得到国家的司法救济。公民和法人的民事权利主要包括:财产所有权、债权、知识产权和人身权。

1. 财产所有权

财产所有权是指所有人依法对自己的财产享有占有、使用、收益和处分的权利。用户对邮件、汇款享有所有权。邮政法对邮件的所有权也作了相应规定。《邮政法》第三条规定,"公民的通信自由和通信秘密受法律保护。除因国家安全或者追查刑事犯罪的需要,由公安机关、国家安全机关或者检察机关依照法律规定的程序对通信进行检查外,任何组织或者个人不得以任何理由侵犯公民的通信自由和通信秘密。除法律另有规定外,任何组织或者个人不得检查、扣留邮件、汇款"。

财产所有权可分为动产所有权和不动产所有权。动产是指不动产以外的财产。如机器设备、车辆、动物、各种生活日用品等等。不动产是指土地和土地上的定着物,包括各种建筑物,如房屋、桥梁、电视塔、地下排水设施等等;生长在土地上的各类植物,如树木、农作物、花草等,需要说明的是,植物的果实尚未采摘、收割之前,树木尚未砍伐之前,都是地上的定着物,属于不动产,一旦采摘、收割、砍伐下来,脱离了土地,则属于动产。

2. 知识产权

知识产权包括著作权、专利权和商标权。著作权又称为版权,《中华人民共和国著作权法》规定著作权包括人身权和财产权,其中人身权包括发表权、署名权、修改权和保护作品完整权;财产权包括复制权、发行权、出租权、展览权、表演权、放映权、广播权、信息网络传播权、摄制权、改编权、翻译权、汇编权。

专利权是指专利权享有人对其发明、实用新型和外观设计依法享有的专有的权利。在我国,发明专利权的期限为 20 年,实用新型和外观设计的专利权期限为 10 年。保护方法主要是责令侵权行为人停止侵害、赔偿损失、恢复名誉、消除影响,或者收缴非法制造的商品。如快递企业自主研发的快件处理系统和处理工具如通过专利权申请就受法律保护,未经同意,其他企业不得使用。

商标权是指商标注册人依法支配其注册商标并禁止他人侵害的权利,包括商标注册人对其注册商标的排他使用权、收益权、处分权、续展权和禁止他人侵害的权利。商标权是一种无形资产,具有经济价值,可以用于抵债,即依法转让。根据我国《商标法》的规定,商标可以转让,转让注册商标时转让人和受让人应当签订转让协议,并共同向商标局提出申请。如快递企业的注册商标受到法律的保护,其他企业不得冒用。

3. 人身权

人身权分为人身权和身份权,包括公民享有生命健康权、姓名权、肖像权,公民、法人享有名誉权和荣誉权等。公民享有肖像权,未经本人同意,不得以营利为目的使用公民的肖像。快递企业在收寄快件时,应当为客户保守信息秘密,保护客户的人身权。

二、民事责任

《民法通则》第一百零六条规定"公民、法人违反合同或者不履行其他义务的,应当承担民事责任。"承担民事责任的方式主要指停止侵害,排除妨碍,消除危险,返还财产,恢复原状,修理、重作、更换、赔偿损失,支付违约金,消除影响、恢复名誉,赔礼道歉。以上承担民事责任的方式,可以单独适用,也可以合并适用。在快递合同无效情况下则适用民法通则。

快递企业有背书条款的义务,因为快递企业的原因,造成快件丢失,要承担法律责任;对于快递服务合同,没有履行背书的告知义务,用户没有予以确认,导致合同无效,快递客户索赔将适用民法通则的相关规定。

第六节 《中华人民共和国合同法》的有关规定

《中华人民共和国合同法》作为调整民事主体之间的交易关系的法律,是我国民法的重要组成部分。由中华人民共和国第九届全国人民代表大会第二次会议于 1999 年 3 月 15 日通过,自 1999 年 10 月 1 日起施行。合同是平等主体的自然人、法人、其他组织之间设立、变更、终止民事权利义务关系的协议。

一、合同概述

1. 合同概念

合同是平等主体的自然人、法人、其他组织之间设立、变更、终止民事权利义务关系的协议。

2. 合同分类

根据合同当事人的双方权利、义务分担的不同,分为双务合同与单务合同;根据当事人取得权益是否付出相应代价,分为有偿合同与无偿合同;根据合同是否以交付标的物为成立要件,分为诺成性合同与实践性合同;根据合同的成立是否需要特定的法律形式,分为要式合同与非要式合同;根据法律是否明确规定,并具有特定名称,分为有名合同与无名合同。

二、合同订立

1. 合同内容

合同内容包括合同当事人、标的、数量、质量、价款或酬金、履行期限、地点和方式、违约责任和争议的解决。

2. 合同形式

合同形式包括书面形式、口头形式和其他形式。书面形式是指合同书、信件和数据电文(包括电报、电传、传真、电子数据交换和电子邮件)等可以有形地表现所载内容的形式。

3. 要约

要约是希望和他人订立合同的意思表示。

4. 承诺

承诺是受要约人同意接受要约条件的意思表示。

5. 合同成立

(1)成立时间:承诺生效时间就是合同成立时间。

(2)成立地点:承诺生效的地点为合同成立的地点。

(3)合同成立与生效的关系:依法成立的合同,自合同成立时生效。法律行政法规规定应当办理批准、登记手续的依照其规定。合同生效可以附生效条件和生效期限。当事人对合同的效力可以约定附条件。附生效条件的合同，自条件成就时生效。附解除条件的合同，自条件成就时失效。当事人对合同的效力也可以约定附期限。附生效期限的合同，自期限届至时生效。附终止期限的合同，自期限届满时失效。

6. 格式条款

当事人为了重复使用而预先拟定，并在订立合同时未与对方协商的条款。

三、合同效力

1. 有效合同

有效合同是指依法成立的合同，自合同成立时生效。

2. 无效合同

有下列情形之一的，合同视为无效：一方以欺诈、胁迫的手段订立合同，损害国家利益；恶意串通，损害国家、集体或者第三人利益；以合法形式掩盖非法目的；损害社会公共利益；违反法律、行政法规的强制性规定。

3. 可撤销可变更的合同

因重大误解订立的合同或者在订立合同时显失公平的，当事人一方有权请求人民法院或者仲裁机构变更或者撤销；一方以欺诈、胁迫的手段或者乘人之危，使对方在违背真实意愿的情况下订立的合同，受损害方有权请求人民法院或者仲裁机构变更或者撤销。当事人请求变更的，人民法院或者仲裁机构不得撤销。

四、违约责任

违约责任又称违反合同的民事责任，是指合同当事人违反合同所应承担的责任。合同债务是违约责任的前提，没有合同债务也就不存在违约责任；同时，违约责任制度的设立也是保障债务履行以及保护、救济债权人合法权益的有效手段。

违约责任的形态分为：不履行合同义务和履行合同义务不符合约定两种。不履行合同义务是指合同当事人不能履行或拒绝履行合同义务。不能履行是指债务人由于某种情形，事实上已经不可能再履行债务。拒绝履行是指义务人能够履行而拒不履行，这种情形下义务人必然要承担违约责任。履行合同义务不符合约定的含义很广，包括不履行以外的一切违反合同义务的情况。包括履行迟延和不完全履行。承担违约责任的方式包括继续履行合同、采取补救措施、赔偿损失、支付违约金、定金等。

第七节　《中华人民共和国消费者权益保护法》的有关知识

消费者权益保护法，是调整国家、经营者和消费者三者之间的保护消费者权益的过程中发生的社会关系的法律规范的总称。《中华人民共和国消费者权益保护法》于1993年颁布，并于1994年1月1日起施行。

一、消费者的权利

该法规定的消费者应享受的权利包括保障安全权、知悉真情权、自主选择权、公平交易权、依法求偿权、维护尊严权、监督批评权七种权利。

1. 保障安全权

消费者在购买、使用商品和接受服务时享有人身、财产安全不受损害的权利。消费者有权要求经营者提供的商品和服务符合保障人身、财产安全的要求。

如雨天路滑时快递企业可以在营业厅门口台阶放置防滑垫,防止客户在出入营业厅时滑倒。在营业厅办理快递业务的人数较多时,应当采取有效措施防止过度拥挤,保障消费者人身安全。

2. 知悉真情权

消费者享有知悉其购买、使用的商品或者接受的服务的真实情况的权利。消费者有权根据商品或者服务的不同情况,要求经营者提供商品的价格、产地、生产者、用途、性能、规格、等级、主要成分、生产日期、有效期限、检验合格证明、使用方法说明书、售后服务,或者服务的内容、规格、费用等有关情况。

如快递企业须向消费者提供背书提示,消费者有权对交寄的快件在交寄之日起一年内进行查询等。

3. 自主选择权

消费者享有自主选择商品或者服务的权利。消费者有权自主选择提供商品或者服务的经营者,自主选择商品品种或者服务方式,自主决定购买或者不购买任何一种商品、接受或者不接受任何一项服务。消费者在自主选择商品或者服务时,有权进行比较、鉴别和挑选。如选择快递服务的消费者,他们可以自由选择快递企业、自由选择快递产品、自由选择是否保价。

4. 公平交易权

消费者享有公平交易的权利。消费者在购买商品或者接受服务时,有权获得质量保障、价格合理、计量正确等公平交易条件,有权拒绝经营者的强制交易行为。

如快递企业称量快件所使用的器具,必须符合国家规定,准确计量,公平交易,维护消费者的合法权益。

5. 依法求偿权

消费者因购买、使用商品或者接受服务受到人身、财产损害的,享有依法获得赔偿的权利。如快递企业在寄递快件过程中发生丢失、损毁、内件不符、延误,而导致快递用户的快件所有权受到损害,快递企业应依法赔偿快递用户的损失。

6. 维护尊严权

消费者在购买、使用商品和接受服务时,享有其人格尊严、民族风俗习惯得到尊重的权利。如快递业务员为少数民族客户提供快递服务时,应尊重少数民族的风俗习惯。

7. 监督批评权

消费者享有对商品和服务以及保护消费者权益工作进行监督的权利。消费者有权检举、控告侵害消费者权益的行为和国家机关及其工作人员在保护消费者权益工作中的违法失职行为,有权对保护消费者权益工作提出批评、建议。

如客户对快递企业的服务提出建议或批评时,快递业务员应当虚心听取并及时向部门负责人如实汇报,切忌与客户发生争吵。

二、争议解决的途径

1. 双方当事者自行协商

消费者如同快递企业就服务质量问题发生争执,首先可向快递企业提出自己的要求,并通过自行协商使问题得以解决。

2.请求消费者协会调解

当事者双方，即经营者和消费者，都有权请求消费者协会进行调解，只要有一方提出请求，消费者协会就有义务出面进行调解。

3.向有关行政部门提出申诉

对快递企业处理结果不满意或在规定的时限内未予答复的，消费者可与当地邮政管理局联系或拨打国家邮政局12305申诉电话，也可在国家邮政局邮政业消费者申诉受理中心网站提交电子邮件申诉。

4.提请仲裁机构进行仲裁

在向有关行政部门提出申诉的同时，还可向仲裁机构提出仲裁申请。

5.向人民法院提起诉讼

对行政部门和仲裁机构的处理和仲裁不服的，可向人民法院提起最后诉讼。

第八节 《中华人民共和国道路交通安全法》的相关知识

《中华人民共和国道路交通安全法》是为了维护道路交通秩序，预防和减少交通事故，保护人身安全，保护公民、法人和其他组织的财产安全及其他合法权益，提高通行效率而制定的。

《中华人民共和国道路交通安全法》于2003年10月28日经第十届全国人民代表大会常务委员会第五次会议通过，并自2004年5月1日起施行。该法分别于2007年12月29日和2011年4月22日经过全国人民代表大会常务委员讨论，进行过两次修订，修订后的法规共分8章，124条，自2011年5月1日起正式施行。

该法全方位规范了车辆和驾驶人管理、明确了道路通行条件和各种道路交通主体的通行规则、确立了新的道路交通事故处理原则和机制、加强了对公安机关交通管理部门及其交通警察的执法监督、完善了违反交通安全管理行为的法律责任。

一、道路交通违章处罚

1.交通违章

交通违章是指机动车、非机动车驾驶人和行人，违反道路交通安全法及交通管理的行为。

2.道路运输违章处罚种类

处罚种类包括：警告、罚款、暂扣或者吊销机动车驾驶证和拘留。构成犯罪的依法追究刑事责任。

二、道路交通事故处理

在道路上发生交通事故，车辆驾驶人应当立即停车，保护现场；造成人身伤亡的，车辆驾驶人应当立即抢救受伤人员，并迅速报告执勤的交通警察或者公安机关交通管理部门。因抢救受伤人员变动现场的，应当标明位置。乘车人、过往车辆驾驶人、过往行人应当予以协助。

案 例 分 析

2005年4月1日上午,某快递公司收派员小张驾驶一辆微型面包车,与骑单车的刘小姐发生碰撞,刘小姐在事故中受伤,当场昏迷。小张在情急之下,开车将刘小姐送到医院抢救,没有保护现场。后来,交警做出交通事故认定:小张对该起事故应负全部责任,刘小姐对该起事故不负责任。刘小姐出院后状告小张,要求其赔偿医疗费和精神损失费,并最终获得了法院的支持。

分析:机动车与非机动车、行人发生道路交通事故造成人身伤亡、财产损失,当事人有条件报案、保护现场但没有依法报案、保护现场,致使事故基本事实无法查清,又没有证据证明非机动车、行人有交通安全违法行为以及机动车驾驶人已经采取必要处置措施的,由机动车一方承担赔偿责任。

在本案中,小张在有条件报案并保护现场的情况下没有依法报案、保护现场,致使事故基本事实无法查清,公安交通管理机关依法认定小张应负此次事故的全部责任符合法律规定。发生交通事故,正确的处理方法应当是:

(1)立即报案:发生交通事故后,应立即停车,保护现场,不要移动现场上的任何车辆、物品,并要劝阻围观群众进入现场。有人身伤亡的,马上报告公安交通管理机关并立即抢救受伤人员,同时向所投保的保险公司报案。

(2)标明位置:如因抢救受伤人员变动现场的,应当标明位置。此处所称的位置,不仅包括伤者的位置,还应包括车辆的位置及事故中散落物品及碎片的位置。当然,交警还将根据双方对事故现场的描述、制动痕迹等其他表象及相应的鉴定结论综合判断事故原因及责任。

(3)用非事故车运伤员:在抢救伤员的过程中尽量使用其他的非事故车辆运送伤员。

(4)请求他人帮助:在紧急情况下,在标注好现场位置的情况下使用事故车辆,如有同乘人员,尽量留一人看守现场,避免因其他车辆经过造成标注位置的灭失。如有其他车辆及行人,也可请求他们的协助,只有保护好事故现场,才能依法保护各方的合法权益。

(5)严防二次事故:发生事故后,要打开危险报警闪光灯提示危险,并在来车方向设置警告标志,以免其他车辆再次碰撞。对油箱破裂、燃油溢出的现场,要严禁烟火,以免造成火灾,扩大事故后果。

本案中,小张及时抢救伤者是正确的,如果小张选择了保护现场而坐视伤者不管,或放弃抢救而停在原地等待交警处理,伤者的伤情因延误治疗而加重,驾驶员将面临更重的民事赔偿责任,甚至刑事责任。但是抢救伤者应尽量用非事故车辆,如必须用事故车辆抢救伤者,应当标明变动现场的位置,并迅速向执勤的交警或者交管部门报告,同时向所投保的保险公司报案。

三、道路交通事故法律责任认定与处理

(一)道路交通事故责任认定

1. 交通事故等级划分

轻微事故,是指造成轻伤1~3人或财产损失机动车损失不足1000元,非机动车不足200元

的事故;一般事故,是指一次造成重伤 1~2 人或轻伤 3 人以上,或者财产损失不足 3 万元的事故;重大事故,是指一次造成死亡 1~2 人,或者重伤 3 人以上 10 人以下,或者财产损失 3 万元以上不足 6 万元的事故;特大事故,是指一次造成死亡 3 人以上或者重伤 11 人以上,或者死亡 1 人同时重伤 8 人以上,或者死亡 2 人同时重伤 5 人以上,或者财产损失 6 万元以上的事故。

2. 交通事故责任认定时限

自交通事故发生之日起按下列时限对交通事故的责任作出认定:轻微事故 5 日,一般事故 15 日,重、特大事故 20 日,因交通事故情节复杂不能按期作出认定的,须报上一级公安交通管理部门批准,按上述规定分别延长 5 日、15 日、20 日。

3. 当事人申请重新认定时限

当事人对责任认定不服的,可以在接到责任书后 15 日内向上一级公安机关申请重新认定,上级公安机关接到重新认定申请书后 30 日内应当作出维持、变更或撤销的决定。接到《道路交通事故责任重新决定书》后,应当在 5 日内向各方当事人或代理人公布。交通事故责任的重新认定为最终决定。

4. 责任推定

(1)当事人逃逸或者故意损坏、伪造现场,毁灭证据,使交通事故责任无法认定的,应当负全部责任。

(2)当事人一方有条件报案而未报案或未及时报案,使交通事故责任无法认定的,应当负全部责任。当事人各方有条件报案而均未办案或未及时报案,使交通事故责任无法认定的,应当负同等责任。但机动车与非机动车、行人发生交通事故的,机动车一方应当负主要责任,非机动车、行人一方负次要责任。

(3)交通运输肇事后逃逸。交通运输肇事后逃逸是指行为人在发生了具备有关法定情形的交通事故后,为逃避法律追究而逃跑的行为。

我国《刑法》第一百三十三条规定:"违反交通运输管理法规,因而发生重大事故,致人重伤、死亡或者使公私财产遭受重大损失的,处三年以下有期徒刑或者拘役;交通运输肇事后逃逸或者有其他特别恶劣情节的,处三年以上七年以下有期徒刑;因逃逸致人死亡的,处七年以上有期徒刑。"依据该条的规定,交通运输肇事后逃逸应该是交通肇事罪的一个法定加重处罚情节。

(二)交通事故中汽车保险与赔偿

1. 交通事故责任强制保险

根据《机动车交通事故责任强制保险条例》规定,在中华人民共和国境内道路上行驶的机动车的所有人或者管理人都应当投保机动车交通事故责任强制保险。机动车所有人或者管理人未按照规定投保交强制责任险的,将由公安机关交通管理部门扣留机动车,通知机动车所有人、管理人按照规定投保并处应缴纳的保险费的两倍罚款。

2. 报赔

发生交通事故后,应妥善保护好现场,并及时向保险公司报案,路面事故同时还要报请交通部门处理,非路面交通事故(如车辆因驾驶原因撞在树或墙上),应由相关管理部门出具证明材料。

3. 核定

(1)保险公司接到报案后,会派人到现场勘察或到交通部门了解出险情况,同时对车辆进行定损,估算合理费用,并通知车主到保险公司指定的修理厂处理事故车辆。

（2）对第三者责任的索赔,还应由保险公司对赔偿金额依法确定,并依据投保金额予以赔付。对于保户与第三者私下谈定的赔偿金额,保险公司可拒绝赔付。

4. 赔付规定

（1）保险车辆发生全部损失后,如果保险金额等于或低于出险当时的实际价值,将按保险金额赔偿。

（2）保险车辆发生全损后,如果保险金额高于出险当时的实际价值,将按出险时的实际价值赔偿。

5. 赔付时间

在车辆修复或自交通事故处理结案之日起三个月之内,保户应持保险单、事故处理证明、事故调解书、修理清单及其他有关证明到保险公司领取赔偿金。如与保险公司发生争议不能达成协议,可向经济合同仲裁机关申请仲裁或向人民法院提起诉讼。

四、关于酒后驾车和伪造机动车号牌等内容的修订

第十一届全国人民代表大会常务委员会第二十次会议决定对《中华人民共和国道路交通安全法》作如下修改:

（1）将第九十一条修改为:"饮酒后驾驶机动车的,处暂扣六个月机动车驾驶证,并处一千元以上两千元以下罚款。因饮酒后驾驶机动车被处罚,再次饮酒后驾驶机动车的,处十日以下拘留,并处一千元以上两千元以下罚款,吊销机动车驾驶证。

醉酒驾驶机动车的,由公安机关交通管理部门约束至酒醒,吊销机动车驾驶证,依法追究刑事责任;五年内不得重新取得机动车驾驶证。

饮酒后驾驶营运机动车的,处十五日拘留,并处五千元罚款,吊销机动车驾驶证,五年内不得重新取得机动车驾驶证。

醉酒驾驶营运机动车的,由公安机关交通管理部门约束至酒醒,吊销机动车驾驶证,依法追究刑事责任;十年内不得重新取得机动车驾驶证,重新取得机动车驾驶证后,不得驾驶营运机动车。

饮酒后或者醉酒驾驶机动车发生重大交通事故,构成犯罪的,依法追究刑事责任,并由公安机关交通管理部门吊销机动车驾驶证,终生不得重新取得机动车驾驶证。"

（2）将第九十六条修改为:"伪造、变造或者使用伪造、变造的机动车登记证书、号牌、行驶证、驾驶证的,由公安机关交通管理部门予以收缴,扣留该机动车,处十五日以下拘留,并处两千元以上五千元以下罚款;构成犯罪的,依法追究刑事责任。

伪造、变造或者使用伪造、变造的检验合格标志、保险标志的,由公安机关交通管理部门予以收缴,扣留该机动车,处十日以下拘留,并处一千元以上三千元以下罚款;构成犯罪的,依法追究刑事责任。

使用其他车辆的机动车登记证书、号牌、行驶证、检验合格标志、保险标志的,由公安机关交通管理部门予以收缴,扣留该机动车,处两千元以上五千元以下罚款。"

第九节　《中华人民共和国国家安全法》的相关知识

《中华人民共和国国家安全法》于1993年2月22日经第七届全国人民代表大会常务委员会第三十次会议通过,并自公布之日起施行。

一、危害国家安全行为的定义

该法所称危害国家安全的行为,是指境外机构、组织、个人实施或者指使、资助他人实施的,或者境内组织、个人与境外机构、组织、个人相互勾结实施的危害中华人民共和国国家安全的行为。

二、危害国家安全行为的表现

危害中华人民共和国国家安全的行为主要表现为:
(1)阴谋颠覆政府,分裂国家,推翻社会主义制度的。
(2)参加间谍组织或者接受间谍组织及其代理人的任务的。
(3)窃取、刺探、收买、非法提供国家秘密的。
(4)策动、勾引、收买国家工作人员叛变的。
(5)进行危害国家安全的其他破坏活动的。

三、危害国家安全的罪行及刑事责任

1. 为境外窃取、刺探、收买、非法提供国家秘密、情报罪
该罪是指为境外的机构、组织、人员窃取、刺探、收买、非法提供国家秘密或情报的行为。对犯有该罪的,处五年以上十年以下有期徒刑;情节特别严重的,处十年以上有期徒刑或者无期徒刑;情节较轻的,处五年以下有期徒刑、拘役、管制或者剥夺政治权利。该法第五十六条和第一百一十三条还规定,犯有本罪的,应当附加剥夺政治权利,可以并处没收财产;对国家和人民危害特别严重、情节特别恶劣的,可以判处死刑。

2. 故意泄露国家秘密罪
该罪是指国家机关工作人员或者非国家机关工作人员违反保守国家秘密法,故意使国家秘密被不应知悉者知悉,或者故意使国家秘密超出了限定的接触范围,情节严重的行为。对犯有该罪的,处三年以下有期徒刑或者拘役;情节特别严重的,处三年以上七年以下有期徒刑。

3. 非法获取国家秘密罪
该罪是指以窃取、刺探、收买方法,非法获取国家秘密的行为。对犯有本罪的,处三年以下有期徒刑、拘役、管制或者剥夺政治权利;情节严重的,处三年以上七年以下有期徒刑。

第十节 《万国邮政联盟公约》的相关知识

一、万国邮政联盟

万国邮政联盟(UPU)成立于1874年,其前身是"邮政总联盟",1878年改为现名,其总部设在瑞士首都伯尔尼,现是联合国系统专门负责国际邮政事务的一个政府间国际组织。

联合国的任何会员国只要有三分之二以上的万国邮政联盟成员国同意即可加入万国邮政联盟。中国于1914年加入万国邮政联盟。1999年第22届万国邮联大会在中国北京成功举办。万国邮联的成员国目前有192个会员国,最近的成员是2011年10月4日加入的南苏丹共和国,迄今一共举办了24届万国邮联大会。

二、万国邮政联盟公约

《万国邮政联盟公约》及其实施细则是指万国邮政联盟制定的一项有关处理国际邮政业务的基本法则的条约。主要包括四部分：一是适用于国际邮政业务的共同规则；二是关于函件业务的规定。三是函件的航空运输；四是公约的生效日期和有效期限。

《万国邮政联盟公约》及其实施细则是国际邮政业务的基本国际法规，对邮联各会员国均有约束力。按照公约的规定，各国邮政对邮件的丢失、损毁及延误的法律责任只承认邮件本身造成的直接损失，间接损失或没有实现的利益不在考虑之列。

1. 公约规定的主要内容

对函件业务，如函件的种类、交付邮资、函件的撤回和应寄件人的要求更改姓名和地址、禁寄物品、海关监管、查询和补偿、邮资的归属、转运费和终端费的结算等项业务做了规定。

对函件的航空运输规则，如使用航空运输函件的加快航空附加费和不收航空附加费、航空函件的优先处理、航空运费的原则、航空运费的计算和结算等项业务也做了规定。

2. 公约对快递函件的规定

《万国邮政联盟公约》第三十二条对快递函件作了如下规定：

(1) 在其邮政办理快递业务的各国，如寄件人提出要求，函件应在到达投递局后，尽快地派专人投送。至于保价信函，寄达邮政可以根据规章用快递方法寄回保价信函到达与否通知单。

(2) 上述称为"快递"的函件，除应照付邮费外，还应按照第二十四条第1项(9)规定，另付快递费，并应预先付足。

(3) 如快递函件的投送给寄达邮政带来有关收件人地址或函件到达寄达局的日子或钟点方面的特殊负担时，函件的投送和附加费的收取，应按各寄达国邮政对同类国内函件的规定办理。

(4) 未经预先付足各项资费的快递函件应按平常函件投递。但已由原寄局作为快递处理的，仍应按快递投递。在这种情况下，应按第三十条的规定，补收资费。

(5) 各邮政对于快递函件，可以只按快递试投一次，如果未能投出，可按平常函件处理。

(6) 如果寄达国国内规章许可，收件人可要求投递局把寄给他的函件到达后立即按快递投送。在这种情况下，寄达邮政在投递的时候，可以按其国内规定收取资费。

第二编　快件收派知识

第九章　快件收寄

第一节　收寄流程

一、收寄流程概念

收寄流程,是指业务员从客户处收取快件的全过程,包括验视、包装、运单填写和款项交接等环节。收寄可分为上门揽收及网点收寄两种方式。

上门揽收,是指业务员接收到客户寄件需求信息后,在约定时间内到达客户处收取快件,并将快件统一带回快递企业收寄处理点,完成运单(详情单)、快件、款项交接的全过程。

网点收寄,是指客户主动前往快递企业的收寄处理点(营业网点)寄递快件,收寄处理点的业务员接收、查验客户需要寄递的快件,指导客户完成快件包装和运单填写,并完成运单(详情单)、快件、款项交接的全过程。

二、收寄流程描述

在快件收寄的两种方式中,上门揽收以便捷、灵活见长,网点收寄则以网点固定为特色,两种方式的工作流程有许多相似之处,但上门揽收的工作环节更多,要求也更高。

(一)上门揽收

1. 流程图(图 9-1)

2. 流程说明(表 9-1)

上门揽收流程说明　　　　　　　　　　　　　　　　　表 9-1

编号	流程活动	流程活动说明
001	收件准备	准备好需要使用的操作设备、物料(用品用具)、单证等
002	接收信息	接收客户寄件需求的信息。接收方式有:快递企业客服人员通知,客户直接致电,网上系统直接下单
003	核对信息	检查客户寄件需求的信息。客户地址超出业务员的服务范围或信息有误,须及时反馈给客服人员或客户
004	上门收件	在约定时间内到客户指定处收取快件

续上表

编号	流程活动	流程活动说明
005	验视快件	识别快件的重量和规格是否符合规定。超出规定则建议客户将快件分成多件寄递,不同意则礼貌地拒绝接收
		验视寄递物品内件是否属于禁止或限制寄递的物品。属于禁止寄递或超出限制寄递要求的,则礼貌地拒绝接收,并及时向公司相关部门报告违法禁寄物品情况
006	检查已填运单	客户运单如事先已经填好,对填写内容进行检查
	指导客户填写运单	客户尚未填写运单,正确指导客户完整填写运单内容
007	告知阅读运单条款	告知客户阅读运单背书条款
008	包装快件	指导或协助客户使用规范包装物料和填充物品包装快件,使快件符合运输的要求,保证寄递物品安全
009	称重计费	对包装完好的快件进行称重,计算快件资费,将计费重量及资费分别填写在运单的相应位置
010	收取资费	确认快件资费的支付方和支付方式(现结、记账)。客户选择寄付现结,则收取相应的资费;客户选择寄付记账,则须在运单账号栏注明客户的记账账号
011	指导客户签字	指导客户在确认运单填写内容后,用正楷字在客户签字栏签全名
012	粘贴运单及标识	按照粘贴规范,将运单、标识等粘贴在快件的相关位置
013	快件运回	将收取的快件在规定时间内运回收寄处理点
014	交件交单	复查快件包装和运单(留底联)内容,确认无问题后交给收寄处理点的相应工作人员
015	交款	将当天收取的款项交给收寄处理点的相应工作人员

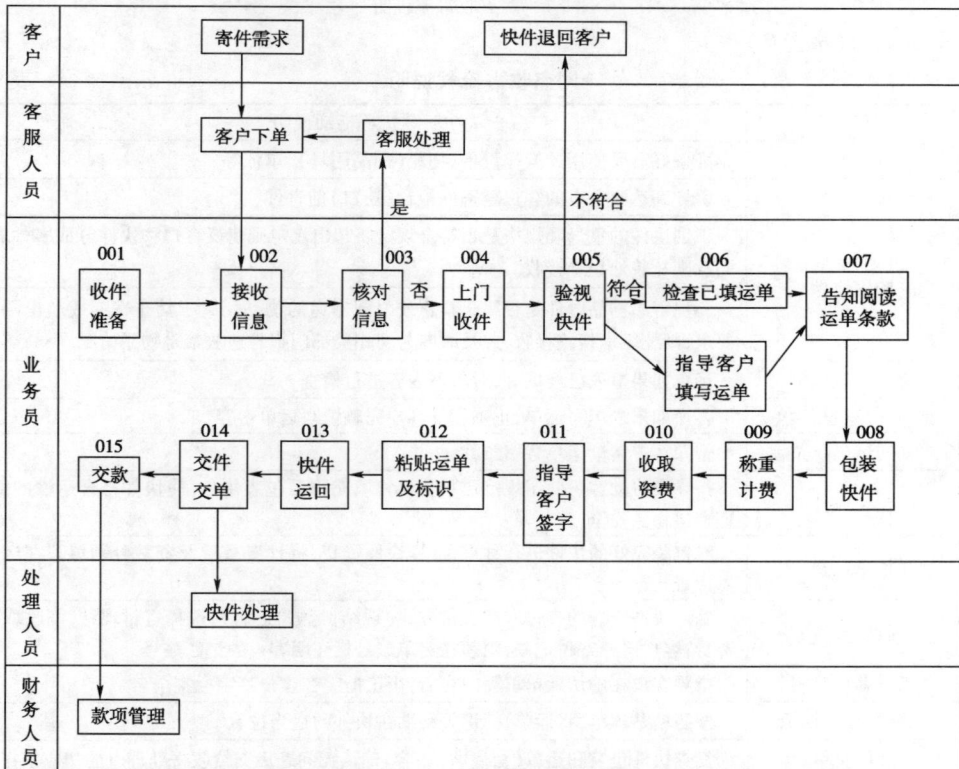

图 9-1 上门揽收流程图

(二)网点收寄

1. 流程图(图9-2)

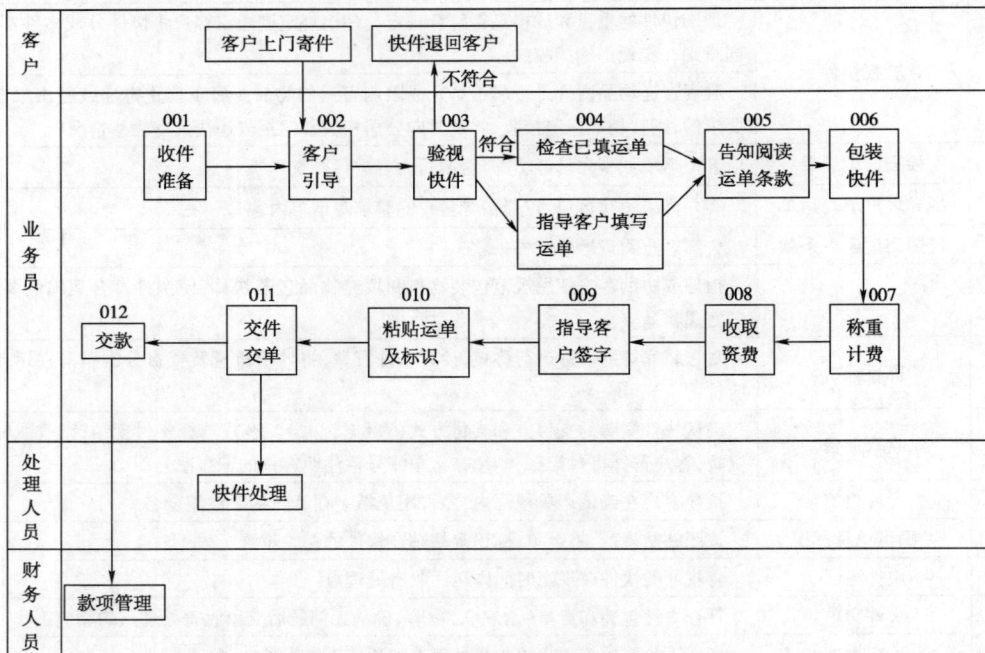

图9-2 网点收寄流程图

2. 流程说明(表9-2)

网点收寄流程说明 表9-2

编号	流程活动	流程活动说明
001	收件准备	准备好需要使用的操作设备、物料(用品用具)、单证等
002	客户引导	引导到达收寄点的客户至寄件柜台(窗口)前寄件
003	验视快件	识别快件的重量和规格是否符合规定。超出规定则建议客户将快件分成多件寄递,不同意则礼貌地拒绝接收
		验视寄递物品内件是否属于禁止或限制寄递的物品。属于禁止寄递或超出限制寄递要求,则礼貌地拒绝接收,并及时向公司相关部门报告违法禁寄物品情况
004	检查已填运单	运单如果事先已经填好,对填写内容进行检查
	指导客户填写运单	客户如果未填写运单,正确指导客户完整填写运单内容
005	告知阅读运单条款	告知客户阅读运单背书条款
006	包装快件	指导或协助客户使用规范包装物料和填充物品包装快件,使快件符合运输的要求,保证寄递物品安全
007	称重计费	对包装完好的快件进行称重,计算快件资费,将计费重量及资费分别填写在运单的相应位置
008	收取资费	确认快件资费的支付方和支付方式(现结、记账)。客户选择寄付现结,则收取相应的资费;客户选择寄付记账,则须在运单账号栏注明客户的记账账号
009	指导客户签字	指导客户在确认运单填写内容后,用正楷字在客户签字栏签全名
010	粘贴运单及标识	按照粘贴规范,将运单、标识等粘贴在快件的适当位置
011	交件交单	复查快件包装和运单(留底联)内容,确认无问题后交给收寄处理点的相应工作人员
012	交款	将当天收取的款项交给收寄处理点的相应工作人员

第二节　收寄指导

一、寄递快件的服务范围

(一)服务范围的概念

服务范围是指快递企业寄递服务所覆盖的地理区域范围,也就是快件的收派范围。例如:某快递企业只经营北京市内的同城快件,不经营市郊快件的收派。某一客户想通过该企业寄一票从北京大学到通州区西赵村(市郊的村庄)的快件,从快递企业的角度看,此件就超出了该企业的服务范围。

(二)地理区域范围的标识

快递服务与普通大宗货物运输最大的不同点,在于快递服务须承担大量快件的"集中、分拣、散开"操作。由于快递企业收派的快件数量巨大,简单突出的地理区域范围标识对分拣、集散快件操作的速度和准确性有着举足轻重的作用。因此,各快递企业都会通过某一种或某几种地理区域标识来明确区分各快件的目的地,从而提高分拣和集散快件的效率。目前从各快递企业的实际操作看,地理区域范围标识主要有以下三种形式。

(1)行政区划标识。该标识用文字表示,通过地址来识别。例如北京朝阳、深圳福田、广州白云、沈阳和平等。

(2)电话区号标识。一个区号代表一个城市,快递企业通常通过地区的电话区号作为分拣和集散快件操作的标识。例如010代表北京、021代表上海、0571代表杭州、0411代表大连等。

(3)邮政编码标识。邮政编码是代表投送邮件的邮局(所)的一种专用代号,也是这个局(所)投送范围内的居民与单位的通信代号。邮政编码由6位阿拉伯数字组成:前两位数字表示省(自治区、直辖市);第三、四位数字表示市(地、市、州);最后两位数字代表邮件投递局(所)。通过邮政编码,可以实现快件的机器分拣,提高速度和准确性。国有快递企业和国际快递企业多采用邮政编码作为地理区域范围的标识,见表9-3。

全国省级行政区划省会(首府)及主要城市的电话区号、邮政编码　　　　表9-3

直辖市、省、自治区名称	城市	电话区号	邮政编码
北京市		010	100000
天津市		022	300000
河北省	石家庄	0311	050000
	邯郸	0310	056000
	保定	0312	071000
山西省	太原	0351	030000
	大同	0352	037000

直辖市、省、自治区名称	城　　市	电话区号	邮政编码
内蒙古自治区	呼和浩特	0471	010000
	包头	0472	014000
辽宁省	沈阳	024	110000
	大连	0411	116000
	鞍山	0412	114000
	抚顺	0413	113000
吉林省	长春	0431	130000
	吉林	0432	132000
黑龙江省	哈尔滨	0451	150000
	齐齐哈尔	0452	160000
上海市		021	200000
江苏省	南京	025	210000
	无锡	0510	214000
	苏州	0512	215000
	扬州	0514	225000
	连云港	0518	222000
	常州	0519	213000
浙江省	杭州	0571	310000
	湖州	0572	313000
	嘉兴	0573	314000
	宁波	0574	315000
	绍兴	0575	312000
	温州	0577	325000
	金华	0579	321000
安徽省	合肥	0551	230000
	芜湖	0553	241000
	安庆	0556	246000
福建省	福州	0591	350000
	厦门	0592	361000
	泉州	0595	362000

直辖市、省、自治区名称	城 市	电话区号	邮政编码
江西省	南昌	0791	330000
	九江	0792	332000
山东省	济南	0531	250000
	青岛	0532	266000
	烟台	0535	264000
	威海	0631	264200
	淄博	0533	255000
河南省	郑州	0371	450000
	开封	0378	475000
	洛阳	0379	471000
湖北省	武汉	027	430000
	宜昌	0717	443000
	襄樊	0710	441000
	十堰	0719	442000
湖南省	长沙	0731	410000
	株洲	0733	412000
	湘潭	0732	411000
广东省	广州	020	510000
	深圳	0755	518000
	东莞	0769	511700
	佛山	0757	528000
	中山	0760	528400
	惠州	0752	516000
	珠海	0756	519000
	汕头	0754	515000
广西壮族自治区	南宁	0771	530000
	桂林	0773	541000
	柳州	0772	545000
海南省	海口	0898	570000
	三亚	0899	572000

续上表

直辖市、省、自治区名称	城　市	电话区号	邮政编码
四川省	成都	028	610000
	绵阳	0816	621000
重庆市		023	400000
贵州省	贵阳	0851	550000
	遵义	0852	563000
云南省	昆明	0871	650000
	大理	0872	671000
西藏自治区	拉萨	0891	850000
陕西省	西安	029	710000
	咸阳	0910	712000
甘肃省	兰州	0931	730000
青海省	西宁	0971	810000
宁夏回族自治区	银川	0951	750000
新疆维吾尔自治区	乌鲁木齐	0991	830000
香港特别行政区		00852	999077
澳门特别行政区		00853	999078
台湾省	台北	00886	999079

二、快件的计费方法和时限要求

（一）快件计费方法

国内各快递企业在计算快件资费时，一般都采取以下方法。

（1）以重量为基础，实施"取大"的方法。计费重量选择实际重量和体积重量两者之中较高者。所谓体积重量，就是将快件的体积按照一定计算公式折合成为重量。计算体积重量，主要是针对那些体积非常大、实际重量很轻的快件，即轻泡快件，目的是为了较为合理地核实快件资费。因轻泡快件在实际运输过程中占用较大体积，如果按照实际重量计算资费，不能弥补快递企业所需承担的运输成本。

（2）以时效为依据，体现"快速高价"方法。在一定的重量基础上，对于不同时效的产品可以采用不同的价格。

（3）首重加续重方法。通常快件资费分为首重资费和续重资费。快递企业规定的最低计费重量为首重，首重所对应的资费为首重资费；快件重量超出最低计费重量的部分称为续重，续重所对应的资费为续重资费。

（二）快件时限要求

快件时限（也称快件全程时限），是指快递企业从收寄快件到首次派送的时间间隔，具体地说就是指快递企业完成快件收寄、处理、运输、派送等环节所需要的时间限度。快件时限直接反映了一票快件从收寄开始到第一次派送的时间间隔，时间间隔越短，越能体现快递之"快"的特性。根据快件流转的环节，快件时限具体又可划分为快件收寄时限、快件处理时限、快件运输时限和快件派送时限。

1. 快件时限要求标准

《快递服务》邮政行业标准规定,除了与客户有特殊约定(如偏远地区)之外,同城快递服务时限不超过24小时,国内异地快递服务时限不超过72小时。

2. 企业提供的限时服务

根据《快递服务》邮政行业标准的指导思想,快递企业围绕"快"的特点,以客户对快递的不同时效需求为出发点,推出众多特殊时限承诺的快递服务产品,如"晨收晨到"、"午收晨到"、"夜收晨到"、"晨收午到"、"午收午到"、"朝九特派"、"次日达"、"隔日达"、"专人收派"等。

三、快件的运输方式

(一)航空运输

航空运输是利用飞机进行快件位移的现代化运输方式。随着全球一体化时代的到来,采用航空运输快件变得日趋普遍。航空运输的主要特点如下:

(1)航空运输具有破损率低、安全性好的优点。航空运输的地面操作流程各环节比较严格,管理制度比较完善,快件破损率、遗失率较低。

(2)航空运输在长距离递送快件的速度方面优势明显。

(3)航空运输具有投资大、运量小、费用高、易受天气影响等局限性。

(二)公路运输

公路运输是以公路为运输线,利用汽车等陆路运输工具,进行快件位移的运输方式。公路运输的主要特点如下:

(1)公路运输具有机动灵活、简捷方便的优点。

(2)公路运输在短途快件集散运送上具有优越性。

(3)公路运输能够实现快件"门到门"的交接,其他各种运输方式都要依赖公路运输来完成两端的运输任务。

(4)公路运输具有载重量小、长途运输成本高,且时效慢、在运行中易发生交通事故,以及振动较大易造成快件损坏等局限性。

(三)铁路运输

铁路运输是利用铁路进行快件位移的运输方式。铁路运输的主要特点如下:

(1)铁路运输载运量较大、费用较低廉、不易受气候条件影响、可保障全年正常运行、遭受风险较小。

(2)铁路运输具有速度较慢、运输受轨道限制等局限性。

(四)水路运输

水路运输通常包括海洋运输和内河运输。水路运输虽然具备载运量大、费用低廉等优点,但主要由于其速度慢,与快递要求"快"的特点完全背离,因此水路运输在快件运输过程中基本没有被采用。

(五)各种运输方式在快递领域中的应用

快递企业对运输方式的选择是根据企业实际已经获取的运力资源,综合考虑快件时效和运输成本两个主要因素后决定的。

1.快件时效

从快件时效来看。通常对于时效要求高的快件,使用高速度、高成本的运输方式;对时效要求低的快件,使用低速度、低成本的运输方式。

2.运输成本

(1)始发地离目的地距离较近(通常不超过1000km)的快件,一般使用公路运输方式。因为使用航空运输须耗用集散快件的时间,在短途运输方面不能显示速度优势。而公路运输,既可以保证快件时效,又可以降低运输成本。

(2)始发地离目的地距离较远(通常超过1000km)的快件,如果快件时效要求高,则采用航空运输,通过高成本实现高时效;如果快件时效要求较低,则采用公路运输或铁路运输,在快件数量和运输距离相同的情况下,铁路运输通常比公路运输成本低,但是不如公路运输灵活。

四、快件保价

(一)快件保价的概念

1.快件保价的概念

快件保价,是指客户向快递企业申明快件价值,快递企业与客户之间协商约定由寄件人承担基础资费之外的保价费用,快递企业以快件声明价值为限承担快件在收派、处理和运输过程中发生的遗失、损坏、短少等赔偿责任。

快件保价是快递企业直接向客户做出的承诺,如果发生问题,由快递企业承担理赔责任。部分快递企业为转移赔偿风险,通过向保险公司购买快件保险,由保险公司承担快件遗失、损坏、短少等的赔偿责任。

2.快件保价与快件保险的区别

(1)快件保险的概念

快件保险,是指客户在寄递物品之前直接对物品向保险公司购买保险,快件在从始发地至目的地的整个运输、装卸和储存的过程中发生遗失、损坏或短少时,保险公司按照承保规定给予客户赔偿。目前,一些快递企业也为客户提供代办快件保险手续。

(2)保价与保险的异同(表9-4)

保价与保险的异同　　　　　　　　　　　　　　　　　　　表9-4

项目	子 项 目	快件保险	快件保价
相同点	形式	客户均在基础资费以外额外支付了费用,或是保价费用,或是保险费用	
	过程	客户的物品均发生了灭失、损坏或短少	
	效果	客户均因物品损坏获得了赔偿	
	金额	客户物品的声明价值均不得超过物品的实际价值	
不同点	制度设计目的不同	风险从个人和快递企业转移到保险公司的一种风险防范机制	风险由个人转移到快递企业的一种风险防范机制
	涉及当事人不同	客户、快递企业、保险公司、第三方评估机构	客户、快递企业

续上表

项目	子 项 目	快 件 保 险	快 件 保 价
不同点	风险范围不同	快递企业责任、第三人侵权行为、不可抗力等	快递企业责任,非快递企业过失,如不可抗力、第三人侵权导致的快件损失免责
	所"保"范围不同	承保的损失必须是可确定和可计量的	对于不易确定和计量实际价值的快件允许办理保价运输,但一般设置最高限额
	费用性质不同	保险条件下支付的是"保险费",不属于快递公司营业款	保价运输条件下支付的是"保价附加服务费",属于快递公司营业款
	风险承担者不同	保险公司	快递企业
	索赔程序	要求提供相关单证,程序相对烦琐	要求提供单证较少,理赔程序较为简便
	其他	快递企业可集中大量客户争取优惠的保险费率	所有理赔自行消化,投入量大,价值界定难度大,容易导致多赔、不赔或少赔等情况,甚至引发官司

（二）保价服务的作用

快递市场中普遍存在保价服务的需求。保价服务作为一种附加服务,是快递企业争取客户资源,应对竞争和开发中高端市场的一项重要举措。

（1）满足客户中高端服务需求。客户对快件的安全高效要求越来越高,尤其是中高端客户,如果将保价服务作为快递领域的增值服务项目且费率合理,可提高客户对快递企业的满意度。

（2）快递企业收入增值的渠道。快递企业开展保价业务,在快件全程处理中给予特殊的保护操作,降低快件发生损失、丢失的概率,提高了快件的安全性。从而使得保价快件安全性高,赔付概率低。因此保价快件业务已经成为快递企业业务增值的一个渠道。

（三）保价服务的注意事项

1. 声明价值

对快递企业来说,快件价值越高,遗失、损毁所产生的风险越大。为了规避风险,快递企业一般都规定了保价物品的最高赔偿价值。业务员在收取快件的时候需要注意,客户填写的快件声明价值不得超出本企业规定的最高赔偿价值限制。如果超出,则建议客户对快件进行投保。

2. 保价快件的标识

保价快件普遍都是价值较高或客户非常重视的物品,因此须妥善包装快件,并使用特殊的标识提醒各操作环节注意保护快件。例如采用保价封签,在快件包装封口的骑缝线上粘贴保价封签并请客户在封签及包装的交接处签名,确保只有破坏封签方能打开快件包装。

3. 快件称重

为能够及时发现保价快件是否短少,并进行相应处理,快递企业一般对保价快件重量精确度做出较高要求。例如某快递企业规定保价快件的重量必须精确到小数点后两位,且各交接环节须进行重量复核,确保从收取到派送整个过程的快件安全。

4. 保价运单

出于保价快件自身的特殊性,有些快递企业使用专门印制的保价运单,有些企业则直接在普通运单的某一位置显著标记"保价"。对于有专门或特殊标记保价运单的,业务员在收取保价快件时,须使用这些运单寄递快件,同时注意严格遵循填写规范。

5. 赔偿上限

保价快件最高赔偿额不超过客户投保的声明价值。

五、快递运单知识

(一)运单知识介绍

1. 运单的概述

快递运单,又称快件详情单,是用于记录快件原始收寄信息及服务约定的单据,是快递企业为寄件人准备的,由寄件人或其代理人签发的重要的运输单据。快递运单是快递企业与寄件人之间的寄递合同,其内容对双方均具有约束力。当寄件人以物品所有人或代理人的名义填写并签署快件运单后,即表示接受和遵守本运单的背书条款,并受法律保护。

运单是一种格式合同,由正面寄递信息和背书条款两部分组成。

(1)运单正面内容是对快件涉及信息的详细描述。主要包括寄件人信息、收件人信息、寄递物品性质、重量、资费、数量、寄件人签名、收件人签名、寄件日期、收件日期、付款方式、业务员名称或工号等内容。每一份运单正面都有一个条形码(各快递企业使用的条形码编码规则不尽相同),通过条形码将运单内容进行捆绑,便于快件运输途中的查询和操作。

(2)运单背书条款是确定快递企业与客户之间权利、义务的主要内容。背书条款由快递企业和寄件人共同承认、遵守,具有法律效力,自签字之日起确认生效。收寄快件时,业务员有义务在寄件当时提醒寄件人阅读背书内容。背书条款主要包括以下内容:

①查询方式与期限。

②客户和快递企业双方的权利与责任。

③客户和快递企业产生争议后的解决途径。

④赔偿的有关规定。

《国内快递服务协议》(示范文本)

(1)快递详情单是本协议的组成部分。本协议自寄件人、快递服务组织收寄人员在快递详情单上签字或盖章后成立。

(2)快递服务组织依法收寄快件,对信件以外的快件按照国家有关规定当场验视,对禁寄物品和拒绝验视的物品不予收寄。向寄件人提供自快件交寄之日起一年内的查询服务。

(3)寄件人不得交寄国家禁止寄递的物品,不得隐瞒交寄快件的内件状况,应当依照相关规定出示有效证件,准确、工整地填写快递详情单。

(4)快递服务组织在服务过程中造成快件延误、毁损、灭失的,应承担赔偿责任。双方没有约定赔偿标准的,可按照相关法律规定执行。既无约定也无相关法律规定的,遵从快递服务标准规定。快递服务组织有偿代为封装的,承担因封装不善造成的延误、毁损、灭失责任。

(5)寄件人违规交寄或填单有误,造成快件延误、无法送达或无法退还,或因封装不善造成快件延误、毁损、灭失的,由寄件人承担责任。

2.快递运单的作用

（1）寄件人与快递企业之间的寄递合同。运单是寄件人与快递企业之间缔结的快件寄递合同,在双方共同签名后产生法律效力,在快件到达目的地并交付给运单上所标注的收件人后,合同履行完毕。

（2）快递企业签发的已接收快件的证明。快递运单也是快件收据,在寄件人将快件交寄后,快递企业就会将其中一联交给寄件人(寄件人存根),作为已经接收快件的证明。除非另外注明,它是快递企业收到快件并在良好条件下装运的证明。

（3）付费方和快递企业据以核收费用的账单。快递运单记载着快递服务所需支付的费用,并详细列明了费用的种类、金额,因此可作为付费方的费用账单。其中存根联也是快递企业的记账凭证。

（4）快递运单是出口的报关单证之一。在快件到达目的地机场进行进口报关时,快递运单通常也是海关查验放行的基本单证。

（5）快递运单是快递企业安排内部业务的依据。快递运单随快件同行,证明了快件的身份。运单上载有有关该票快件收取、转运、派送的事项,快递企业会据此对快件的运输做出相应安排。

3.运单各联功能介绍

快递运单的正本一式多联,各联内容和版式完全相同。通常包括寄件人存根联、快递企业收寄存根联、收件人存根联、快递企业派件存根联、随包裹报关联等。由于各种类型的快件所经过的递送环节不完全一致,因此相对应的运单联数也不一致。目前市场上采用的有一式三联、一式四联、一式五联、一式六联等几种运单,且各联的命名也不尽相同。常见的有以下几种功能的运单联。

（1）寄件人存根联。业务员将该联运单交给寄件人保存,它是收取寄付费用(寄付现结及寄付月结款)的依据,也是寄件人查询快件状态的依据。

（2）快递企业收件存根联。业务员成功收取客户寄递的快件后,将该联运单取下交给收寄处理点的工作人员。快递企业须将该联运单内容录入信息系统,以便客户通过网络查询快件状态。它是快递企业收寄快件的记账凭证,是营业收入的原始依据,业务员收件票数统计的依据,同时也是客户寄件信息录入系统的源头。

（3）收件人存根联。快件派送成功后,业务员将该联运单交给签收快件的客户保存。该联运单是客户签收快件的证明和快递企业收取到付费用及记账款的依据,同时也是快件出现问题时,投诉和理赔的依据。

（4）快递企业派件存根联。该联运单随快件同行,在快件到达目的地派送成功后,业务员将其取下交给收寄处理点的工作人员。该联运单是签收客户核收快件的依据,也是快件派送企业统计派送票数和派送营业收入的统计依据。

（5）随包裹报关联。进出口快件须有报关使用的运单联,非进出口快件可不设此联。

（6）其他运单联。各快递企业根据业务实际需求设计的、用作其他用途的运单联。

（二）运单填写规范

快递企业一般根据《快递服务》邮政行业标准中推荐的格式,结合企业快递服务产品类型设计运单格式。虽然运单格式存在差异,但运单栏目内容都大同小异。

1. 运单填写的总体要求

(1)字迹清楚、工整。填写应使用黑色或蓝色笔(禁用铅笔或红色笔),或使用打印机打印,确保各联的内容一致,且各联的字迹都能清晰辨认。字迹要求工整、刚劲有力,填写的数字不能过大、不能压底线或超出运单方框的范围。

(2)内件品名、种类、数量等信息填写准确。填写时应使用规范的汉字,不得使用不规范的简化字,更不得使用自造字、异写字。如使用少数民族文字或外文,应当加注汉字。

(3)寄件人姓名、地址、联系方式,收件人姓名、地址、联系方式等内容填写完整。

2. 运单内容填写规范

(1)寄件人信息。包括寄件人公司名称、姓名、电话、所在地邮编等。

①寄件人公司名称。私人寄件可不填写寄件人公司名称;公司寄件必须填写寄件人公司名称。

②寄件人姓名。必须填写全名,填写英文名或中文名可根据快件类型确定。

③寄件人电话。必须填写寄件人电话,包括电话区号和电话号码(座机或手机号码可由客户自行提供),便于快件异常时可以及时联系到寄件人。

④寄件人所在地邮编。是否填写根据各快递企业的要求。如运单要求填写邮政编码,须请客户提供正确的邮政编码。

⑤寄件人地址。详细填写寄件人地址,以便在快件退回时可以尽快找到寄件人。

(2)收件人信息。包括收件人公司名称、姓名、电话、所在地邮编等。

①收件人公司名称。收件人是私人,可不填写收件人公司名称;收件人在公司签收快件,则必须填写收件人公司名称。

②收件人姓名。必须填写全名,填写英文名或中文名可根据快件类型确定。

③收件人电话。必须填写收件人电话,包括电话区号和电话号码(座机或手机号码可由客户自行提供),便于快件异常时可以及时联系到收件人。

④收件人所在地邮编。是否填写根据各快递企业的要求。如运单要求填写邮政编码,须请客户提供正确的邮政编码。

⑤收件人地址。必须详细填写收件人地址,按"××省××市××镇××村××工业区/管理区××栋(大厦)××楼××单元"或"××省××市××区××街道(路)××号××大厦××楼××单元"详细填写,方便派送。因购物中心、大型商城、集贸市场等楼层复杂和专柜较多,凡寄往此类地址的快件需注明专柜名称及号码。

(3)寄递物品信息。详细填写寄递物品的实际名称,不允许有笼统字眼,如"样板(版、品)"、"电子零件"等。品名内容后不可有"部分"字样,应写明具体数量。出口件的寄递物品需根据物品性质、材料来详细申报,例如衫、裤要注明为针织、棉、毛、皮、人造皮革、化纤等,玩具要注明为布、塑料或毛绒等,以保证快件发运过程中安全检查正常及通关顺利。

(4)数量、价值。与寄件人共同确认寄递物品的数量及价值后填写。

(5)重量填写。根据快件性质和规格,与寄件人共同确认后填写快件实际称重重量和计算的体积重量。

（6）资费。根据快件重量,计算快件的资费,并与寄件人共同确认后填写。

（7）付款方式。业务员与寄件人共同确认后,寄件人在运单上勾选正确的付款方式。

（8）日期。寄件日期和收件日期均要如实填写日期时间,详细到分钟。

（9）寄件人签署。寄件人在该栏签字,确认快件已经完好地交给业务员,业务员切忌替代寄件人签字。

（10）收件人签名。收件人在收到快件并对快件外包装进行检查后,在运单收件人签名栏签字,确认快件已经签收。

（11）取件员名称。上门收取快件的业务员,在收取客户的快件后,在此处写上姓名或工号,表明此票快件由该业务员收取。

（12）派件员名称。业务员将快件派送到收件人处时,请客户检查快件包装是否完好并签字后,在运单上写上派件员的名称或工号,表明该票快件由此派件员派送。

（13）备注。如有其他的特殊需求或者快件出现异常,可在备注栏上表明。

3.运单填写注意事项

（1）数字填写要求。书写的数字字母必须工整清晰,尤其要注意数字与数字之间以及字母与字母之间的区别,为避免由于数字填写过大,超出各栏的方框线造成输单错误,要求填写运单上的件数、计费重量、资费、实际重量及其他数字栏时,数字必须在方框内,不得压线或超出方框范围。

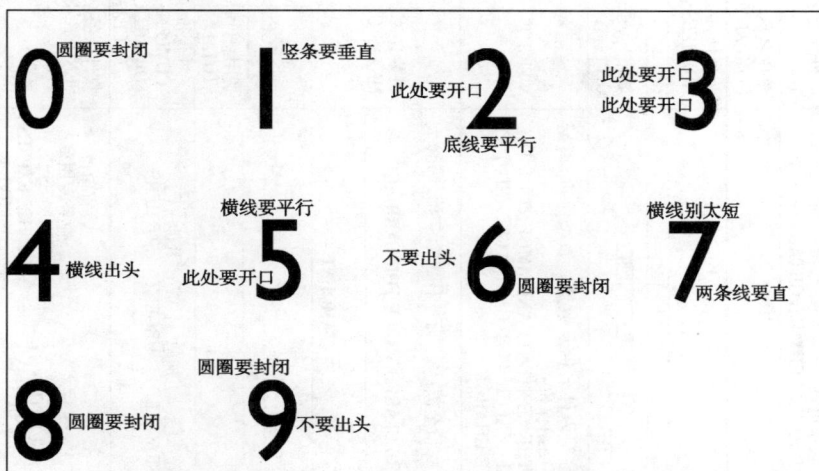

（2）电话号码填写注意。注意电话号码的位数,例如国内座机号码目前为7位或8位,如不足7位或多于8位,则号码肯定有误;国内的手机号码为11位,如手机号码超过或不足11位,可能号码有误。此时须再次与客户确认号码的正确性。

（3）业务员必须提示客户阅读背书条款。

（4）业务员一般情况下不得替客户填写寄件人信息、收件人信息、寄递物品信息、寄件和收件日期、寄件人签署、收件人签名等,严禁替代客户签字。

（三）运单样例

1.标准详情单样式(表9-5)

表 9-5

国内快递详情单
EXPRESS WAYBILL

条形码或编号位置
Barcode or Waybill No.

快递服务组织名称、标识
Express Service Provider Name & Logo

寄件人姓名 FROM	联系电话（非常重要）PHONE (VERY IMPORTANT)	收件人姓名 TO	联系电话（非常重要）PHONE (VERY IMPORTANT)
单位名称 COMPANY NAME		单位名称 COMPANY NAME	
寄件地址 ADDRESS		收件地址 ADDRESS	
用户代码 CUSTOMET CODE	邮政编码 POSTAL CODE □□□□□□	城市 CITY	邮政编码 POSTAL CODE □□□□□□

文件□ DOCUMENT 物品□ PARCEL	如系物品，请据实填写内件名称及数量。如需保价，请据实申报保价金额并交纳保价费。PLEASE SPECIFY THE CONTENTS AND AMOUNT OF THE PARCEL, DECLARE VALUE FOR CARRIAGE AND PAY THE APPROPRIATE CHARGE	重量 WEIGHT 千克 公斤		
	保价 DECLARING A VALUE FOR CARRIAGE	保价金额：万 仟 佰 拾 元（大写）DECLARED VALUE FOR CARRIAGE	体积 VOLUME	长 L ×宽 W ×高 H =厘米³ =厘米³
内件品名 NAME OF CONTENTS	数量 AMOUNT	付款方式 MEANS OF PAYMENT	现金 CASH □	协议结算 AGREEMENT □

特别声明 SPECIAL STATEMENT	非禁寄品 NON-PROHIBITED ARTICLES □ 易碎 FRAGILE □ 加急 URGENT □ 其他 OTHERS □	资费 CHARGE	¥	加急费 URGENCY SURCHARGE ¥	包装费 PACKAGING FEE ¥	保价费 CHARGE FOR ¥ DECLARED VALUE 1%□ 2%□ 3%□ 商定 AGREEMENT
		费用总计 TOTAL	¥			
	非保价快件赔偿限额 COMPENSATION LIMITS FOR ARTICLES WITHOUT DECLARED VALUE	资费 2 倍 CHARGE ×2	资费 5 倍 CHARGE ×5			商定 AGREEMENT
寄件人签名 SENDER'S SIGNATURE Y 年 M 月 D 日 H 时	收寄人员签章 ACCEPTED BY (SIGNATUR) 收寄单位业务专用章 BUSINESS SEAL OF THE EXPRESS SERVICE PROVIDER	收件人签名 SENDER'S SIGNATURE Y 年 M 月 D 日 H 时 证件：ID: 证件号：ID NO.:		代签人签名 AUTHORIZED SIGNATURE Y 年 M 月 D 日 H 时 证件：ID: 证件号：ID NO.:		
		备注 REMARKS				

单号位置　填写本单前，务请阅读背面快递服务协议！您的签名意味着您理解并接受协议内容。
YOUR SIGNATURE INDICATES YOU HAVE READ, FULLY UNDERSTAND AND ACCEPT THE "DOMESTIC EXPRESS SERVICE AGREEMENT" ON THE BACK OF THIS FORM.
请正楷用力填写！
PRESS HARD

服务电话：　　　查询电话：　　　网址：
HOTLINE　　　INQUIRY LINE　　　WEBSITE

2. 部分快递企业运单样例（图 9-3）

运单样例一

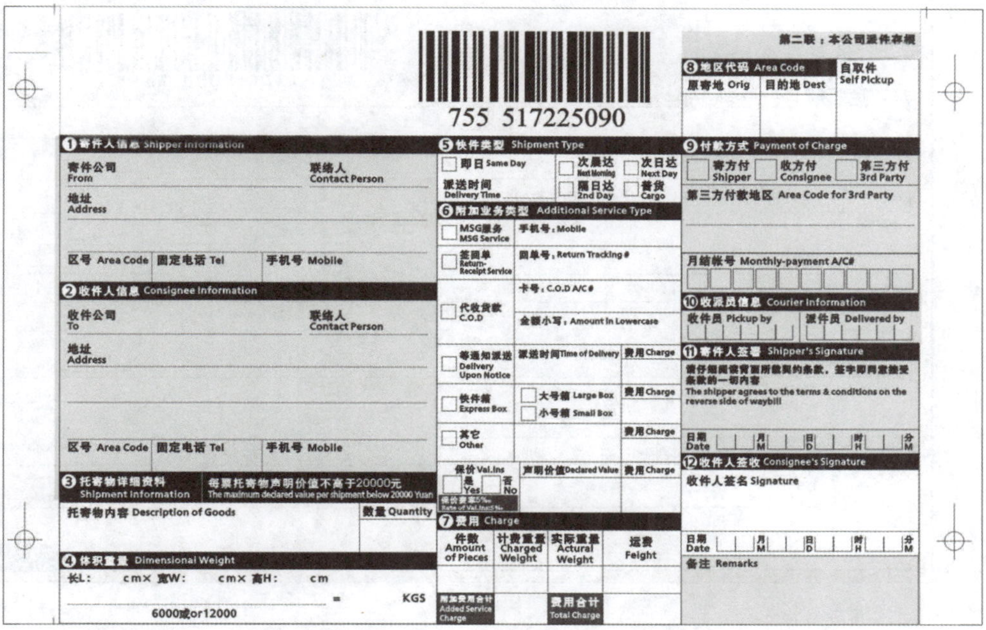

运单样例二

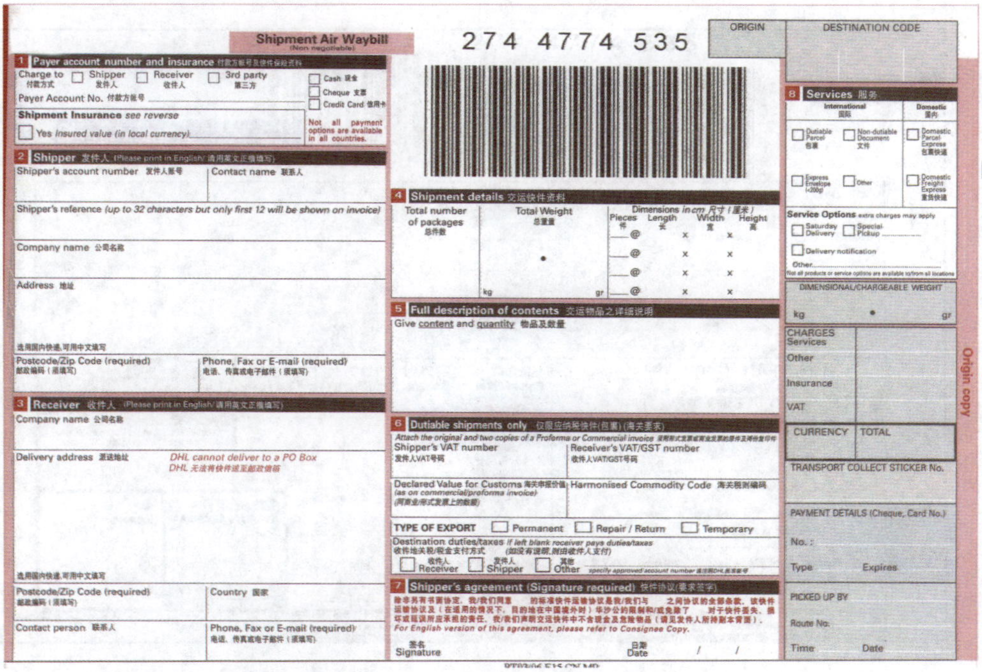

图　9-3

图 9-3

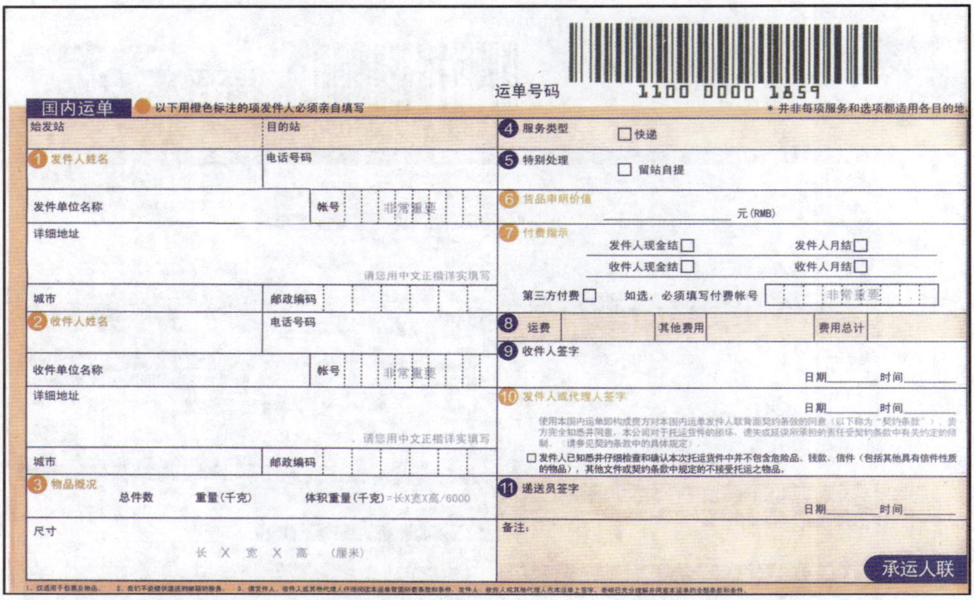

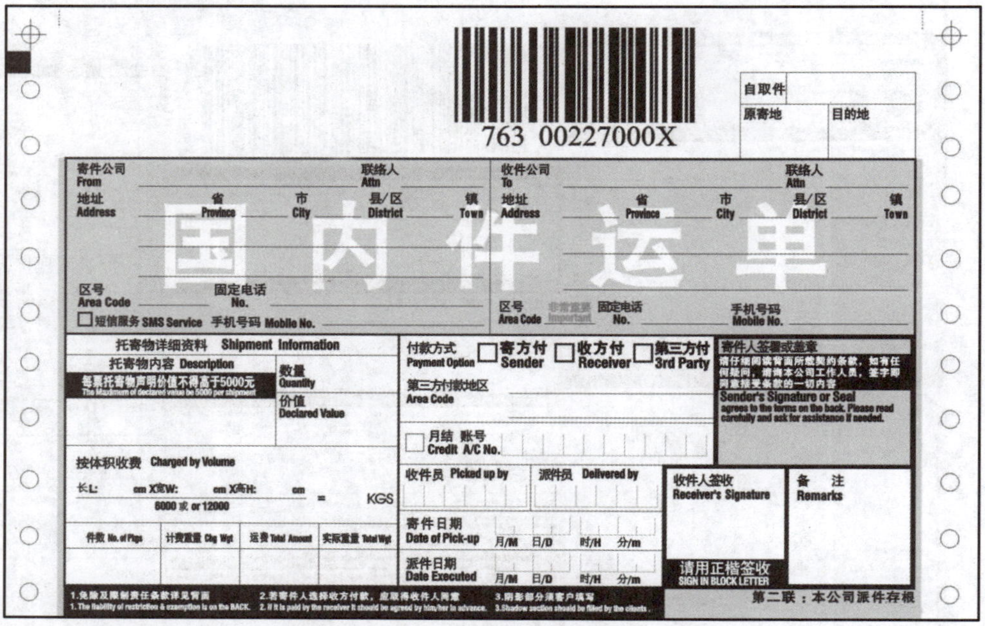

运单样例五

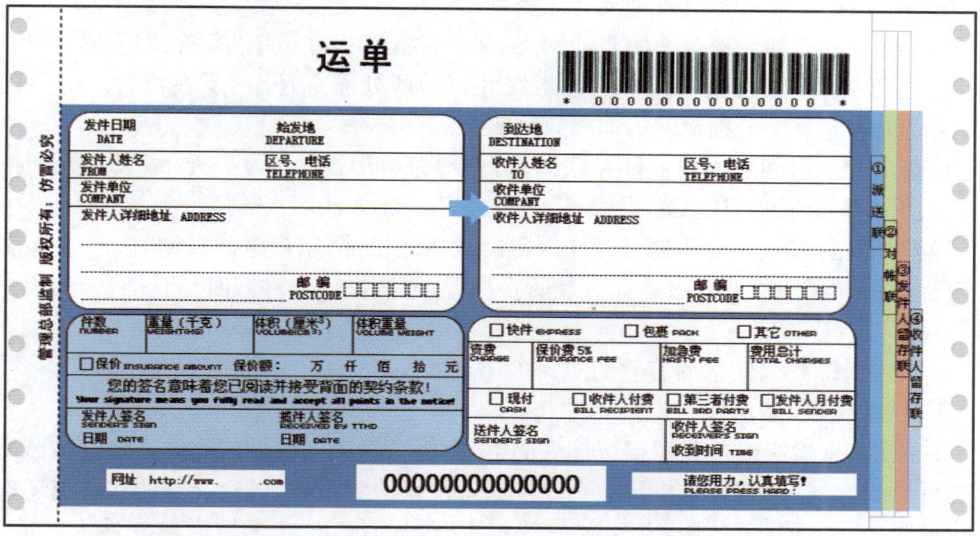
运单
* 000000000000000 *
管理总部监制 版权所有，仿冒必究
发件日期 DATE
始发地 DEPARTURE
发件人姓名 FROM
区号、电话 TELEPHONE
发件单位 COMPANY
发件人详细地址 ADDRESS
邮编 POSTCODE
到达地 DESTINATION
收件人姓名 TO
区号、电话 TELEPHONE
收件单位 COMPANY
收件人详细地址 ADDRESS
邮编 POSTCODE
件数 NUMBER
重量（千克） WEIGHT(KG)
体积（厘米³） VOLUME(CM³)
体积重量 VOLUME WEIGHT
□保价 INSURANCE AMOUNT 保价额： 万 仟 佰 拾 元
您的签名意味着您已阅读并接受背面的契约条款！
Your signature means you fully read and accept all points in the notice!
发件人签名 SENDER'S SIGN
揽件人签名 RECEIVED BY
日期 DATE
日期 DATE
□快件 EXPRESS □包裹 PACK □其它 OTHER
资费 CHARGE
保价费5% INSURANCE FEE
加急费 HASTY FEE
费用总计 TOTAL CHARGES
□现付 CASH □收件人付费 BILL RECIPIENT □第三者付费 BILL 3RD PARTY □发件人月付费 BILL SENDER
送件人签名 SENDER'S SIGN
收件人签名 RECEIVER'S SIGN
收到时间 TIME
网址 http://www. .com
000000000000000
请您用力，认真填写！ PLEASE PRESS HARD！
①派送联 ②对帐联 ③发件人留存联 ④收件人留存联

运单样例六

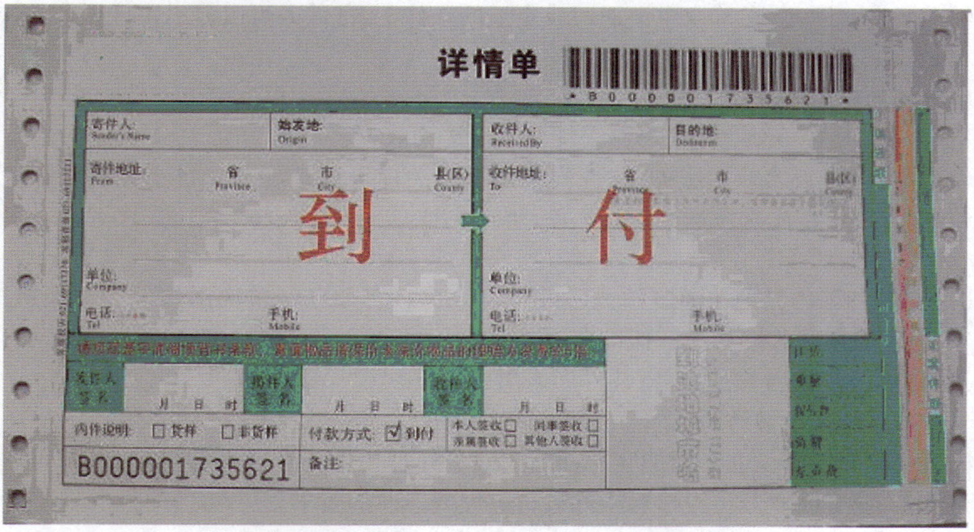
详情单
* B000001735621 *
寄件人: Sender's Name
始发地: Origin
寄件地址: From 省 Province 市 City 县(区) County
单位: Company
电话: Tel 手机: Mobile
收件人: Received By
目的地: Destination
收件地址: To 省 Province 市 City 县(区) County
单位: Company
电话: Tel 手机: Mobile
到 付
发件人签名 月 日 时
揽件人签名 月 日 时
收件人签名 月 日 时
内件说明 □货样 □非货样
付款方式 ☑到付
本人签收□ 同事签收□ 亲属签收□ 其他人签收□
B000001735621
备注:

图 9-3 快递企业运单样例

六、快件查询、更址、撤回和索赔

（一）快件查询

快件查询，是快递企业向寄件人反馈快件传递状态的一种服务方式，客户可通过运单号码查询跟踪相应快件的传递状态。根据《快递服务》邮政行业标准规定：快递服务组织应向客户提供电话或互联网等查询渠道。

（1）查询渠道。主要有网站查询、电话查询、网点查询三种方式。

网站查询：客户根据快递运单上的网址，登录快递企业的查询网站，凭快递运单号码即可查询快件信息。

电话查询：客户根据快递运单上的服务电话，致电快递企业的客户服务部门，凭快递运单号码,根据电话提示进行系统查询或人工查询。

网点查询:客户到快递企业的营业网点,凭寄件人存根联运单办理查询手续。

(2)查询内容。快件查询内容应包括快件当前所处服务环节、所在位置。对于国内异地快件,快递企业应提供全程跟踪的即时查询服务。

(3)查询受理时间。国内快件互联网查询受理时间应为一周 7 天,每天 24 小时;国内快件电话人工查询受理时间应为一周 7 天,每天应不少于 8 小时。

(4)查询答复时限。对于通过互联网不能查找的快件,用户电话查询时,快递企业应在 30 分钟内告知用户快件所处的服务环节及所在位置;不能提供快件即时信息的,告知用户彻底延误时限及索赔程序。

(5)国内快件查询信息的有效期应为 1 年。

(二)快件更址、撤回

快件更址,是指快递企业根据寄件人的申请,将已经交寄快件的收件人地址按照寄件人的要求进行更改。快件撤回,是指快递企业根据寄件人的申请,将已经交寄的快件退还寄件人的一种特殊服务。参照《邮政法》关于邮件转移所有权的规定,在未派送给收件人之前,快件应归寄件人所有。因此,在符合申请退回或更址的条件下,寄件人可以提出快件更址或快件撤回的要求。

1. 快件更址的条件

(1)同城和国内异地快递服务:快件尚未派送到收方客户处。

(2)国际及港澳台快递服务:快件尚未出口验关前可更址。有些自主经营国际快递服务的快递企业,在快件尚未派送到收件人前,也可更址。

2. 快件撤回的条件

(1)同城和国内异地快递服务:快件尚未首次派送;如已经首次派送但尚未派送成功,则可撤回,快件撤回须收取相应的撤回费用。

(2)国际及港澳台快递服务:快件尚未出口验关。

3. 快件更址或撤回的渠道

快递企业一般都设立专门的客户部门或人员处理快件更址或撤回事项,客户可联系这些部门和人员,或者向业务员提出对快件进行更址或撤回的要求。

(三)赔偿

1. 索赔的渠道

快件发生延误、丢失、损毁、内件不符等情况,致使快件失去其全部或部分价值时,客户都有权利向快递企业索赔。客户向快递企业索赔的渠道包括拨打快递企业的投诉电话或客户服务电话,在快递企业的网页上进行索赔申请等。

2. 赔偿的原则

快递企业与用户之间有约定的应从约定,没有约定的可按以下原则执行。

(1)快件延误

延误的赔偿应为免除本次服务费用(不含保价等附加费用)。由于延误导致内件直接价值丧失,应按照快件丢失或损毁进行赔偿。

(2)快件丢失

快件发生丢失时,应免除本次服务费用(不含保价等附加费用),此外,还应:

①对于购买保价的快件,快递企业应按照被保价金额进行赔偿;

②对于没有购买保价的快件,按照《邮政法》、《合同法》等相关法律规定赔偿;

③造成用户其他损失的,按照相关民事法律法规赔偿。

(3)快件损毁

快件损毁赔偿应主要包括:

①完全损毁,指快件价值完全丧失,参照快件丢失赔偿的规定执行;

②部分损毁,指快件价值部分丢失,依据快件丧失价值占总价值的比例,按照快件丢失赔偿额度的相同比例进行赔偿。

(4)内件不符

内件不符赔偿应主要包括:

①内件品名与寄件人填写品名不符,按照完全损毁赔偿;

②内件品名相同,数量和重量不符,按照部分损毁赔偿。

3.免责条件

所寄物品本身的自然性质或者合理损耗造成快件损失的,由于不可抗力的原因造成损失的(保价快件除外),寄件人、收件人的过错造成损失的,快递企业可不负责赔偿责任。

4.赔付对象

快件赔付的对象应为寄件人或寄件人指定的受益人。

案例分析

王女士购置了一部摩托罗拉手机和一部三星数码摄像机,总共价值8900元。之后,她委托某快递公司将上述物品快递给李先生。王女士在快递运单上,填写了发件人及收件人的详细情况,但未在发件人签名一栏中署名,也未对快递物品保价。不久,王女士得知李先生未收到快递物品,即与快递公司核实,被告知那些物品已在快递过程中丢失。王女士起诉至法院,要求快递公司赔偿损失9200元,退还运费25元。

在庭审中,快递公司认为,在快递运单上明确注明,寄件人可以选择是否对其交寄的物品进行保价,对于保价的,按保价的实际金额赔偿损失;没有保价的,按最高限额200元的标准赔偿。因此,王女士应自行承担其未选择保价而造成的损失。

王女士认为,被告快递服务公司与自己约定的保价及赔偿条款,是格式条款,该格式条款违反了合同法的有关规定,免除了被告的责任,排除了王女士要求被告承担赔偿责任的权利,因此,该格式条款应认定无效。

解析:本案涉及的是快递企业是否以合理方式对"快递运单"履行告知义务。快递服务公司赋予王女士选择权,约定了保价格式条款,王女士有权选择对其快递的物品是否进行保价;若不选择保价,视为其自愿承担快递物品在寄递过程中存在的毁损、灭失风险,因此该条款不存在有违公平的原则。并且,寄件人和快递企业约定,以交纳一定比例保价费的方式,作为确定快递物品在寄递过程中丢失赔偿数额的依据,这是符合法律规定和行业惯例的通行做法,所以该格式条款应属合法有效。但合同法还规定:提供格式条款的一方应当遵循公平原则,确定当事人之间的权利和义务,并采取合理的方式,提醒对方注意免除或者限制其责任的条款。

本案中,快递公司在合同订立的过程中,未提醒王女士注意快递运单的全部内容,也未提醒王女士应以签字的方式予以确认,快递公司的行为存在过错,应当承担相应的赔偿责任。同时,王女士明知寄递物品价格较高而没有选择交纳保价费,来避免自行承担物品在承运过程中丢失的风险,其自身也存在过错,应承担一定的物品损失责任。最终,法院判决快递企业承担王女士的损失 4600 元,诉讼费用由王女士负担。

第三节　快件收验

一、快件的重量与规格

（一）快件重量限度

重量限度是指对单件快件所规定的最高重量限制。目前,在快件收取、处理、派送过程中,搬运装卸工作大部分都由人工完成,自动化水平较低。为体现快递"快"的特性,同时出于保护劳动者健康安全的考虑,快件在重量上就不宜超出单人搬运能力的范围。《快递服务》邮政行业标准对快件重量的规定为:国内单件快件重量不宜超过 50kg,见图 9-4。

图 9-4

体力搬运重量限值

人体搬运重量最大限值如下所列。

性别	搬运类别	单位	搬运方式		
			搬	扛	推或拉
男	单次重量	kg	15	50	300
	全日重量	t	18	20	30
	全日搬运重量和相应步行距离乘积	t·m	90	300	3000
女	单次重量	kg	10	20	200
	全日重量	t	8	10	16
	全日搬运重量和相应步行距离乘积	t·m	40	150	1600

注:全日搬运重量是工作日内单次搬运重量的总和。

本表内容引自《体力搬运重量限值》(GB 12330—90)。

（二）快件规格限度

在验视快件时,除要考虑重量的限制(计算得出的体积重量也不宜超过 50kg)以外,还需要考虑快件运输所使用的运输工具的限制。不同运输工具对快件的规格要求不一样。由于快递运输跨区域较大,一票快件可经过公路、铁路、航空等多种运输方式,因此需要进行综合分析考虑,业务员一般应按照最严格的规格限制条件来考虑是否收取该票快件。根据《快递服务》邮政行业标准的规定:快件的单件包装规格任何一边的长度不宜超过 150cm,长、宽、高三边长度之和不宜超过 300cm（图 9-5）。这里介绍一些运输中常见的做法：

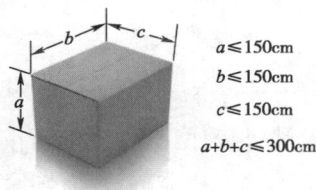

图 9-5

$a \leqslant 150cm$
$b \leqslant 150cm$
$c \leqslant 150cm$
$a+b+c \leqslant 300cm$

1. 航空快件规格

对于航空快件，业务员应该根据各航空公司的要求，航班机型及始发站、中转站和目的站机场的设备条件、装卸能力来确定可收运快件的最大尺寸和重量。

（1）最大规格。非宽体飞机载运的快件，每件快件重量一般不超过 80kg，体积一般不超过 40cm×60cm×100cm。宽体飞机载运的快件，每件快件重量一般不超过 250kg，体积一般不超过 100cm×100cm×140cm。快件重量或体积如果超过以上标准，快递企业也可依据具体机型及出发地和目的地机场的装卸设备条件，确定该快件是否可收运。

（2）最小规格。每件快件的长、宽、高之和不得小于 40cm。若低于以上标准，快递企业需要对快件进行加大包装处理。

2. 铁路规格

（1）铁路快件运输所承运的快件，单件快件体积以适于装入旅客列车行李车为限，但根据《铁路货物运输规程》规定：按零担托运的货物，一件体积最小不得小于 $0.02m^3$（一件重量在 10kg 以上的除外）。

（2）铁路货车车厢的规格为长 15.5m、宽 2.8m、高 2.8m，快件的体积不得超出车厢的规格，确定铁路运输快件最大尺寸，同时还须考虑扣除车门尺寸。

3. 公路规格

快件公路运输通常都是使用货车，各个运输环节根据货量大小选择不同吨位的货位，确定快件尺寸规格时须考虑与货车尺寸相匹配。

二、验视快件并核查禁限寄物品

业务员在收取客户的寄递物品时，必须查验寄递物品内件，并核实寄递物品内容与运单填写内容是否一致。

1. 寄递物品验视

确保客户交寄的物品符合国家法律法规规定的寄递要求，且确认客户在运单上申报的物品数量和物品名称准确。

（1）寄递物品性质，检查寄递物品是否属于禁限寄品。如发现禁限寄疑似品应请客户提供物品性质的相关证明，客户无法提供相关证明或者相关证明无法证实物品性质为非禁限寄物品，则可委婉地谢拒客户，表示此件不能收取。

（2）检查寄递物品的实际数量，确保实际数量与运单上注明的数量保持一致。如运单上没有写快件的数量，则与客户当面确认快件的数量。

（3）识别寄递物品的名称，运单上的寄递物品名称与实际寄递物品名称保持一致。

2. 寄递物品内包装验视

（1）寄递物品是否有内包装，如有内包装，检查内包装是否完好；

（2）内包装是否适合运输，如果不适合运输，需对快件进行外包装，保证快件在运输途中的安全，以及不被污损。

三、禁限寄规定

为了保护国家政治、经济、社会及文化的发展,保证快件传输过程中的人身安全、快件安全及快件操作设备安全,防止不法分子利用快递网络渠道从事危害国家安全、社会公共利益或者他人合法权益的活动,国家对禁限寄物品做了规定。禁寄物品是国家法律、法规明确禁止寄递的物品;限寄物品是指把个人寄递的物品限定在一定数量范围内,有价值和数量上的限制。但会根据情况变化对限寄物品做出调整和修改。快递业务员在收寄快件时应严格把关,拒绝接收各类禁寄物并按规定接收限寄物品。

(一)禁止寄递的物品

按照国家法律、法规的规定,禁止寄递物品种类及明细如表9-6所列。

禁止寄递物品种类及明细 表9-6

1. 各类武器、弹药	如枪支、子弹、炮弹、手榴弹、地雷、炸弹等,见图9-6
2. 各类易爆炸性物品	如雷管、炸药、火药、鞭炮、烟花、起爆引信、催泪弹、发令纸等,见图9-7、图9-8
3. 各类易燃烧性物品,包括液体、气体和固体	如汽油、煤油、桐油、酒精、生漆、柴油、机油、樟脑油、松节油、发动机启动液、气雾剂、气体打火机、瓦斯气瓶、干冰、充气球体、救生器、蓄气筒、压缩气体、磷、硫黄、火柴、活性炭、钛粉、镁粉、固体胶、橡胶碎屑等,见图9-9~图9-13
4. 各类易腐蚀性物品	如蓄电池、碱性电池液、火硫酸、盐酸、硝酸、有机溶剂、农药、双氧水、危险化学品等,见图9-14、图9-15
5. 各类放射性元素及容器	如铀、钴、镭、钚等
6. 各类烈性毒药	如铊、氰化物、砒霜等,见图9-16
7. 各类麻醉药物	如鸦片(包括罂粟壳、花、苞、叶)、吗啡、可卡因、海洛因、大麻、冰毒、麻黄素及其他制品等
8. 各类生化制品和传染性物品	如炭疽、危险性病菌、医药用废弃物等
9. 各种危害国家安全和社会政治稳定以及淫秽的物品	影响国家安全的物品,如藏独(包括雪山狮子旗等)、法轮功、台独标识等;淫秽出版物、宣传品、手稿、印刷品、胶卷、照片、唱片、影片、录音带、录像带、激光视盘、计算机存储介质及其他物品
10. 各种妨害公共卫生的物品	如尸骨、动物器官、肢体、未经硝制的兽皮、未经药制的兽骨等
11. 国家法律、法规、行政规章明令禁止流通、寄递或进出境的物品	如国家秘密文件和资料、国家货币及伪造的货币和有价证券、仿真武器、管制刀具、珍贵文物、濒危野生动物及其制品等,见图9-17
12. 包装不妥,可能危害人身安全、污染或者损毁其他寄递件、设备的物品等	
13. 各寄达国(地区)禁止寄递进口的物品等	
14. 其他禁止寄递的物品,见图9-18	

图 9-6

图 9-7

图 9-8

图 9-9

图 9-10

图 9-11

图 9-12

图 9-13

图 9-14

图 9-15

图 9-16

图 9-17

（二）限制寄递物品

国家为适应控制某些物品流通和保护某些物品特许经营权的需要，对一些物品的寄递限定在一定范围内，这就是限寄。限寄规定是本着既照顾和方便客户的合法需要和正常往来，又限制投机倒把和走私违法行为而制定的。限定的范围包括价值上的限制和数量上的限制，也就是通常所说的限值和限量。限值和限量的规定会根据海关或国家临时情况变化而有所变更，具体内容以海关当时公布的限值和限量要求为准。

图 9-18

1. 我国限制寄递出境的物品

（1）金银等贵重金属及制品。

（2）国家货币、外币及有价证券。

（3）无线电收发信机、通信保密机。

（4）贵重中药材及其制成药（麝香不准寄递出境）。

（5）一般文物（指 1795 年后的，可以在文物商店出售的文物）。

（6）海关限制出境的其他物品。

2. 我国海关对限制寄递物品的限量和限值规定

（1）限量。根据限量有关规定，在国内范围互相寄递的物品，如卷烟、雪茄烟每件以两条（400 支）为限，两种合寄时也限制在 400 支以内，见图 9-19。寄递烟丝、烟叶每次均各以 5kg 为限，见图 9-20，两种合寄时不得超过 10kg。每人每次限寄一件，不准一次多件或多次交寄。

（2）限值。对于寄往港澳台地区及国外的物品，除需遵守限量规定外，还应遵守海关限值的有关规定。

图 9-19

海关总署公告 2010 年第 43 号规定，个人寄自或寄往港、澳、台地区的物品，每次限值为 800 元人民币；中药材、中成药每次限值 100 元人民币。中成药是指注册商标上批准文号中标有"卫药准字"的中成药，商标上标有"卫药健字"的保健中成药按照海关自用合理数量和限值的规定办理，见图 9-21。

个人寄自或寄往其他国家和地区的物品，每次限值为 1000 元人民币；中药材、中成药每次限值 200 元人民币，见图 9-22。

图 9-20

图 9-21

图 9-22

（3）外国人、华侨和港澳台同胞寄递的出境物品，如果是外汇购买的，只要不超过合理数量，原则上不受出口限制。

（4）如果寄达国（或地区）对某些寄递物品有限量、限值的规定，应按照寄达国（或地区）的规定办理。

（三）国际航空组织禁寄物品常用标识（表9-7）

国际航空运输协会（IATA）危险货物等级　　　　　　　　表9-7

1	爆炸物	1.1 溅射类块状爆炸品（硝化甘油、炸药）	符号（爆炸的炸弹）:黑色;底色:橙黄色;数字"1"写在底角
		1.2 剧烈冲击、喷射爆炸品	符号（爆炸的炸弹）:黑色;底色:橙黄色;数字"1"写在底角
		1.3 次要喷射爆炸品（火箭推进剂、礼花类烟火）	符号（爆炸的炸弹）:黑色;底色:橙黄色;数字"1"写在底角
		1.4 主要引火爆炸品（军火、大众烟火）	底色:橙黄色;数字:黑色;数字高大约为30mm,字体笔画的宽度约5mm（对于100mm×100mm的标志）;数字"1"写在底角

续上表

1	爆炸物	1.5 爆炸药剂及制成品	底色:橙黄色;数字:黑色;数字高大约为 30mm,字体笔画的宽度约 5mm(对于 100mm×100mm 的标志);数字"1"写在底角
		1.6 钝感爆炸品	底色:橙黄色;数字:黑色;数字高大约为 30mm,字体笔画的宽度约 5mm(对于 100mm×100mm 的标志);数字"1"写在底角
2	气体	2.1 接触性可燃气体(乙炔、氢气)	符号(火焰):黑色或白色;底色:红色;数字"2"写在底角
		2.2 无毒非可燃气体(−100℃以下气体或液化气体,如:氮、氖)	符号(气瓶):黑色或白色;底色:绿色;数字"2"写在底角

续上表

2	气体	2.3 致死致伤有毒气体(氟、氯、氰化物)		符号(骷髅和交叉的骨头棒):黑色;底色:白色;数字"2"写在底角
		2.4 氧化性气体		
		2.5 有吸入危险的气体		
3	可燃液体	3.1 易燃		符号(火焰):黑色或白色;底色:红色;数字"3"写在底角

续上表

3	可燃液体	3.2 可燃液体	符号(火焰):黑色或白色;底色:红色;数字"3"写在底角
		3.3 燃油	符号(火焰):黑色或白色;底色:红色;数字"3"写在底角
		3.4 汽油	符号(火焰):黑色或白色;底色:红色;数字"3"写在底角
4	可燃固体,易自燃品,遇水易燃品	4.1 可燃固体(硝化纤维、镁)	符号(火焰):黑色;底色:白色加上七条竖直红色条带;数字"4"写在底角

4	可燃固体,易自燃品,遇水易燃品	4.2 易自燃品(白磷、烃基铝)		符号(火焰):黑色;底色:上半部为白色,下半部为红色;数字"4"写在底角
		4.3 遇水易燃品(钠、钙、钾)		符号(火焰):黑色或白色;底色:蓝色;数字"4"写在底角
5	氧化性物质,过氧化物	5.1 氧化性物质(次氯酸钙、硝酸铵、高锰酸钾、过氧化氢)		符号(圆圈上带有火焰):黑色;底色:黄色;数字"5.1"写在底角
		5.2 有机过氧化物(过氧化羟基异丙苯、过氧化苯甲酰)		符号(圆圈上带有火焰):黑色;底色:黄色;数字"5.2"写在底角

7			

6	有毒品，易感染(生物化学)品	6.1 致死致残类有毒品 A（氰化钾、氯化汞）；伤害类有毒品 B（杀虫剂、二氯甲烷）		符号(骷髅和交叉的骨头棒)：黑色；底色：白色；数字"6"写在底角
		6.2 易感染品和生物化学品 A（已知和不明疾病致死生物遗体）；易感染品和生物化学品 B（病理学标本、医用废弃物）		标志的下半部可以标上"INFECTIOUS SUBSTANCE"（感染性物质）以及"IN CASE OF DAMAGE OF LEAKAGE IMMEDIATELY NOTIFY PUBLIC HEALTH AUTHORITY"（"如发生损伤或泄漏立即通知公共卫生机关"）的字样符号（三个新月形符号沿一个圆圈重叠在一起）和文字：黑色；底色：白色；数字"6"写在底角
7	核放射品及电离辐射品	7.1 一类放射品		符号(三叶型)：黑色；底色：白色；文字(强制性要求)：在标志的下半部分用黑体标出：RADIOACTIVE（放射性）、CONTENTS...（内容物名称）、ACTIVITY...（强度为...）；紧跟"放射性"字样的后面标上一条垂直的红色短杠；数字"7"写在底角
		7.2 二类放射品		符号(三叶型)：黑色；底色：上半部黄色加白边，下半部白色。文字(强制性要求)：在标志的下半部用黑体标出：RADIOACTIVE（放射性）、CONTENTS...（内容物名称）、ACTIVITY...（强度为...），在一个黑框里标出：TRANSPORT INDEX...（运输指数）；紧跟"放射性"字样的后面标上两条垂直的红色短杠，数字"7"写在底角

续上表

7	核放射品及电离辐射品	7.3 三类放射品		符号(三叶型):黑色;底色:上半部黄色加白边,下半部白色。文字(强制性要求):在标志的下半部分用黑体标出:RADIOACTIVE(放射性)、CONTENTS...(内容物名称)、ACTIVITY...(强度为...)、在一个黑框里标出:TRANSPORT INDEX...(运输指数);紧跟"放射性"字样的后面标上三条垂直的红色短杠,数字"7"写在底角
		7.4 裂变性物质		底色:白色;文字(强制性要求):在标志的上半部用黑体标出:FISSILE(裂变性)字样,在一个黑框内标出:Criticality Safety index...(临界安全指数),数字"7"写在底角
8	腐蚀品	酸性腐蚀品(硫酸、盐酸) 碱金属腐蚀品(氢氧化钾、氢氧化钠)		符号(液体,从两个玻璃容器流出来侵蚀到手和金属上):黑色底色,上半部白色,下半部黑色带白边;数字"8"写在底角
9	混杂危险物品	混杂危险物品(干冰、安全气带、石棉、磁性物体)	 	符号(在上半部有7条竖直条带):黑色;底色:白色;数字"9"写在底角

操作标签	深冷液化设备专用	低温液体		
	少量危险品特别许可证	运输少量危险品，客机禁止		
	货机专用	少量危险品		

注：＊＊　属于危险类别的位置，如果属于副危险性则留空；

　　＊　属于配装组的位置，如果属于副危险性则留空。

四、快件包装

包装是否符合要求，对保证快件安全、准确、迅速地传递，起着极为重要的作用。尤其是流质和易碎物品，如果包装不妥，不但快件自身容易遭受损坏，而且还会污损其他快件，危及工作人员的安全。判断包装是否牢固，主要看经过包装后的快件是否能够经受长途运输和正常碰撞、摩擦、振荡和压力以及气候变化而不致损坏。因此，一定要按照物品性质、大小、轻重、寄递路程以及运输情况等，选用适当的包装材料对快件进行妥善包装。

1. 包装的作用

（1）保护功能。这是包装最基本的功能。包装不仅要防止快件物理性能的损坏，如需要防冲击、防振动、耐压等，也要防止快件发生各种化学变化及其他方式的损坏。因此，包装也被人称为"无声的卫士"。

（2）推广功能。包装的形象不仅体现出快递企业的性质与经营特点，而且体现出快递产品的内在品质,能够迎合不同消费者的审美情趣。环保包装材料的选用更是可以向客户传达快递企业的社会责任意识。

2. 包装原则

(1)适合运输原则。快件包装应坚固、完好,能够防止在运输过程中发生包装破裂、内物漏出、散失;能够防止因摆放、摩擦、振荡或因气压、气温变化而引起快件的损坏或变质;能够防止伤害操作人员或污染运输设备、地面设备及其他物品。

(2)便于装卸原则。包装材料除应适合快件的性质、状态和重量外,还要整洁、干燥、没有异味和油渍;包装外表面不能有突出的钉、钩、刺等,要便于搬运、装卸和摆放。

(3)适度包装原则。根据快件尺寸、重量和运输特性选择合适大小的外包装及填充物,不足包装和过度包装都不可取。不足包装容易造成快件损坏,过度包装造成包装材料浪费。

3. 主要包装材料(表9-8)

主要包装材料及其使用　　　　　　　　　　　　　　　表9-8

包装材料名称	包 装 使 用 说 明	实 物 图 片
包装袋	适用于小件快件的外包装。各快递企业可根据产品类型和种类的要求,制作不同材料、不同规格的包装袋。包装袋的封口为一次性黏胶,密封后防水、安全,适用于样品及不易破碎、抗压类的物品	
编织袋	适用于建总包,也用于对不易损坏物品的包装	
纸箱	适用于规则快件的包装。纸箱制作选用的纸板通常包括挂面纸、博汇纸、三联纸、牛皮卡纸等,从纸板的横截面上看,又分为3层瓦楞和5层瓦楞纸板。不同材质和规格的纸箱具有不同的承重和承压能力。在使用纸箱包装快件时,需要根据快件的重量和尺寸,选择合适的纸箱,以确保快件的安全	
文件封/牛皮纸袋	文件封是使用硬纸板制作的,各快递公司的文件封尺寸不完全一致。有的文件封表面自带运单袋,有的不带运单袋,视快递企业的要求制作。在文件封表面刷一层防水光油,可明显阻碍细小雨滴的渗透。 　　牛皮纸袋的外层为牛皮纸,里层为内衬气泡,具有坚韧(不容易撕烂)和防振的功能,能够更好地保护袋内的物品。 　　两种包装材料,都带有一次性自贴封口,简单易用,适用于在运输、中转操作等过程中易发生折皱、划花的重要单据和文件类快件,或具有复写功能的文件类快件	

包装材料名称	包 装 使 用 说 明	实 物 图 片
封箱胶纸	封箱胶纸是最普遍的包装材料之一。主要用于对寄递物品的封固包装操作。在封箱胶纸上印刷企业的标志或广告,可起到宣传作用。有的快递企业在封箱胶纸上印刷特殊的标志,作为责任界定的依据	
防雨膜	防雨膜用于防止水渗透包装而浸湿快件。雨雪雾天气时在特别容易湿损的快件外包装上包裹一层防雨膜,可有效保护快件不被打湿损坏,并起到保护快件整洁的作用	
缓冲材料	缓冲材料也叫填充材料,包括气泡膜、珍珠棉、泡沫缓冲材料、缓冲纸条、海绵以及废旧报纸和碎布片等,能够有效地缓冲或者减轻快件在运输过程中与箱体发生碰撞而引起的损坏,还将有效缓解外界其他快件对该快件的挤压,适用于易碎以及表面易划伤的快件 气泡膜 衬垫物 	
打包带	对使用体积较大纸箱、编织袋、木箱包装的快件,封口后再用打包带捆扎快件有利于进行二次加固,保护快件	
木箱	木箱主要用于大型贵重物品、精密仪器、易碎物品、不抗压物品的包装。木箱厚度及打板结构要适合快件安全运输的需要	
木格	木格子包装的物品与木箱的包装种类相似。对于不能密封的物品,可使用木格子包装。木格厚度及结构要适合快件安全运输的需要,间隔空隙要匀称适度,以不漏出快件为准	

4. 包装材料的选择

（1）纸质类的寄递物品。厚度不超过 1cm 的纸质物品，使用文件封进行包装；厚度超过 1cm 且不易破碎、抗压类的书刊、样品等寄递物品，可选择包装袋包装。

（2）质脆易碎物品，如玻璃、光碟、灯饰、陶瓷等。此类快件必须在包装内部的六个面加垫防振材料，且每一件物品单独使用泡沫或其他缓冲材料进行包装，采取多层次包装方法，即快件—衬垫材料—内包装—缓冲材料—运输包装（外包装），见图 9-23。

（3）体积微小的五金配件、纽扣及其他易散落、易丢失的物品。此类快件用塑料袋作为内包装将寄递物品聚集，并严密封口，注意内包装留有适当的空隙。数量较少可使用包装袋作为外包装；数量较大可使用质地坚固、大小适中的纸箱或木箱作为外包装，并用填充材料填充箱内的空隙，使得快件在箱内相对固定，避免填充过满而导致内包装破裂引起快件散落丢失，见图 9-24。

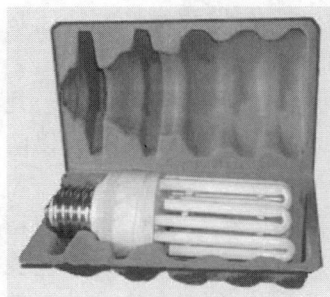  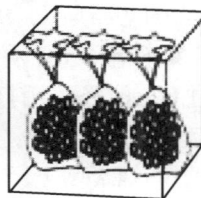

图 9-23　　　　　　　　　　　　　　　　　图 9-24

（4）重量较大的物品，如机器零件、模具、钢（铁）块等。此类快件先使用材质较软的包装材料（如气泡垫等）包裹（图 9-25），然后采用材质较好、耐磨性能好的塑料袋包装或以材质较好的纸箱包装后并用打包带加固，还可使用木箱进行包装。若快件属易碎品，还须在外包装上加贴易碎标识以作警示。

（5）不规则（异形）、超大、超长的物品。此类快件以气泡垫等材质较软的材料进行全部或局部（如两端等易损部位）包装。细长快件还应尽可能捆绑加固，减少中转或运输过程中折损的可能性。但若单件重量已达 5kg，则无须将多件捆绑，以利于中转及搬运。若快件为易折损品，应在快件指定位置粘贴易碎标识。

（6）较大的圆柱形或原材料物品，如布匹、皮料、鞋材、泡沫等。此类快件可以先使用透明的塑料薄膜进行包裹，然后再使用胶纸对其进行缠绕包装。严禁使用各种有色的垃圾袋进行包装。

图 9-25

（7）特产类物品，如水果、月饼等。此类快件必须进行保护性包装，具体包装方法可因物而异，以既能防止破损变质，又不污染其他快件为原则，如水果采用条筐、竹笼或者竹篓包装。

（8）液态物品的包装（仅限全程陆路运输的非危险性物品）。容器内部必须留有 5% ~ 10% 的空隙，封盖必须严密，不得溢漏。若是用玻璃容器盛装的液体，则每一容器的容量不宜超过 500mL。若容器本身的强度较小，则必须采用纸箱或木箱对快件进行加固包装，且箱内应使用缓冲材料填实,防止晃动或倒置搬运液体渗出污染其他快件,并在外包装上粘贴易碎标识。

（9）轴承内钢珠等会渗油的固体物品。此类快件必须满足液体类物品的包装要求,应使用衬垫和吸附材料填实,防止在运输过程因渗漏而污染快件本身运单及其他快件。

（10）粉状物品（难以辨认成分的白色粉状物品及进出口件除外）。若快件的原包装是塑料袋包装的,还应使用塑料涂膜编织袋作外包装,保证粉末不致漏出,单件快件毛重不宜超过50kg。

若快件的原包装是用硬纸桶、木桶、胶合板桶盛装的,要求桶身不破、接缝严密、桶盖密封、桶箍坚固结实,桶身两端应有钢带打包带。

若快件的原包装是用玻璃器皿包装的,每瓶内装物的重量不宜超过1kg。如容器本身的强度不够,则须用铁制或木制材料作外包装,且箱内应用缓冲材料填实。单件快件毛重以不超过25kg为宜。

（11）纺织类物品。此类快件可采用布袋、麻袋、纸箱包装。布袋的材料应选用坚固结实的棉布;麻袋的坯布应无破洞,具有一定强度,封口处应用封口机一次性封口。

若使用纸箱包装,必须对箱角及边缘用胶纸加固,确保不会在运输过程中破裂,凡纸箱任何一边超过60cm,还需用打包带加固。若纸箱质量较差,还可在其外面套编织袋,以防止在搬运、装卸过程中造成部分遗失或损坏。

（12）精密仪器及电子产品类物品。此类快件应采用纸箱或全木箱包装,快件与箱壁应预留约2cm的空隙,用缓冲材料填充。若使用纸箱包装,在检查完寄递物品后,如外包装有旧的快递运输或包装标识,须将其清除,如无法清除干净的,在体积允许的情况下,应将纸箱装入包装袋;或用包装箱重新进行包装。避免旧的快件标识造成操作失误。

对于可以收寄的自身带电的电子类寄递物品,必须在征得客户同意的情况下将寄递物品自带的电池拆卸并与主体分离后方可收取,对于无法拆卸分离的快件不予收取,并向客户做好解释工作。

5. 胶纸封箱操作方法

胶纸中使用最多的是透明胶纸,用于对所收客户的寄递物品进行封固包装,除文件封和各款包装袋以外,其他类型包装的快件一般都需要用胶纸进行封固包装。对于外形规则类纸箱包装的快件,要求使用胶纸对纸箱上下表面进行"├┤"形包装操作,包装步骤图解详见图9-26。

图 9-26
注:深灰色条表示透明封箱胶纸粘贴。

（1）首先使用透明胶纸沿着纸箱的中缝部位进行封粘,同时胶纸两端应沿纸箱两侧面放宽5~10cm,以便将纸箱的中缝两端开口处覆盖（如图9-26左图）;同时做到压紧胶纸两端,使得胶纸和箱体充分粘合。

（2）再使用透明胶纸分别对纸箱的两侧缝口进行封粘,封粘要求先对纸箱一侧的侧缝开口进行封粘,同样胶纸应延长放宽5~10cm（如图9-26中图）;同时做到压紧胶纸两端和胶纸中间部位,使得胶纸和箱体充分粘合。

(3)在完成纸箱一表面的"Ｈ"形包装后(如图9-26右图),还需对另一表面进行封粘,具体要求同步骤(1)和(2)。

6. 快件包装注意事项

(1)禁止使用一切报刊类物品作为快件的外包装,如报纸、海报、书刊、杂志等;严禁使用各种有色垃圾袋和容易破损、较薄的类似垃圾袋的包装物。

(2)对于价值较高的快件,建议客户使用保险或保价服务,同时建议客户采用包装箱进行包装,包装时应使用缓冲材料。业务员在收件时应与客户当面清点并封箱。

(3)关于捆扎件包装操作,一票多件的进出口快件由于海关限制,严禁寄递物品多件捆扎寄递,必须按照一票多件操作规范进行操作。国内互寄的一票多件快件,单票重量不超1kg且每件快件外包装形状相同、体积最大的快件一侧面积小于运单的,可以多件捆扎寄递,同时必须在连体快件上批注运单号码,并将连体快件捆扎牢固。凡两件或两件以上的快件合装,必须要用打包带加固。例如有三个同规格鞋盒子一起寄递时,可将三个盒子进行捆扎牢固,作为一票快件寄递。

(4)对于重复利用的旧包装材料,均必须清除原有运单及其他特殊的快件标记后方可使用,以避免因旧包装内容而影响快件的流转。

(5)用透明胶带加固时,须用裁纸刀或剪刀等工具裁断透明胶带,不应用牙咬断胶带。

7. 快件包装的检查方法

快件包装完毕后,应对包装进行检查,确保在收取快件的当时把快件包装牢固。检查包装是否牢固的方法有以下几种。

看 各交接环节对于拿到手的快件,应检查外包装是否有明显破损或撕裂,若有明显破损或撕裂,应按规定程序进行检查,不可让其继续流向下一环节。如果经检查只是外包装破损,必须进行重新包装。

听 用手摇晃快件,听是否有声音。如果有异常已破损的声音等,则需打开包装检查,不可放任不管而可能致使尖锐物在包装内窜动划伤快件。

感 用手晃动快件,感觉寄递物品与包装物壁之间有无摩擦和碰撞,如有,则需要打开包装进行充实缓冲。

搬 搬动一下快件,看是否有重心严重偏向一边或一角的现象,如有,则需要打开包装重新定位寄递物品在包装内的位置。

五、国际标准《包装——搬运图示标志》(ISO 780—1997)(表9-9)

包装、搬运图示标志 表9-9

序号	标志名称	标志图形	含义	示例
1	易碎物品		运输包装件内装易碎品,因此搬运时应小心轻放	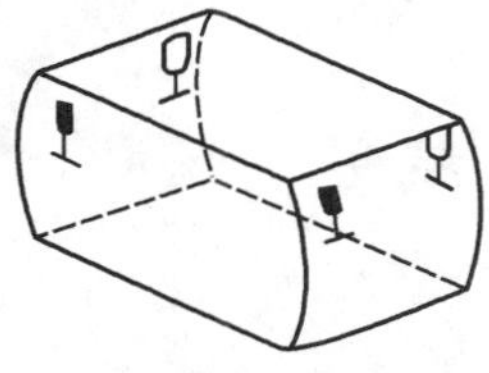

127

序号	标志名称	标志图形	含　义	示　例
2	禁用手钩		搬运运输包装件时禁用手钩	
3	向上		表明运输包装件的正确位置是竖直向上	a)　b) c)
4	怕晒		表明运输包装件不能直接照晒	
5	怕辐射		包装物品一旦受辐射便会完全变质或损坏	
6	怕雨		包装件怕雨淋	

128

续上表

序号	标志名称	标志图形	含　义	示　例
7	重心		标明一个单元货物的重心	本标志标在实际的重心位置上
8	禁止翻滚		不能翻滚运输包装	
9	此面禁用手推车		搬运货物时此面禁放手推车	
10	禁用叉车		表明不能用升降叉车搬运的包装件	
11	由此夹起		标明装运货物时夹钳放置的位置	
12	此处不能卡夹		标明装卸货物时此处不能用夹钳夹持	

序号	标志名称	标志图形	含 义	示 例
13	堆码重量极限	M_{max} kg	表明该运输包装件所能承受的最大重量极限	
14	堆码层数极限	n	相同包装的最大堆码层数，n 表示层数极限	
15	禁止堆码		该包装件不能堆码并且其上也不能放置其他负载	
16	由此吊起		标明起吊货物时挂链条的位置	本标志标在实际的起吊位置上
17	温度极限		运输包装件应该保持的温度极限	C_{max} C_{min} a) C_{min} C_{max} C_{min} C_{max} b)

六、收寄设备和度量衡工具的使用

（一）度量衡工具

因快件有实际重量及体积重量的计算需求，所以度量衡工具在快递领域中的使用也比较广泛。其中使用最多的是秤和尺，通过秤称取快件的实际重量，通过尺量取快件的最大长宽高，从而计算体积重量。下面，根据快件操作的特性介绍三种常用的度量衡工具：便携式电子手提秤、电子计重秤、卷尺。

1. 便携式电子手提秤

业务员上门收取快件时，需要通过称重来计算资费，所以秤是必备的工具之一。其中电子手提秤轻便灵巧、便于随身携带，且本身带卷尺，便于称重和测量快件体积，因此被各快递企业广为采用，见图9-27。但是，其不足之处是误差较大。使用电子手提秤，需要注意以下事项：

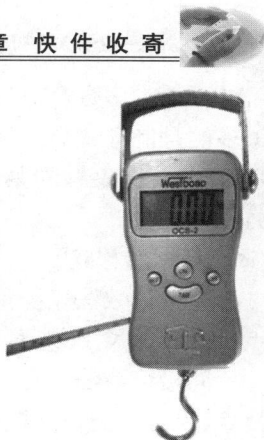

图 9-27

（1）需定期检查各部位螺钉及插栓有无松动或掉落，确认无误后再开机使用；

（2）使用时，吊钩和被测物均应钩于吊秤上、下吊钩的中央部位；

（3）为确保安全，在改变所吊重物的方向或位置时，应直接推动重物，不要直接推动吊秤；

（4）加载勿超过安全负荷，避免长时间起吊，确保传感器使用寿命；

（5）在户外使用如遇雷电，应关机暂停使用；

（6）吊秤本体禁止受到激烈撞击，不使用时悬挂存放于通风干燥阴凉处。

2. 电子计重秤

电子计重秤的称重范围比便携式手提秤的称重范围大、准确度高。但因电子计重秤体积较大，不便携带，目前，除了驾驶机动车收件的业务员，一般业务员都不随身携带电子计重秤，而是放在营业网点使用，见图9-28。如果快件重量超出电子手提秤称重范围，业务员在征询客户同意后，可以将快件带回营业网点使用电子计重秤称重。称重计算资费完毕后，应在第一时间将重量及资费告知客户，征询客户是否寄出快件的意见。如客户同意寄出则将快件寄出，并与客户确认付款方式；如客户不同意寄出，则与客户约定时间，将快件退回。使用电子计重秤称重需注意以下事项。

（1）电子计重秤应置于稳定平整的平面上。调整四个底脚螺母使秤处于水平位置，然后开启电源（如果需要则应先放上专用秤盘）。

（2）开机笔画显示结束后进入计重模式，"零位"标志和"公斤"指示标志出现，可按"模式"键循环选择计重、计数、百分比三种功能模式。

（3）电子计重秤不能长期在去皮状态下使用，否则零位自动跟踪功能消失，零位会产生漂移。

3. 卷尺

在快递领域中使用最多的长度测量工具是卷尺。卷尺根据材质不同可以分为：钢卷尺、纤维卷尺（皮卷尺、量衣卷尺）、塑料卷尺等。如业务员使用的便携式手提秤中没有卷尺，则须另外随身携带卷尺，见图9-29。

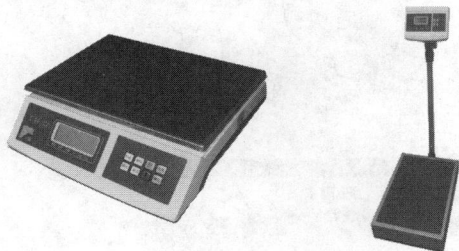

图 9-28　电子计重秤

图　9-29

目前大多数企业使用钢卷尺。钢卷尺可分为自卷式卷尺、制动式卷尺、摇卷式卷尺。使用最多的是制动式卷尺,主要由尺带、盘式弹簧(发条弹簧)、卷尺外壳三部分组成。当拉出刻度尺时,盘式弹簧被卷紧,产生向回卷的力,当松开刻度尺的拉力时,刻度尺就会被盘式弹簧的拉力拉回。

(1)读数办法

直接读数法。测量时将钢卷尺零刻度对准测量起始点,施以适当拉力,直接读取测量终止点所对应的尺上刻度。

间接读数法。在一些无法直接使用钢卷尺的部位,可以用钢尺或直角尺,使零刻度对准测量点,尺身与测量方向一致;用钢卷尺量取到钢尺或直角尺上某一整刻度的距离,余长用直接读数法量出,加按上面步骤已测量的长度,计为全长。

(2)卷尺测量误差

较精确的钢卷尺出厂时和使用一段时间后都必须经过检定并注明检定时的温度、拉力与尺长。钢卷尺在使用中,产生误差的主要原因有下列三种。

温度变化的误差。一般钢卷尺的热膨胀系数为 $\alpha = 1.25 \times 10^{-5}$,每米每度温差变化仅八万分之一,但相同的钢卷尺在温差较大的环境下还是会产生较大的长度变化,影响测量结果。

拉力误差。拉力大小会影响钢尺的长度,钢尺在出厂前都会使用弹簧秤对卷尺的拉力误差进行测试。钢卷尺使用时,须注意不可迅猛地拉出或弹回尺子,避免拉力误差太大,同时也注意尺子对人身的伤害。

钢尺未水平放置的误差。测量水平距离时钢卷尺应尽量保持水平,否则会产生距离增长的误差。

(二)包装设备

快件的包装基本上都由手工完成。对于特别大的快件和需要特别保护的快件,包装时应使用特定的包装设备对快件进行加固包装。其中打包机是目前使用较多的包装设备。一般快件如果超过 10kg,为保证快件的安全和搬运方便,快递企业都要求使用打包机对快件进行二次打包带打包。目前,快递企业中使用的打包机器主要有手动的 PET 塑钢打包器和自动打包机两种。

1. 手动打包器

手动打包器通过人工完成打包,具有价格便宜、体积小的特点,但相对自动打包在操作上不方便。手动打包器主要由咬口器和拉紧器两部分组成,配合打包带使用,见图 9-30。

(1)组成配件介绍

咬口器:PET 塑钢打包带专用,主要受力件经特殊调质,夹紧力度均衡、弯形平整、操作方便省力。

拉紧器:PET 塑钢打包带专用,主要部件为铸精铝制成,轻便、耐用,操作方便,收紧、松弛、切割连贯完成。

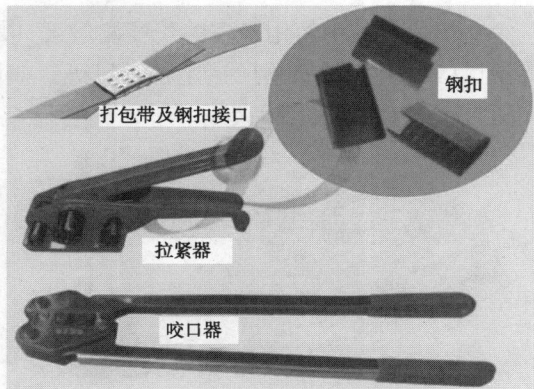

图 9-30 手动打包器及其配件

　　钢扣:通常与打包带规格相匹配,即宽度与打包带宽度相一致。钢扣内有许多牙口小刺,容易咬紧打包带,松弛拉力通常在200kg左右。

　　(2)操作示范(表9-10)

手动打包器操作示范

表9-10

操 作 示 范	
	1.将打包带绕打包物一圈
	2.将绕过货物打包带的一头对折,保持回折的两条带平行,将带穿过拉紧器的小孔。然后,右手推紧黑色连杆,松动夹紧位,左手掌握紧索带,食指限定索带位置,模拟削鱼方法,由前至后拉入夹紧位。注意左手操作,采用正确方法,以提高效率
	3.左手模拟第2步方法,将索带拉入刀缝,右手将"十"字位调校好,方便左手穿带。注意左手操作
	4.轻轻拉紧索带,将索带调整好,反向左手将索带压在收紧缝中,右手收紧索带,保持双向索带平行。注意反向左手压住索带
	5.将钢扣穿入双带中,注意从侧面入扣,将扣压紧
	6.张开钢钳,按方向入口,观察两条带有否重叠
	7.收紧钢钳一半幅度后,可斜拉钢钳到身边,方便用力收紧,注意要在钢钳收到一半后才可以斜拉到身边,否则会打坏钢扣
	8.打紧钢扣后,左手拉住索带,右手慢速向下压拉杆。尽量分两个步骤下压拉杆,如果大力急速向下压拉杆,会造成索带裂开

续上表

操作示范	
	9.下压拉杆后，顺势向右边拖出拉紧器，一气呵成完成打包
	10.完成打包后成品图片——美观、环保、完整

2.自动打包机

自动打包机主要用于纸箱、木箱、书刊等软硬包及方形、筒状、环状构件的捆包。

（1）自动打包机的特点

捆扎速度快，捆一条带约需 1.5 秒，有效提高工作效率；捆扎力度大，且调整范围广，捆扎质量可靠；热刀加热迅速，5 秒钟内即可进入最佳打包状态，1 分钟不工作将自动进入待机状态；最小捆扎不低于 60cm，最大捆扎不限；最大捆扎力为 60kg；操作和维修都方便。

（2）主要部件名称（图 9-31 和表 9-11）

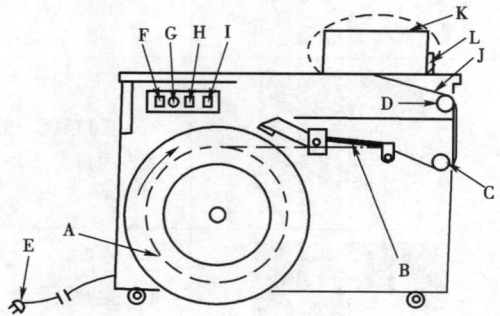

图 9-31

打包机主要部件名称及其功能　　　　表 9-11

名　称	功　能
A-带盘	打包带卷安装在此处
B-导带杆	打包带经过导带杆，使送带时刹车器拉开
C-导带轮	为一白色尼龙轮，易于滚动，用以协助送带
D-导带轮	同上
E-插头	用以插接电源
F-电源开关	用以启动电源
G-长度调节器	调节每次自动送带的长度。顺时针方向调整则出带长度变长，逆时针调整出带变短
H-归零开关	机器正在减速，部分未归零时，按此按钮可使之归零。如机器正处于归零状态时，按此按钮则可使机器动作再循环一次
I-手动出带开关	为手动调节出带长度，按得越久送出的打包带长度越长
J-出带槽	打包带穿过此，机器没归零或积塞杂物，即无法穿过
K-捆包物	为欲捆包之物品，紧靠阻挡器 L

（3）打包机的装带操作（表9-12）

打包机的装带操作   表9-12

操作名称	操作示意图
装带：将空带盘由机内取出，取下带盘轴套筒，将带盘一边取出，打包带整卷放入带盘，重新装回带盘轴套筒锁紧即可	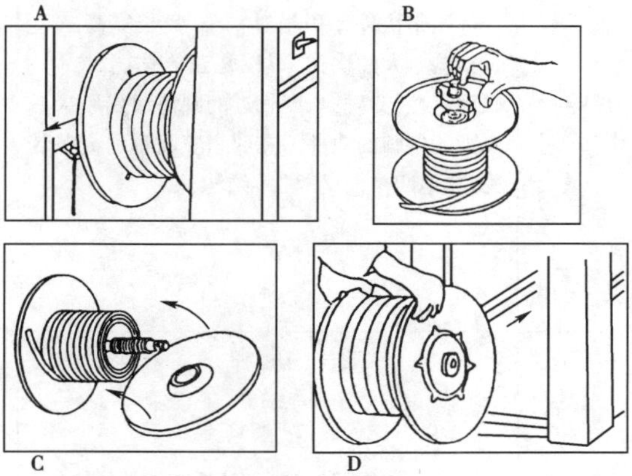
穿带：先将带盘三脚架悬挂于机器上，并固定下缘，将打包带由下方引出，经导带滑轮、刹车滑轮、导带轮B，直到看到打包带末端穿过打包机桌面	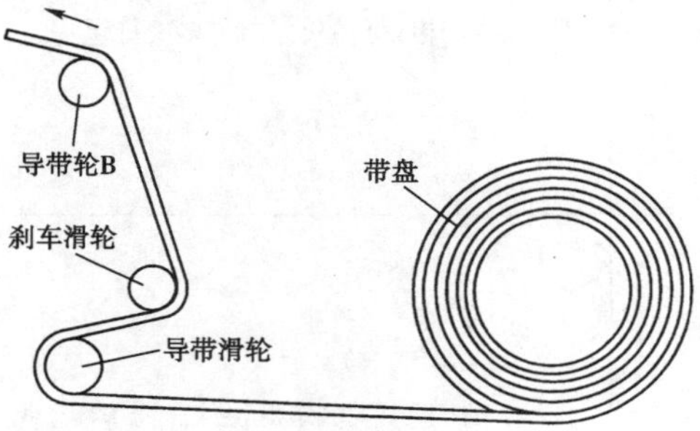

（4）打包机的工作原理

将物品放在打包机的正面上，调整适当的供带长度，机器自动供带；操作者将打包带绕过物品，将带头沿着导向槽插入，直至触动微动开关，前顶刀便立即上升，将带头顶住，打包带将被拉紧。另一端也被上升的后顶刀顶住，中刀立即上升，将打包带切断，同时，表面温度约180℃的热刀伸入上下层打包带中间，使打包带表面热熔，随后热刀迅速退出。中刀继续上升，将热熔处的打包带压紧，使接头焊接牢固。最后，中刀、前顶刀、后顶刀下降将打包带释放，完成单条捆扎过程。

3.快件打包的方法

对快件进行二次打包，目的是为了更好地保护快件，并且便于大件快件的装卸搬运操作。下面以规则快件作图示说明打包的几种方式，不规则快件打包所使用的方法与规则快件一致，只是在某些需要特殊保护的部位多打包几次即可。因此对不规则快件的打包方法不再重复。表9-13所示为常用的几种打包样式。

常用的打包样式   表 9-13

名　称	样 式 介 绍	样 式 图 片
十字形打包	适用于快件体积相对较小,且长宽高三边长相差不大的快件,可以是正方体、长方体、底面直径与高的长度相近的圆筒形或形状不规则的偏圆的快件。在两个底面看到十字结构,其他四个面是"1"字结构	
＋＋字形打包	适用于体积相对较大,且长度较长的快件。可以是长方体、粗长条、长圆筒形状的快件。快件的上下两底面呈"＋＋"字形,两个侧面为"1"字形,两个侧面为"11"字形。如快件特别长且特别粗,可在长方向上多次打包	
井字形打包	适用于体积很大的矩形快件。为了便于搬运和装卸,对快件做井字形状的打包。上下两底面呈"井"字形,四个侧面的打包带成两条平行线状。如快件需要特别保护,可沿侧面再做井字形打包	

打包注意事项:
(1)打包时注意拉紧力的控制,拉紧时打包带贴着包装表面即可,打包带不可把包装勒得太紧,甚至勒坏外包装;
(2)根据快件的体积、重量和需要保护的程度选择合适的打包方法,避免过度包装,浪费人力和物力

(三)移动扫描设备

快递不仅局限于物的流动,信息的采集和及时传送也有举足轻重的作用。现在,越来越多的快递企业开始使用移动扫描设备采集原始快件信息。

移动扫描设备属于数据采集器(Bar code Hand Terminal)的一种,或称掌上电脑(图9-32)。

由于其具有一体性、机动性、体积小、重量轻、性能高等特点，适于手持。它是将条码扫描装置与数据终端一体化，带有电池可离线操作的终端电脑设备。具备实时采集、自动存储、即时显示、即时反馈、自动处理、自动传输功能。为现场数据的真实性、有效性、实时性、可用性提供了保证。通过移动扫描设备的使用，快递企业能够实现收派件环节的数据采集，既可以为营运管理和个性化增值服务提供基础信息，又可以为后续业务流程优化（半自动分拣、快速打单等）奠定技术基础。

目前，市场上的移动扫描设备款式多、更新换代快，见图9-33。各快递企业选择使用的移动扫描设备也不尽相

图 9-32

同，其中MC70是较为常见的一种。MC70事实上是一台小巧的复合型掌上电脑，它使用Windows CE操作系统，整合了条形码的扫描读取装置，采用先进的通用无线分组业务技术（GPRS），能够实现数据的自动上传和下载，保证数据传输的高速、及时和准确。同时准备了短信通道（SMS）作为数据传输备用通道，确保数据传输的及时快捷。

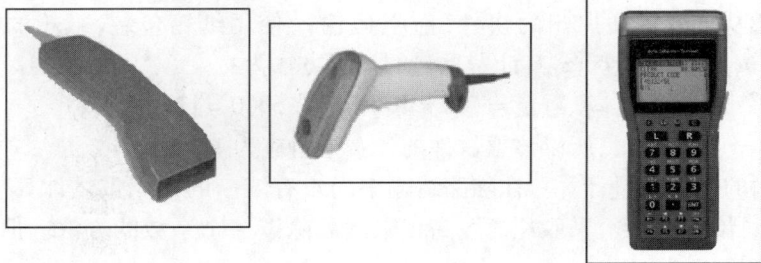

图 9-33

七、计算快件重量及营业款

（一）快件重量计算

1. 取数的通行做法

快递企业快件重量取数的通行做法是舍位取整，最小计量单位为1。

对于轻泡快件，量取快件各边长度时，最小单位为1cm。例如7.1cm按照8.0cm计算；7.8cm也按照8.0cm计算。

读取实际重量或计算体积重量时，最小的计重单位为1kg。例如8.1kg按照9.0kg计算；8.7kg也按照9.0kg计算。

2. 快件重量计算

（1）实际重量。指一票需要寄递快件包括包装在内的实际总重量，即计重秤上直接读取的重量。

（2）体积重量。指利用快件的最大长宽高，通过规定的公式计算出来的重量。当需寄递物品体积较大而实重较轻时，因运输工具（飞机、火车、汽车等）承载能力及能装载物品体积所限，需采取量取物品体积折算成重量的办法作为计算资费的重量。

①航空运输的体积重量计算

国际航空运输协会规定的轻泡快件重量计算公式如下。

规则物品 长（cm）×宽（cm）×高（cm）÷6000＝体积重量（kg）。规则物品测量时注意，尺子须与规则物品的边相互平行，且尺子不能折弯或与物体的测量边成一定的角度。

不规则物品 最长（cm）×最宽（cm）×最高（cm）÷6000＝体积重量（kg）。强调最大的长、宽、高读数，即相当于把不规则物品放到一个矩形容器中，不规则物品的各个顶点刚好与矩形容器接触为宜，此时量出来的长宽高为该物品的最大长、宽、高。例如圆锥体、圆柱体长、宽、高的计算如图9-34所示。

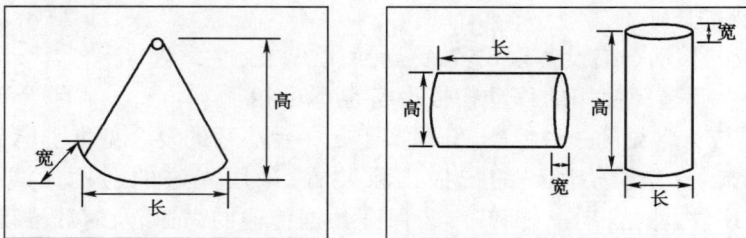

图 9-34

例9-1：一票从上海寄往广州的快件（航空运输），使用纸箱包装，纸箱的长宽高分别为60cm、40cm、30cm，快件实重5kg，其计费重量的计算方法为：

$$体积重量 = (60 \times 40 \times 30) \div 6000 = 12kg$$

体积重量大于实际重量，所以该票快件的计费重量应为12kg。

②陆路运输的体积重量计算。在陆路运输中尚未有统一的体积重量计算方法，一般以航空运输体积重量计算为参考，采取长、宽、高相乘然后除以一个系数的方法。但是不同快递企业设计的系数不尽相同。

规则物品 长（cm）×宽（cm）×高（cm）÷系数＝体积重量（kg）。

不规则物品 最长（cm）×最宽（cm）×最高（cm）÷系数＝体积重量（kg）。

例9-2：一票从深圳寄往广州的快件（陆路运输，系数为12000），使用纸箱包装，纸箱的长宽高分别为60cm、40cm、30cm，快件实重为8kg，其计费重量的计算方法为：

$$体积重量 = (60 \times 40 \times 30) \div 12000 = 6kg$$

体积重量小于实际重量，所以该票快件的计费重量应为8kg。

（3）计费重量

快件运输过程中用于计算资费的重量，是整批快件实际重量和体积重量两者之中的较高者。即快件体积小，重量大时，按实际重量计算，计费重量＝实际重量；快件体积大，重量小时，按体积重量计算，计费重量＝体积重量。

对于一票多件快件，既有轻泡件又有重件，各企业的计重方法则不尽相同。有些企业采用"大大相加"的原则，即计算每一件快件的最大重量，整票快件的重量等于各件快件的最大重量之和。

例9-3：一票从深圳寄往北京的快件（航空运输，系数为6000），此票快件由2件快件组成，都使用相同的纸箱包装，快件A的长宽高分别为60cm、40cm、30cm，快件实重为8kg，快件B的长宽高分别为60cm、40cm、30cm，快件实重为18kg。其计费重量的计算方法为：

快件 A：　　　　　体积重量 = (60×40×30)÷6000 = 12kg

体积重量大于实际重量,所以该件快件的计费重量应为12kg。

快件 B：　　　　　体积重量 = (60×40×30)÷6000 = 12kg

体积重量小于实际重量,所以该件快件的计费重量应为18kg。

该票快件的计费重量 = 快件 A 计费重量 + 快件 B 计费重量 = 12 + 18 = 30kg

也有企业将一票快件整体进行重量计算,将整体的实际重量和体积重量相比,取较大者。如上例：

体积重量 = 快件 A 体积重量 + 快件 B 体积重量

= (60×40×30)÷6000 + (60×40×30)÷6000

= 12kg + 12kg = 24kg

实际重量 = 快件 A 实际重量 + 快件 B 实际重量 = 8kg + 18kg = 26kg

体积重量小于实际重量,所以该票快件的计费重量应为26kg。

(二)营业款标准计算方式

1.营业款的组成

营业款,是指客户在享受快递服务时所需要支付给快递公司的费用总和,包括资费、包装费、附加服务费、保价费等。

(1)资费。指的是快递企业在为寄件人提供快递承运服务时,以快件的重量为基础,向客户收取的承运费用。资费也称为狭义的快件服务费用,当不产生包装费、附加服务费、保险或保价费等时,快件资费就是快件服务费用。

(2)包装费。指的是快递企业为了更好地保护寄递物品的安全,为寄件人提供专业包装而产生的包装费,包括包装材料费和包装人工费。

通常,如果包装材料属于公司专用物料,包装不收取人工费。例如收寄快件时快递企业提供专门的包装纸箱,一般只收取一定的纸箱费用,不收取人工费用。

如果是快递企业帮助客户向外界寻求包装服务的,则一般需要收取包装人工费。例如某机械需要用木格包装,快递企业应客户需求请木格包装专业公司对机械进行包装,此时一般需要根据包装公司的要求,向寄件人收取包装材料费和包装人工费。

(3)附加服务费。快递企业为客户提供快递正常服务以外附加服务所加收的服务费,例如代收货款服务。随着电子商务的发展,电子商务商家除了投递商品以外,也提出了快递企业协助收取货款的需求。快递企业帮助寄件人收取货款,则需要收取一定的附加服务费。

此外,一些公司在收取资费时,还同时收取燃油附加费。

2.资费的标准计算方式

资费是营业款的核心组成部分,与快件的重量直接挂钩,是业务员在收件现场需要准确计算的款项。各快递企业在实际操作中,存在以下两种资费计算方式。

(1)首重续重计算原则:资费 = 首重价格 + 续重(计费重量)×续重价。

首重:快递企业根据运营习惯规定的计算资费时的起算重量,也可以称为起重。起算重量的价格为首重价格。一般快递企业都将首重确定为1kg。

续重:快件首重以外的重量。续重 = 计费重量 - 首重。通常续重价格比首重价格低,而且随着续重的增大,续重价格也会减少。例如对于一份重量为30kg的快件,如果首重为1kg,续重就是29kg。

例9-4:一票从深圳寄往广州的快件(陆路运输,系数为12000),使用纸箱包装,纸箱的长宽高分别为60cm、40cm、30cm,快件实重8kg,计算其资费。快递企业的资费价格见表9-14。

资费价格　表9-14

区　间	首重1kg	1kg＜重量≤20kg	20kg＜重量≤50kg
上海—广州	12元	6元/kg	5元/kg
深圳—广州	10元	2元/kg	1元/kg

$$体积重量=(60\times40\times30)\div12000=6kg$$

体积重量小于实际重量,所以该票快件的计费重量应为8kg。

$$资费=首重价格+续重\times续重价格=10+(8-1)\times2=24元$$

例9-5:一票从上海寄往广州的快件(航空运输),使用纸箱包装,纸箱的长宽高分别为60cm、40cm、30cm,快件实重21.5kg,计算其资费。快递企业的资费价格见表9-15。

资费价格　表9-15

区　间	首重1kg	1kg＜重量≤20kg	20kg＜重量≤50kg
上海—广州	12元	6元/kg	5元/kg
深圳—广州	10元	2元/kg	1元/kg

$$体积重量=(60\times40\times30)\div6000=12kg$$

体积重量小于实际重量,计费重量应为22kg。

$$\begin{aligned}资费&=首重价格+续重\times续重价格\\&=12+(20-1)\times6+(22-20)\times5\\&=136元\end{aligned}$$

(2)单价计算原则:资费=单位价格×计费重量。

单位计价是指按照平均每公斤价格来计算资费。单位计价不区分首重和续重,明确平均每公斤的价格,由价格乘以重量即可。这种计费方式与普通的运输计价方法类似。

例9-6:一票从深圳寄往广州的快件(陆路运输,系数为12000),使用纸箱包装,纸箱的长宽高分别为60cm、40cm、30cm,快件实重8kg,计算其资费。快递企业的资费价格见表9-16。

资费价格　表9-16

区　间	20kg及以下	20kg以上
上海—广州	6元/kg	4元/kg
深圳—广州	3元/kg	2元/kg

$$体积重量=(60\times40\times30)\div12000=6kg$$

体积重量小于实际重量,所以该票快件的计费重量应为8kg。

$$\begin{aligned}资费&=单位价格\times计费重量\\&=3\times8\\&=24元\end{aligned}$$

例9-7:一票从上海寄往广州的快件(航空运输),使用纸箱包装,纸箱的长宽高分别为60cm、40cm、30cm,快件实重21.5kg,计算其资费。快递企业的资费价格见表9-17。

资　费　价　格　　　　　　　　　　　　　　　表 9-17

区　　间	20kg 及以下	20kg 以上
上海—广州	6 元/kg	4 元/kg
深圳—广州	3 元/kg	2 元/kg

$$体积重量 = (60 \times 40 \times 30) \div 6000 = 12kg$$

体积重量小于实际重量,计费重量应为 22kg。

$$资费 = 单位价格 \times 计费重量$$
$$= 6 \times 20 + 4 \times (22 - 20)$$
$$= 128 \ 元$$

八、客户签署运单

(一) 完成运单填写

称重计费完毕后,需将快件的重量和资费写在运单相应位置内。业务员需要在相应栏目内写上工号或名字。

(二) 客户签署运单

1. 手工签字

业务员应该礼貌地请客户在寄件人签署栏用正楷字写上寄件人的全名和寄件日期。如客户的签名无法清晰辨认,则业务员应该再次询问寄件人的全名,并用正楷字在客户签名旁边注上寄件人的全名。

2. 盖章签署

如寄件人选择用盖章替代签字,则请寄件人在运单的寄件人签署栏盖上代表寄件人身份的印章,同时在日期栏写上具体的寄件日期。此时需要注意以下两方面。

(1)每一联运单都必须在寄件人签署栏盖章,且是同一个章,即确保每一联运单的盖章保持一致。如盖章内容不清晰,业务员应该询问寄件人的全名,并用正楷字在盖章旁边注上寄件人的全名。

(2)如果客户的印章带有日期,可以不填写寄件日期;如果印章不带日期,则需要请客户填写日期。

3. 业务员注意事项

(1)任何时候业务员都不得代替客户签字,只能在寄件人签字或盖章不清晰时,在寄件人签名或盖章旁边注上清晰的寄件人姓名。

(2)不得涂改寄件人的签名或盖章,旁注寄件人姓名时,只能在寄件人签字、盖章内容的旁边写,不得覆盖或涂改寄件人原有的签字或盖章内容。

(3)时间填写须详细到分钟,填写格式为:××月××日××时××分。

九、运单及标识、随运单证的粘贴

(一) 运单的粘贴

粘贴牢固是运单粘贴最基本的要求,在粘贴牢固的前提下,还要整齐、美观。

1. 运单粘贴位置

根据快件表面美观、大方的要求，以及从左到右的操作和阅读习惯，运单应粘贴在快件外包装上面适当位置，运单与快件边缘留出 5cm 的距离为好。把表面的四个角落位置留出来，以备标识、随带单证的粘贴，见图 9-35。

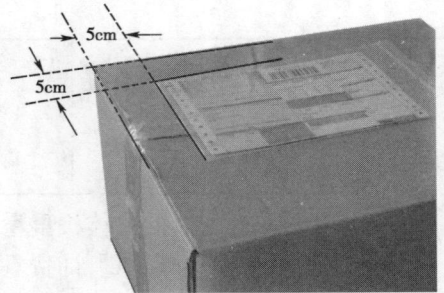

图 9-35

2. 运单粘贴方法

各快递企业根据自身运单的特性采取不同的粘贴方式，不干胶运单直接粘贴和运单袋封装是其中最常见的两种方式。

（1）不干胶运单直接粘贴（表 9-18）

不干胶运单粘贴方法   表 9-18

操作步骤说明	操作图示
1. 把运单背面的不干胶布面撕掉。注意：从打孔边撕贴纸比较容易，因为只有打孔边没有粘胶	
2. 把运单的左边打孔边先贴到运单粘贴的位置，然后往右边平摸运单，使运单平整的粘贴在快件表面上	
优点和不足	
优点： 1. 运单粘贴很方便，不需要其他的辅助物料； 2. 粘贴牢固，运单不会整份脱落。 不足： 1. 运单正面裸露，缺乏保护，容易造成运单的污损、湿损、部分脱落； 2. 各环节直接在运单上的标注或涂改，影响快件的美观和运单信息的完整； 3. 运单内容的准确性缺乏保障，因为裸露的运单方便增删修改	

（2）运单袋封装（表9-19）　　　　**运 单 袋 封 装**　　　　表9-19

第一种:普通透明运单袋(不带不干胶)	
操作步骤说明	操 作 图 示
1.把运单平整装进运单袋内,并把运单袋口封好。注意运单袋封口时,须赶出袋内的空气,以袋子与运单能贴在一起为准	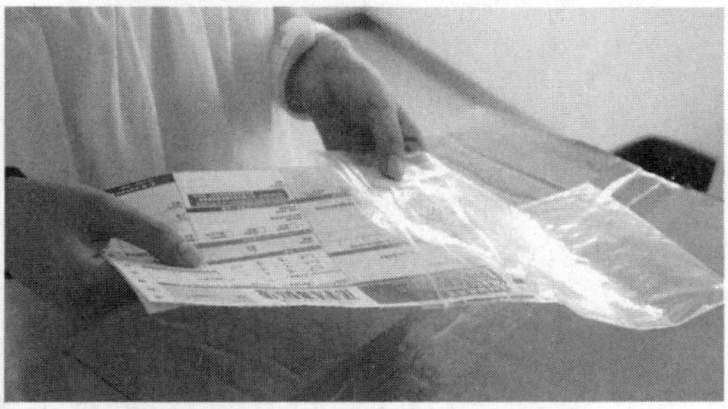
2.把装有运单的运单袋放在快件表面粘贴运单的位置	
3.用透明胶纸把运单袋粘牢在快件表面。注意为保证运单粘贴的牢固,透明胶纸粘贴呈"++"形	
优 点 和 不 足	

优点:

1.透明的运单袋对运单有保护作用,避免运单污损或淋湿;

2.不能随便修改运单内容,确保运单内容前后一致;

3.各环节直接在运单袋上标注内容,保证运单信息完整,且不易被涂鸦。

不足:

需要用透明胶纸粘贴,如胶纸粘贴不稳,则容易造成运单脱落

续上表

第二种:不干胶透明运单袋	
操作步骤说明	操作图示
1.把运单平整装进运单袋内,并把运单袋口封好。注意运单袋封口时,须赶出袋内的空气,以运单袋与运单能贴在一起为准	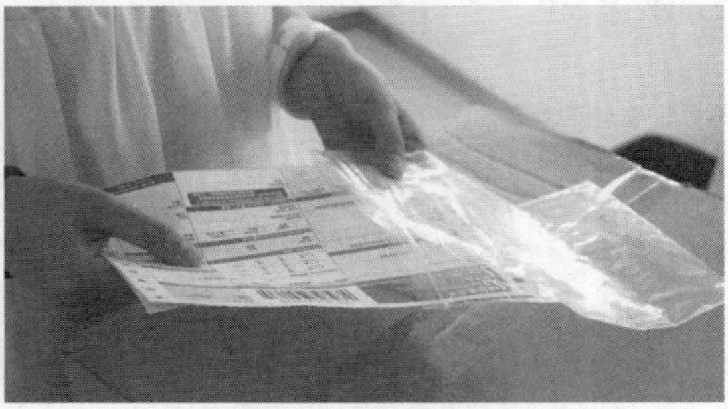
2.把运单袋背面的不干胶布面撕掉。注意:从袋口处撕,因为袋口处没有粘胶	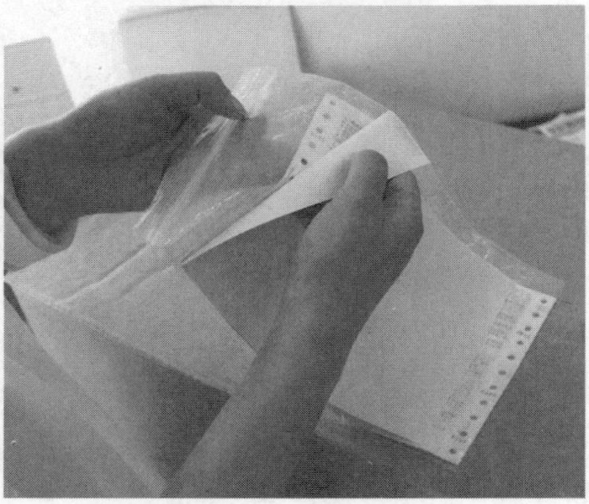
3.把运单袋左边先贴到运单粘贴的位置,然后往右边平摸运单袋,使运单平整的粘贴在快件表面上	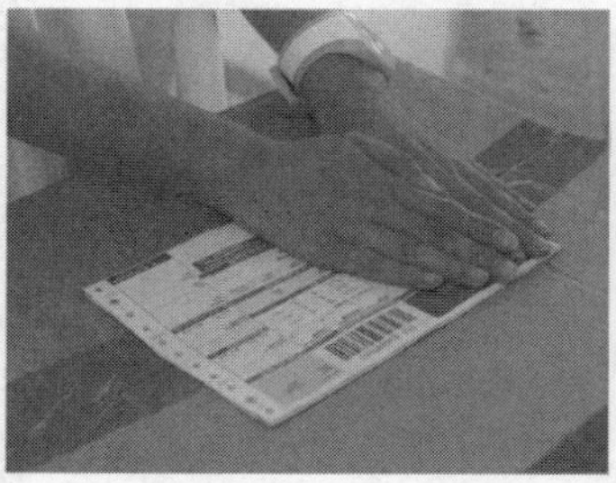 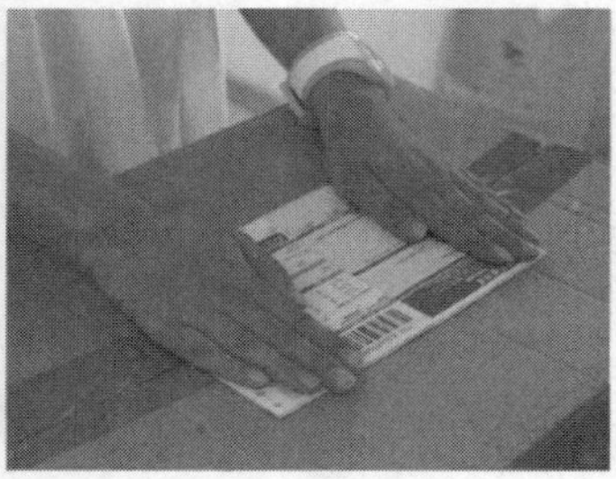
优点和不足	

优点:

1.透明的运单袋对运单有保护作用,避免运单污损或淋湿;

2.不能随便修改运单内容,确保运单内容前后一致;

3.各环节直接在运单袋上标注内容,保证运单信息完整,且不易被涂鸦。

4.由于不干胶直接粘贴,运单粘贴牢固,不易脱落。

不足:

遇到特别冷的天气,不干胶的黏性会减弱,粘贴时须注意

3. 运单粘贴注意事项

（1）运单粘贴应尽量避开骑缝线，由于箱子挤压时，骑缝线容易爆开，导致运单破损或脱落。

（2）运单应粘贴在快件的最大平整的表面，避免运单粘贴皱褶等。

（3）使用胶纸时，不得使用有颜色或带文字的透明胶纸覆盖运单内容，胶纸不得覆盖条形码、收件人签署、派件员姓名、派件日期栏的内容。

（4）运单粘贴须保持平整，运单不能有皱褶，或折叠，或破损。

（5）挤出运单袋内的空气，再粘贴胶纸，避免挤破运单袋。

（6）如果是国际快件，须注意将相关的报关单据与运单一起装进运单袋内或者按照快递企业的具体要求操作。如有形式发票，应将形式发票和运单一起装进运单袋内，或者按照公司的具体要求操作。

（7）运单要与内件一致，避免运单错贴在其他快件上。

4. 不规则快件的运单粘贴

（1）圆柱形快件的运单粘贴

圆柱底面足够大（能平铺粘贴运单），将运单粘贴在圆柱形物体的底面，注意运单不得粘在底面边缘，避免快件叠放时把运单磕破。例如油漆桶，把运单粘贴在底面正中央位置，不得贴在边缘高起的脚上，见图9-36。

如果圆柱物体较小，底部无法平整粘贴运单，则将运单环绕圆柱面粘贴，注意运单号码不得被遮盖。例如奶粉罐，将运单环绕罐身粘贴，为了运单粘贴的牢固，运单粘贴好之后，须加贴透明胶纸环绕两底部粘贴运单，确保运单不会顺着罐身滑落，见图9-37。

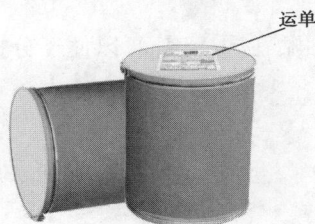
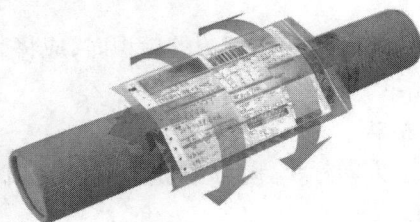

图　9-36　　　　　　　　　　　　　图　9-37

（2）锥形物体的运单粘贴

体积较大的锥形物体，选择能完整粘贴运单的最大侧面，平整粘贴运单，见图9-38。

体积较小的锥形物体，如果单个侧面无法平整粘贴运单，可将运单内容部分粘贴在不同的两个侧面，但运单条码必须在同一个侧面上，不能折叠，见图9-39。

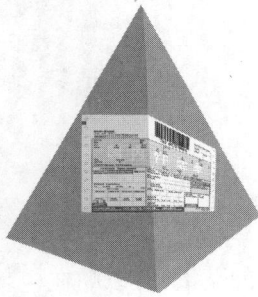

图　9-38　　　　　　　　　　　　　图　9-39

（3）小物品快件的运单粘贴

对于体积特别小，不足以粘贴运单（即运单环绕一周能把整个快件包裹起来）的快件（通常称为小件），为了保护快件的安全，避免遗漏，建议将其装在文件封或防水胶袋中寄递。运单粘贴在文件封或防水胶袋的指定位置，见图9-40。

（4）特殊包装快件的运单粘贴

对于特殊包装的快件，运单粘贴应遵循以下原则：首先，运单的条码不得被覆盖，包括不得被物品覆盖和不得被颜色覆盖；其次，运单条码不得被折，即运单的条码须在同一表面展示，不得折叠或在两个（含以上）表面上，见图9-41。

图　9-40

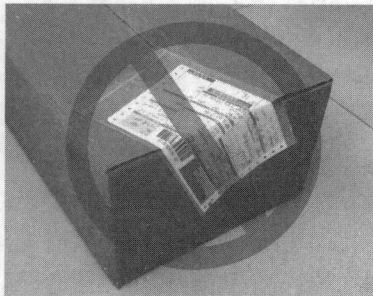

图　9-41

（二）标识的粘贴

1. 正面粘贴

粘贴与快件处理操作相关的标识时，应将其与运单粘贴在同一表面，以便于分拣操作。例如：国际件贴纸，自取件贴纸，见图9-42。

2. 侧面粘贴

快件放置方向标识、防辐射标识等应粘贴在快件侧面。例如向上标志贴纸、防辐射贴纸等，见图9-43。

图　9-42

图　9-43

3. 三角粘贴

需要多面见到的贴纸，可以贴在包装箱的角上，包住快件外角的三个方向。例如易碎件贴纸，斜贴在快件粘贴运单的正面角落，另外两个角粘贴在其他两个侧面，见图9-44。

4.沿骑缝线粘贴

封箱操作时,每件快件至少粘贴2张有密封作用的贴纸,要求每个可拆封的骑缝线都要粘贴。例如,保价贴纸,应粘贴在每个表面的骑缝线上,起到封条的作用,提醒在运输过程中不允许拆开包装,见图9-45。

图 9-44   图 9-45

(三)随运单证的粘贴

随运单证包括代签回单、代收货款证明、形式发票、报关单、转运单等。各快递企业对随运单证的粘贴方式不一:有些企业将随运单证和运单一起放入装运单的塑料袋,用胶纸粘贴在快件上;有些企业将随运单证和托寄物一起存放。

十、营业款结算

营业款结算,是指业务员完成快件服务费用的计算后,根据计算结果向客户收取相应金额的现金或支票。

(一)营业款的结算方式

业务员收取快件时,须与客户共同确认营业款的支付方,并在运单上明确标注是寄付、到付,还是第三方付,作为收取营业款的依据。由于营业款的支付方可以是寄方、到方或第三方,支付方式可以分为现结和记账两种,因此营业款的结算方式具体可包括寄付现结、到付现结、寄付记账、到付记账、第三方记账五种。下面从支付方式的角度来介绍各种结算方式。

1.现结

现结是指在收取或派送快件时,客户在收派现场将营业款支付给业务员的一种支付方式。现结支付包括寄付现结和到付现结两种结算方式。客户可选择现金支付或支票支付。由于单票快件的营业款额通常不会太高,现场支付主要以现金支付为主。

(1)寄付现结指的是寄件人在完成交寄快件后,在寄件现场把营业款支付给业务员的一种结算方式。

(2)到付现结指的是收件人验视快件外包装无误后,对于到付的快件,在派件现场把营业款交给业务员的一种结算方式。

2. 记账

记账是指快递企业与客户达成协议,在一个规定的付款周期内结算营业款的一种支付方式。快递企业给每一个记账客户一个记账账号,在账号中记录客户每一次快递服务所产生的费用(包括寄付、到付和第三方付所产生的费用),作为营业款结算的依据。付款周期可以是每周、每月、每季度、每年结算一次。记账包括寄付记账、到付记账和第三方记账三种结算方式。

(1)寄付记账,是指寄件人(个人或企业)与快递企业达成协议,快递企业赋予其一个记账账号,寄件人在约定的付款周期内支付营业款。

(2)到付记账,是指收件人(个人或企业)与快递企业达成协议,快递企业赋予其一个记账账号,收件人在约定的付款周期内支付营业款。

(3)第三方记账,是指寄件人和收件人之外的第三人(个人或企业)与快递企业达成协议,快递企业赋予其一个记账账号,第三人在约定的付款周期内支付营业款。第三方支付营业款的情况比较复杂,须由寄件人或收件人与第三方客户达成协议,第三方客户同意代寄方和收方支付该费用。由于第三方支付营业款采取记账方式,业务员在收取此类快件时,须注意核对第三方客户的付款信息。

(二)验收营业款

如果客户选择寄付现结方式,业务员在收取快件的同时还需收取相应的营业款。寄件人现结支付营业款可以采取现金、支票或刷卡等多种形式支付。如果客户支付现金,业务员须注意真假币的区分,避免收取假币,给个人或公司造成损失。如果客户使用支票支付,则须对支票的填写和支票的真假进行识别。

作为一名合格的业务员,应该具备识别人民币、识别支票和使用刷卡机的基础知识,以便更好地开展快件收寄业务。

(三)人民币识别基础常识

1. 识别假币的直观法

(1)眼看。看钞票的水印是否清晰,有无层次和主体的效果。看安全线,看整张票面图案是否单一或者偏色。

(2)手摸。人民币元以上券别均采用了凹版印刷,触摸票面上凹印部位的线条是否有凹凸感。

(3)耳听。钞票纸张是特殊的纸张,挺括耐折,用手抖动会发出清脆的声音。

(4)仪器检测。用紫光灯检测无色荧光图纹,用磁性仪检测磁性印记。

2. 识别假币的比较法

(1)纸张识别。人民币纸张采用专用钞纸,主要成分为棉短绒和高质量木浆,具有耐磨、韧性强、挺括、不易折断、抖动时声音发脆响等特点。而假币纸张绵软,韧性差,易断裂,抖动时声音发闷。

(2)水印识别。人民币水印是在造纸中采用特殊工艺使纸纤维堆积而成的暗记。分满版和固定水印二种。如现行纸币1990年版本,1元、2元券为满水印暗记。50元和100元券为固定人头像水印暗记。新版人民币5元、10元及20元券为固定花卉水印暗记,其特点是层次分明,立体感强,透光观察清晰。而假币特点是水印模糊,无立体感,变形较大,用浅色油墨加印在纸张正、背面,不需迎光透视就能看到。

(3)凹印技术识别。真币的技术特点是图像层次清晰,色泽鲜明、浓郁,立体感强,触摸有凹凸感。如1至10元券人民币在人物、字体、国徽、盲文等处都采用了这一技术。而假币图案平淡,手感光滑,花纹图案较模糊。

(4)荧光识别。如1990年版的50元和100元券人民币分别在正面主图景两侧印有在紫光灯下显示纸币面额阿拉伯数字100或50和汉语拼音YIBAI或WUSHI的金黄色荧光反映,但整版纸张无任何反映。而假币一般没有荧光暗记。个别的虽有,但与真币比较,颜色有较大差异,并且纸张含有较明显的蓝、白荧光反映。

(5)安全线识别。真币的安全线是立体实物与纸张融为一体的,有凸起的手感。假币一般是印上或画上的颜色,如加入立体实物,会出现票面皱褶、分离的现象。此外还可借助仪器进行检测,可用紫光灯放大镜、磁性仪等简便仪器对可疑票券进行多种形式的检测。

3. 使用便携式验钞工具识别假币——紫光+红外验钞器(图9-46)

紫光+红外验钞器是采用光电激光技术制作而成,适用于人民币、港币、澳门币、欧元、英镑等目前世界各地流通货币的防伪检验,同时还可以对各种税务发票、银行存折、信用卡、新版身份证及部分高档烟酒进行防伪检验,具体使用说明如下:

(1)使用说明。先按下第一位开关打开紫光灯,在钞票正面"中国人民银行"字样正下方可看见本票面金额(如100、50、20、10、5、1等)金黄色荧光字样(如无金黄色字样则为假钞)。按下第二位开关打开红外灯,会看见一个小光点(如无小光点则为假钞)。

图 9-46

(2)使用方法。将验钞笔和票面呈垂直角度,验钞笔距离票面3~5cm,先按第一开关照出金黄色荧光字样再按第二开关看是否有小光点,每次开关按下时间1~3秒钟,可两个开关轮流按,以进一步确定是否有荧光字或小光点。

(3)真假钞票判定标准。紫光灯可照出金黄色荧光字样及红外灯可照出小光点为真钞,两者缺一则为假钞。

红外线与紫外线均对人体有害,尤其是红外光为肉眼不可见光,且功率较大(50mW),如使用不当容易对眼睛造成伤害。切勿将红外灯和紫外灯对着人体、眼睛照射。

(四)支票识别基本常识

支票是出票人签发的,委托办理存款业务的银行或其他金融机构,在见票时无条件支付确定金额给收款人或者持票人的票据。同城票据交换地区内单位和个人之间的一切款项结算均可以使用支票,自2007年6月25日起支票实现了全国通用,异城之间也可使用支票进行支付,结算。

支票无金额起点的限制,可支取现金或用于转账。支票有效期10天,可以挂失。

1. 支票的分类

支票按支付票款的方式分为现金支票、转账支票和普通支票三种,见表9-20。

支 票 的 分 类   表 9-20

支 票 分 类	支 票 图 示
现金支票只用于支取现金,它可以由存款人签发用于到银行为本单位提取现金,也可以签发给其他单位和个人用来办理结算或者委托银行代为支付现金给收款人	
转账支票只用于转账,它适用于存款人给收款人划转款项,以办理商品交易、劳务供应、清偿债务和其他往来款项结算	
普通支票可以用于支取现金,也可以用于转账。但在普通支票左上角划两条平行线的,为划线支票,只能用于转账,不能支取现金	

2. 支票的特点

（1）简便。使用支票办理结算手续简便,只要付款人在银行有足够的存款,它就可以签发支票给收款人,银行凭支票就可以办理款项的划拨或现金的支付。

（2）灵活。按照规定,支票可以由付款人向收款人签发以直接办理结算,也可以由付款人出票委托银行主动付款给收款人,另外转账支票在指定的城市中还可以背书转让。

（3）迅速。使用支票办理结算,收款人将转账支票和进账单送交银行,一般当天或次日即可入账,而使用现金支票当时即可取得现金。

（4）可靠。银行严禁签发空头支票,各单位必须在银行存款余额内才能签发支票,因而收款人凭支票就能取得款项,一般不存在得不到正常支付的情况。

3. 收取支票时须注意以下事项

（1）支票正面不能有涂改或折叠的痕迹,否则本支票作废。

（2）受票人如果发现支票填写不全,可以补记,但不能涂改。

（3）支票的有效期为 10 天,从签发之日起计算,到期日为节假日时依次顺延。

（4）支票见票即付。（丢了支票尤其是现金支票可能就是票面金额数目的钱丢了,银行不承担责任。现金支票一般要素填写齐全,假如支票未被冒领,可在开户银行挂失;转账支票假如支票要素填写齐全,在开户银行挂失,假如要素填写不齐,到票据交换中心挂失。）

（5）出票单位现金支票背面有印章盖模糊了,可把模糊印章打叉,重新再盖一次。

（6）收款单位转账支票背面印章盖模糊了（此时按《票据法》规定是不能以重新盖章方法来补救的）,收款单位可带转账支票及银行进账单到出票单位的开户银行去办理收款手续（不用付手续费）,俗称"倒打",这样就用不着到出票单位重新开支票。

（五）刷卡机的使用常识

刷卡机简称 POS 终端,终端通过电话线拨号的方式将信息首先发送到银联的平台,银联平台识别相关信息之后会将扣款信息发送到发卡银行,经发卡银行确认之后,再回发信息至银联平台,银联确认之后,会再次将已处理的信息发送至前置终端,终端收到确认后的信息,然后打印单据。移动 POS 终端（图 9-47）,与 POS 终端原理一样,其信息发送是通过数据信号发送接收,通信费用按流量计算。由于快递是提供门到门服务,因此移动 POS 终端在快递领域中使用较多,固定 POS 终端使用甚少。

图 9-47

1. 移动 POS 终端（刷卡机）的使用说明

手持 POS 机使用 4 节 7 号充电电池或 5V 直流稳压电源（充电电池出厂时电量较少,使用前务必充电,首次充电时间 8 小时为宜）。

（1）按"电源"键手持 POS 机进入开机状态,按任意键进入应用程序界面,或 5 秒钟后手持 POS 机自动进入应用程序界面;5 秒钟内按 F2 进入系统菜单。

（2）系统功能菜单:按"1"键手持 POS 机进入通信状态;使用外电源给机具充电时需进入通信状态;按"电源"键退出通信;按"2"键可以显示手持 POS 机里的时间;按"3"键可以显示使用者的信息;按"4"键可以显示数据库信息。

（3）在操作的整个过程中 F2 键可以作为返回键。

（4）在连续 5 分钟不使用的情况下,手持 POS 机将自动关机;电池电量不足时（按电源键后屏幕无显示,应换电池或对电池充电）禁止开机。

2. 通信工具使用说明

首先用通信电缆将电脑与手持 POS 机正确连接,开机并进入通信状态。

（1）在主界面的通信设置中选择通信口。

（2）下装数据库前要先删除机内所有数据库,在库号中选择删除全部数据库。

（3）下装的程序自动覆盖手持 POS 机内原有的应用程序。

（4）通信工具采取计算机系统时间校正手持 POS 机的时间。

（5）按需求下装手持 POS 机的编号和使用者的姓名。

3. 注意事项

（1）注意保持手持 POS 机的清洁,防止从高处摔落。

（2）严禁把机器放在烈日下暴晒。

（3）手持 POS 机长期不用,应将机内数据导出,并取出电池,防止电池漏液损坏电极。

（4）应在关机状态下取出电池或插拔通信电缆,不要强行拔出通信电缆。

（5）使用背光功能时,耗电量较大,用完后及时关闭此功能。

(六)发票知识

发票是单位和个人在购销商品、提供或者接受服务以及从事其他经营活动中,开具、取得的收付款凭证。发票是财务收支的法定凭证,是会计核算的原始凭证,是税务稽查的重要依据。发票是加强财务会计管理,保护国家财产安全的重要手段,是维护经济秩序的重要工具。发票与收据的最大区别在于,发票须由经销商向税务机关购买,在销售后,要凭发票向国家缴纳税款,而收据仅是收费的证明,不是经销商纳税的依据。

1.从税目上主要划分

（1）增值税专用发票。全国统一式样(发票票面冠以各省、自治区、直辖市的名称,如广东增值税专用发票、上海增值税专用发票等)。增值税发票能抵扣一定比例的税款,根据商品的性质,一般商品抵扣 17% 的税款,特殊商品抵扣 13%。增值税发票一般是面向公司和单位的。

（2）营业发票。冠以本辖区名称且在辖区内统一式样的发票。(由税务机关统一印制和供应,用票户申请领购使用,如广东省广州市营业发票等)。

2.从形式上划分

（1）手写发票。又称手工票,是指用手工书写形式填开的发票。这类发票按版面设计又可分为常规式发票及剪开式发票。

（2）机打发票。又称机外发票,是指利用计算机填开并使用其附设的打印机打印出票面内容的发票。这类发票包括普通计算机用及防伪专用计算机用(如:防伪税控机)的发票;按发票版面设计来分,这类发票又可分为折叠式发票和平推式发票。

（3）定额发票。是指发票票面印有固定金额(定额)的发票。这类发票主要是为便于一些特殊领域或有特殊需要的企业使用。

在快递领域中使用的发票,从税目来看,使用最多的是营业发票;从形式来看,使用最多的是手写发票和机打发票。发票可以从不同的口径进行分类,但发票的联数和基本内容都是类似的。

十一、快件信息录入

快件信息录入,是指快件成功收寄之后,将快件的运单号码、寄件人和收件人信息、资费、重量、目的地、寄件时间等信息录入快递企业的计算机信息系统。

(一)快件信息录入操作

进入计算机信息系统的快件信息录入的操作界面,各快递企业使用的信息不同,操作界面也不同。根据操作界面的提示,按要求录入相应的信息。录入信息时注意,录入的信息须与快递运单内容保持一致。

录入内容包括运单条码、寄件人信息、收件人信息、寄递物品信息、资费、重量、取件业务员、寄件日期、寄件人签名。信息录入完毕后,立刻上传与快递企业的网络信息系统对接,使得寄件人及收件人可以凭运单号码查询快件状态。

(二)快件信息录入的作用

（1）便于客户查询。录入信息上传后,客户即可通过快递企业的快件查询系统,查询快件的实时信息,随时了解快件的流向和状态。

(2)便于快件配载计划的制定。快件处理单位,可根据快件的重量信息,提前做好快件配载计划,提高操作的可控性和快件时效。

(3)便于财务收款。财务收款人员可根据快件的资费信息,提前对各位业务员做好交款账单,使营业款交接更加准确、高效。

(三)信息录入要求

(1)真实性。业务员在整理录入派送信息时,应如实记录,不得捏造。如:派件时业务员没请客户签字,回到营业网点后,业务员替代客户签字,并将冒充的签名录入系统。

(2)完整性。完整地录入派送信息,便于快件信息查询。业务员不能为了省事,简化输入。如:某客户的名字比较长,业务员录入时只录入姓"某小姐/先生",没有按照运单上的名字全名录入。

(3)及时性。及时地录入派送信息,快件派送成功后,业务员需要在快递企业规定的时间内录入派送信息,以便寄件人可查询快件派送的结果。

第四节 后续处理

一、交接快件

(一)快件交接准备

1. 复核快件和运单

快件在运回营业网点的过程中,由于运输颠簸可能会使快件或运单受损,在交接快件和运单之前,须对快件和运单进行复核,确保快件和运单的完好,且两者相符。

(1)检查快件外包装是否牢固。检查方法与"指导客户正确包装快件"中的检查方法一致,主要是通过"看、听、感、搬"四个动作,对快件的包装进行检查。如检查有异常,须与营业网点的人员一起(至少两人同时在场)在摄像头监控下,拆开包装,对快件进行检查和重新加固包装。

(2)检查快件上的运单粘贴是否牢固。检查运单的随件联是否缺少,运单是否破损。如果运单缺少或严重破损,需要重新填写一份运单替代原运单寄递快件。如果重新开单,须及时告知客户重新开单的原因,以及把新的单号告知客户,以便客户查询。如胶纸粘贴或运单粘贴不牢固,须使用胶纸重新加固粘贴。

(3)核对数量。核对运单数量与快件数量是否相符,一张运单对应一票快件。如运单数量与快件数量不相符,则须及时找出数量不符的原因并跟进处理。

(4)检查运单是否都已经填写完整。特别注意客户的电话号码、客户签名是否完整正确,运单信息的完整性直接影响快件的信息流。

2. 登单

登单,是指业务员收取快件之后,须在固定的清单样式上登记快件信息。登记快件信息的清单叫做收寄清单。登记的内容包括快件的运单号、重量、付款方式、目的地,日期时间,以及业务员的姓名或工号等。

收寄清单的制作方法主要有手工抄写和电脑系统打印两种。

（1）手工登单

手工登单制作清单是指快递企业提供专门的清单样式，业务员按照样式中的要求将快件信息抄写在清单的相应位置。收寄清单一般为一式两联，抄写完毕后，将其中一联交给处理人员，另一联业务员留底保管。手工登单须注意抄写字迹工整，抄写准确，尽量减少笔误。

（2）电脑系统打印

电脑系统打印制作清单是指快递企业的操作系统中设计特定的清单样式，处理人员对业务员交回的快件和运单扫描完毕后，将数据上传至电脑系统，再通过电脑系统把业务员的收件快件信息打印出来的一种清单。相对于手工登单，电脑系统打印收寄清单有以下几个特点：

①可节约业务员的操作时间，把更多的时间留给收取快件。

②系统打印的准确性高，不会出现笔误。

③可满足快件量大时对信息处理的需求。当快件量少时，可通过手工抄写，但是随着快件量的增长，手工抄写耗费的时间和精力不断增加，且手工抄写容易出现错误。

④信息清楚，手工抄写存在字迹不清或潦草的情况，系统打印的内容较手工清楚易辨。

（3）登单的基本要求

①字迹工整。若手工登单，要求填写收寄信息时，字迹工整以便于识别及判定信息的准确性。

②信息完整。各快递公司对登单的内容要求存在差异，但登单时务必根据清单的内容要求，将运单上的相应内容完整地登记在清单上。

③信息准确。登单时，需按照要求将收寄快件的信息如实填写。

随着快递信息系统的应用，部分操作相对规范的快递企业，开始逐步取消收寄清单的操作，在交接时双方只需对快件和运单的数量交接清楚即可，具体的快件信息可通过系统进行查询或复核，这样可以节省清单制作的时间和成本。但是，要实现这一点需依赖于信息系统的完善，依赖于物流与信息流双通道的融会。

（二）快件交接原则

（1）当面交接。业务员与处理人员交接快件和运单时，须当面交接。交接双方共同确认快件和运单信息无误。如出现问题可现场解决或将快件和运单退回给业务员处理，便于明确双方责任。

（2）交接签字。交接双方在确认快件和运单信息无误之后，需要在收寄清单或特定的交接表格上，对交接信息进行双方签字确认。然而，随着信息化的发展和员工素质的提升，部分快件公司已经简化了交接签字的环节，双方达成共识，交接的信息直接以系统信息为准。

（3）运单与快件一起交接。由于快件与运单是一一对应的关系，即一票快件对应着一张运单。快件和运单（快递企业收件存根联）须同时交接，便于处理人员对运单和快件进行对比，及时发现运单或快件遗失的问题。

二、营业款交接

营业款交接主要指业务员与快递企业指定的收款员之间的交接，即业务员把当天或当班次收取的营业款，移交给快递企业指定的收款员。这里的营业款主要包括散单营业款、月结营业款等。其中散单指当面结清的营业款，月结为定期结算的营业款。

业务员与收款员之间的营业款交接都是小金额交接，须当日结清。快递企业都规定了每日的交接时间,业务员须在规定的结算时间之前将当日的营业款移交给收款员。营业款移交不得延误,不得留在业务员处过夜。如某公司规定结算时间为 18∶30,则业务员须在每天的18∶30之前将当天的营业款移交给收款员。

交接营业款时须使用规定的票据和结算凭证,即业务员将营业款交给收款员时,收款员或业务员须出示相应的收款账单或结算凭证;款项移交后,收款员开具相应的票据证明营业款已经移交。营业款移交的具体手续如下。

(1)交款准备:业务员整理当天所收取快件的收款资料(如收寄清单,或业务员自己抄写的营业款明细),备好当天收取的营业款,包括现金和支票。

(2)出具交款清单:收款员向业务员出具当天的交款清单。交款清单清楚记录了该业务员当日每一票快件应收取的服务费用,及服务费用汇总,是收款员向业务员收取营业款的依据。

(3)核对交款清单:业务员核对收款员出具的交款清单,可通过收寄清单(手抄或打印)核对交款清单内容。如核对有差异,应及时与收款员确认。

如果营业款差异是业务员造成的,直接按照收款员的交款清单移交营业款。

如果营业款差异是收款员汇总或录入人员录入差错造成的,业务员可申请延迟交款,待更正交款清单后再移交营业款,但延迟交款须经部门负责人同意签字。

(4)交款签字:交款清单无误,业务员应该按照交款清单的营业款总额移交现金或支票。移交支票时,应在交款清单中登记支票号。款项移交后,交接双方在交款清单上签字,收款员向业务员开具收款票据,证实已接收款项。

第十章 快件派送

第一节 派送流程

一、派送流程概念

派送流程,是指业务员将快件交给客户,并在规定的时间内,完成后续处理的过程。快件派送分为按址派送和网点自取两种方式。

按址派送,是指业务员从接收需要派送的快件开始,在规定的时间内到达客户处,将快件交给客户并由客户在运单上签收后,在规定的时间内,将运单的派件存根联、收取的到付营业款以及无法派送的快件统一带回派送处理点,完成运单、快件、款项交接的全过程。

网点自取,是指客户上门至快件所在的派送处理点自取快件,业务员将快件交由客户签收后,在规定的时间内,完成运单、款项交接的全过程。

二、派送流程描述

在快件派送的两种方式中,按址派送是目前快递服务的主流形式,体现了其便捷、灵活的特点。但在按址派送不能实现或客户有特殊要求的情况下,也有客户网点自取的情况,这种形式目前相对较少。从工作环节看,这两种方式存在一些差异。

(一)按址派送

1. 流程图(图10-1)

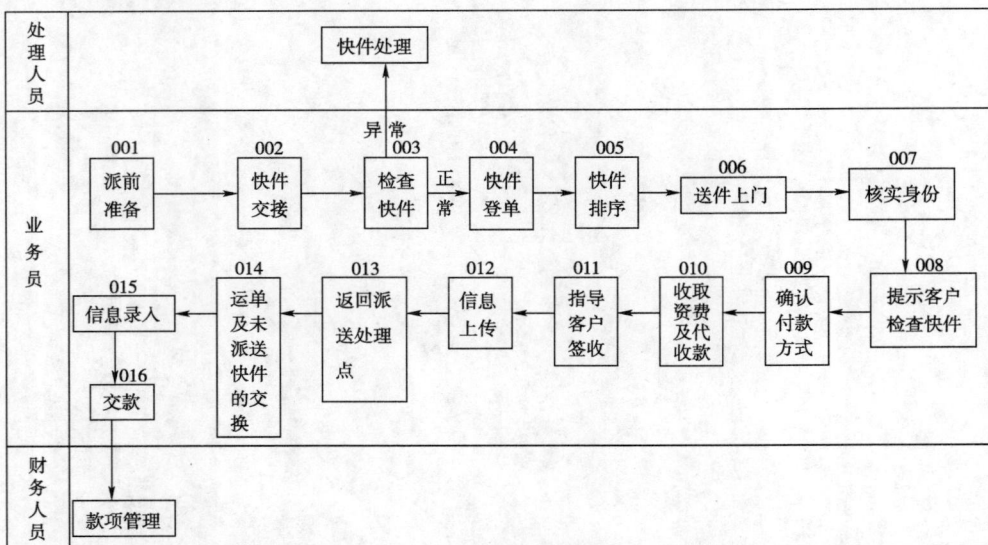

图 10-1

156

2. 流程说明(表10-1)

按址派送流程说明　　　　　　　　　　　　　　　　　表 10-1

编号	流程活动	流程活动说明
001	派前准备	准备好需要使用的运输工具、操作设备、各式单证等
002	快件交接	领取属于自身派送范围的快件,与处理人员当面确认件数
003	检查快件	逐个检查快件,如有异常将异常快件交回处理人员
004	快件登单	通过手工或系统,对交接的快件完成派件清单的制作
005	快件排序	根据快件派送段的地理位置、交通状况、时效要求等合理安排派送顺序,将快件按照派送顺序进行排序整理
006	送件上门	将快件按照派送顺序妥善捆扎在运输工具上,途中确保人身及快件的安全,到达地点后妥善放置交通工具
007	核实身份	查看客户或客户委托代为签收人的有效身份证件
008	提示客户检查快件	将快件交给客户进行查验。因外包装破损或其他原因客户拒绝接收,应礼貌地做好解释工作并收回快件,同时请客户在运单的"备注栏"内签名,写上拒收原因和日期
009	确认付款方式	确认到付快件的具体付款方式。客户选择现付则按照运单上的费用收取;客户选择记账则在运单账号栏注明客户的记账账号
010	收取资费及代收款	向客户收取到付资费及代收款业务的相应费用
011	指导客户签收	派件业务员在运单上填写姓名或工号,请客户在运单的客户签字栏用正楷字签名,确认快件已经派送给收件客户
012	信息上传	客户签收后,立即使用扫描设备做派件扫描。采用电子签收方式,则请客户在扫描设备上签字
013	返回派送处理点	妥善放置无法派送的快件,确保在运输途中安全,在规定的时间内返回派送处理点
014	运单及未派送快件的交接	清点已派送快件的运单("派件存根"联)、无法派送的快件的数量,核对与派送时领取的快件数量是否一致。将运单和无法派送的快件当面交给处理人员
015	信息录入	将已派送快件的相应信息准确、完整、及时地录入系统
016	交款	将当天收取的款项交给派送处理点的相应处理人员

(二)网点自取

1. 流程图(图10-2)

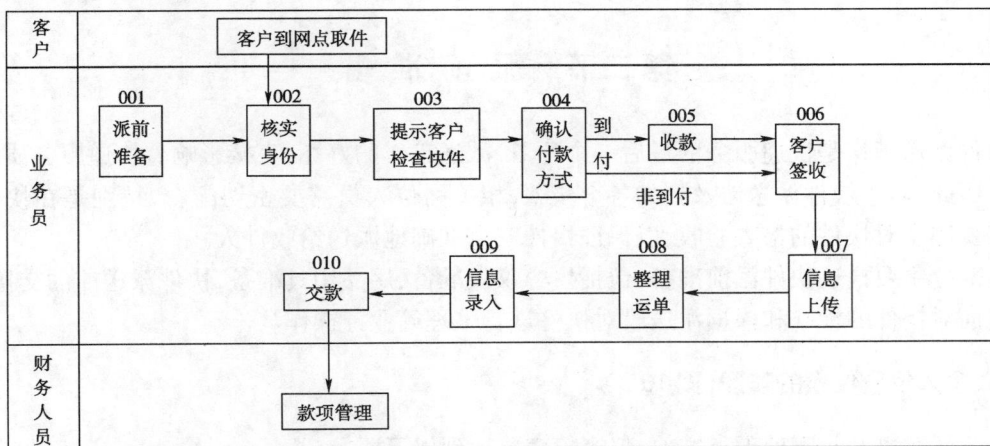

图 10-2

157

2. 流程说明(表10-2)

网点自取派送流程说明 表10-2

编号	活 动 名 称	流程活动说明
001	派前准备	准备派件所需操作设备、各式单据和证件,并检查确保运输工具及操作设备能正常使用
002	核实身份	根据客户提供的运单号,查找快件。核实客户提供的有效身份证件是否与运单收件人信息相符。不得将快件交给与收件人信息不符的人员,若属代签收,则必须在运单相应位置注明代收人的有效身份证件号码
003	提示客户检查快件	收件客户身份核实无误,业务员将快件交给客户,提醒客户对快件进行查验。 如因快件外包装破损或其他原因客户拒绝接收快件,业务员应礼貌地向客户做好解释工作,并收回快件。同时请客户在运单的"备注栏"内签名,写上拒收原因和日期
004	确认付款方式	如快件为到付,业务员须与客户确认具体付款方式,如客户选择现付,则按照运单上的资费收取。如客户选择记账,则在运单账号栏写上客户的记账账号
005	收款	客户选择到付现结或有代收货款业务,则向客户收取相应费用。客户结清款项后,方可将快件交给客户
006	客户签收	派件业务员在运单上填写姓名或工号,请客户在运单的客户签字栏用正楷字签名,确认快件已经派送给收件客户
007	信息上传	若有移动扫描设备,客户在运单上签收后,立即使用扫描设备做派件扫描。若采用电子签收方式,需请客户在扫描设备上签字
008	整理运单	整理已经派送成功的快件运单,确保已派送的快件数量与运单数量一致
009	信息录入	按照已派送快件运单内容,将相应信息准确、完整、及时地录入系统
010	交款	将当天的收取的营业款交给营业网点的相应处理人员

第二节 派 前 准 备

快件派送工作是快递服务的最后一个环节,派送工作的好坏,直接影响着快递服务质量的高低。因此,对于快件派送涉及到的各个步骤,相关岗位人员需要密切配合,特别是在快件交接时需要注意对快件的检查验收,以保证快件安全准确地派送给收件人。

本部分主要描述快件派前准备,包括仪容仪表准备、用品用具准备,快件派送前的交接,以及派送前对快件的检查和根据派送段对快件进行整理等业务操作。

一、个人仪容仪表的整理(图10-3)

业务员在离开收寄处理点之前,仪容仪表要达到以下要求:

(1)身着公司统一制服,服装要熨烫整齐,摆好衣领。

（2）工牌佩戴于胸前，不得佩戴装饰性很强的装饰物、标记和吉祥物。

（3）衣服袖口须扣上，上衣下摆须束在裤内。

（4）手腕除了手表外不得戴有其他装饰物。

（5）系黑色皮带，鞋带系好，保持鞋面干净，穿深色袜子。

（6）整理好自己的仪容（头发、面容、耳部等）。

（7）调整好心态和情绪，争取以饱满的精神状态和积极热忱的面貌出现在客户面前。

图 10-3

二、运输工具及用品用具的检查准备

（一）运输工具检查

快递领域常见的派件运输工具有自行车、电动车、摩托车、汽车，出行前应做好运输工具的检查。确保运输工具工作状态良好，是实现人身安全、快件安全以及高效收派必不可少的一项前期工作。

1. 自行车检查要点

（1）刹车。刹车时，左右刹车杆进行均等位移，刹车块能够正确地与车圈接触。

（2）辐条。辐条拉力均等，不松动，不生锈。

（3）脚踏。上下方向摇动不会产生松动。

（4）车把。左右方向摇动不会产生松动。

（5）气门。气门与车圈近似成直角状态。

（6）车头碗组。前后方向摇动手把不产生松动。

（7）刹车及变速手把。轻握刹车手把时不发生扭曲变形。

（8）车身及各部件清洁。

自行车日常维护与保养小知识

- 对着自行车喷水将泥土尘埃冲掉，如果不是很脏，用布擦净即可。
- 细小难擦的部位可使用刷子刷净。
- 在零件的各活动部位上点注润滑油，这样可使其活动灵活，并能起到防锈的作用。
- 注油的部位：齿轮和链条、变速杆内部及刹车手把、变速器、脚踏轴部。注油时请注意不要将油滴溅落到车圈上。

---

2. 电动车检查要点

（1）检查轮胎气压，气压不足及时充气。气压充足可以降低轮胎与道路的摩擦力，气压不足时电动车骑行费力，消耗电能增多，续行里程缩短。

（2）检查车把转向是否可靠，前后刹车是否灵敏，整车螺丝是否松动，链条、飞轮是否需要加油，以确保行车安全。

（3）检查电池盒的插座、充电器的插头是否松动，电池盒是否锁好，电量是否充足。

（4）检查配套工具及附件是否备齐。

电动车日常使用及保养小知识

对于电动车来说,除了车辆各大部件的自身质量问题外,正确使用和维护是延长使用寿命的关键,因此使用时需注意:

● 平时保持车体清洁,注意避免雨淋曝晒。雨天行驶时,不能让积水浸入电机以免造成损坏。经常检查控制器、仪表、灯光、刹车制动等,发现异常情况应及时处理,排除故障。

● 在行驶中要人力电机配合使用,起步时脚踏行驶至一定速度后再开启电门加速。在上坡、顶风、负重行驶中,最好人力与电力同时配合,以避免蓄电池超负荷放电。不能使用回升电压行驶,防止严重亏电,损伤电池。

● 养成充电习惯,随用随充使电池经常保持电量充足。必须使用随车专备充电器进行充电。充电时,充电器上不要覆盖任何物品,放置于通风口,同时注意避免液体和金属颗粒进入充电器内部,防止跌落与撞击,以免造成损伤。电池在车上充电时应关闭电门锁,不要将电池倒置充电。

● 在保证安全的前提下,行驶中应尽量减少频繁刹车、启动。刹车时应松开调速把,以免损害电机及其他机件。

● 较复杂的电气电子方面的故障,最好由专业人员检测。

安全注意事项:

● 下车推行时,应关闭电源,以防推行时无意转动调速把,车子突然启动发生意外。

● 刹车时,电机的电流立即切断。但刹车放开,如果这时加束手把还在加速位置电机将立即得到电流前进,这样不利于安全,加速完毕后须将手把推回原位。

● 充电时注意事项:充电器内含高压线路,不要擅自拆卸。充电过程中若闻到有异味或电池温度过高时,应立即停止充电。

3. 摩托车检查要点

(1)检查摩托车的外观,清洁外表及蓄电池表面。

(2)检查汽油箱的存油量及混合比是否按规定比例混合;变速器润滑油是否足够;蓄电池是否有足够的存电;电解液平面是否高于极板 10～15mm,如不足时,应及时加添蒸馏水;轮胎是否亏气,如不足时应及时给轮胎充气。

(3)检查有无漏油、漏电、漏气现象。

(4)检查汽油箱盖、机油口盖、蓄电池盖、气门嘴盖是否齐全有效。

(5)检查灯光、喇叭、反光镜是否正常;水冷式发动机是否漏水。

(6)检查转向、制动、油门、离合器及传动部分是否牢固可靠,操纵灵活。

(7)检查各部螺栓及接线头是否松动。

(8)启动发动机,检查有无异响,检查怠速、加速及发动机的工作情况。

(9)检查驾驶证、车辆牌照、行驶证等相关证照及随车工具和备件是否带齐。

4. 汽车检查要点

(1)车辆外观。有无明显破损,有无有碍安全的漏洞,四门能否关牢、锁死。

(2)车辆内部。车厢内是否清洁、防止污染快件。

（3）行车安全。查看轮胎的胎面是否有鼓包、裂纹、切口、刺穿、过分磨损等情况；检查制动系统，看看制动距离是否正常；发动机运转是否良好、火花塞点火是否正常；机油、刹车油、冷却剂是否足量，刹车油、助理转向液、齿轮油、电解液、玻璃清洁液也是必须带上的。

（4）检查车中的各种胶接零件有无松动，车子的照明灯、信号、喇叭、门锁、玻璃升降器手柄是否还能正常使用。

（5）配套工具。简单修理工具，备用轮胎。

（二）手推车的准备

手推车是一种平面运输设备，具有灵活、使用方便、便于存放、成本较低、有一定运载能力等特点，可以方便地实现货物的搬运，适合少量、小范围、临时短途运输的需要。在快件搬运中，手推车是常用的搬运设备之一，其中运用最广的是平板手推车。平板手推车根据材质不同可分为不锈钢平板车、铝制平板车、铁板平板车等。

1. 常用手推车介绍（表10-3）

下面对五种常用手推车的性质及优缺点进行介绍。业务员可根据所使用的运输工具、服务区域内的快件特点、派件场所性质等选择合适的平板车。

常 用 手 推 车　　　　　　　　　　　　　表10-3

手推车类型	优　点	缺　点	图　片
不锈钢平板车	承载能力强，抗腐蚀性强、耐磨性好、使用寿命长，便于清洁	自重较重，价格较高	
铝制平板车	自重较轻、抗腐蚀性较强，便于清洁	承重能力一般，移动时噪声较大，使用寿命相对较短	
铁板平板车	价格相对较低，承重能力较强，便于清洁	自重较重，耐磨性较弱。抗腐蚀能力较弱，移动时噪声较大，使用寿命较短	
铁制手推车	承重能力很强，价格较低，使用寿命长	自重较重，平板有空隙，不利于体积小快件的运送；抗腐蚀能力较弱，移动时噪声较大	

手推车类型	优 点	缺 点	图 片
窄板手推车	重量轻,可伸缩,携带方便,使用时噪声小	平板小,不利于体积大快件的运送	

2.手推车检查要点

手推车结构较为简单,主要由车板、扶手、脚轮组成。每一组成部分的性能及状态都会影响使用的便捷、安全及效率,因此在使用前应对每个部位进行仔细的检查,主要包括以下几点。

(1)扶手是否完好,左右摇动是否松动。

(2)平板部分是否完好,承载能力是否满足所装运的快件的总重量要求。

(3)脚轮是否可灵活移动,刹车轮是否能正常使用。

(4)表面是否清洁,若有污物,需清洁其表面,避免污染快件。

(三)移动扫描设备的准备

移动扫描设备属数据采集器的一种,由于其具有一体性、机动性、体积小、重量轻、高性能等特点,适于手持。它是将条码扫描装置与数据终端一体化的设备。具备实时采集、自动存储、即时显示、即时反馈、自动处理、自动传输功能。为现场数据的真实性、有效性、实时性、可用性提供了保证。

快递领域中常见到的移动扫描设备,是业务员在收派服务时用于采集快件收派信息的终端设备。市面上各种数据采集器种类、型号繁多,但其主要功能和构造相差不大,因此,其检查要点及日常维护与保养大致相同。

1.手持终端检查要点

(1)电量是否充足,如果电量不足,一般会自动提示。

(2)是否打开条码识别功能。

(3)是否能正常读取条码信息。

(4)按键是否灵敏、正确。

(5)显示屏是否正常显示扫描信息。

(6)采集器通信接口是否清洁、有杂物。

(7)运行程序和速度是否正常。

(8)对于实时上传的采集器能否实时上传。

(9)历史数据是否上传且删除。

2.日常维护与保养知识

(1)避免剧烈摔碰、挤压、远离强磁场。

(2)注意防潮、防湿,通信口避免杂物进入。

（3）电池电力不足时，手持机将会提示，应及时充电。

（4）当用户程序不能正常运行，应重新设置系统程序及应用程序。

（5）不要擅自拆卸机器，若出现故障应与公司相关人员联系。

（四）个人证件的准备

个人证件是向客户证明身份的证件，主要包括工牌（工作证）、居民身份证、驾驶证、行驶证等。

（五）其他物品的准备（表10-4）

出行派送前，应携带足够的工作用具，如专用双肩背包、单肩挎包、通信设备、书写用笔、各式单证、零钱、介刀、电子手秤、卷尺、绑带、雨披、雨布等。

其 他 物 品 准 备

表10-4

物 品 名 称	物 品 说 明	示 例 图 片
背包或挎包	用于文件类、小包裹类快件的集装	
便携式电子手秤（内置卷尺）	业务员随身携带，用于计量快件重量或体积的工具	
介刀	收派员日常收派件使用	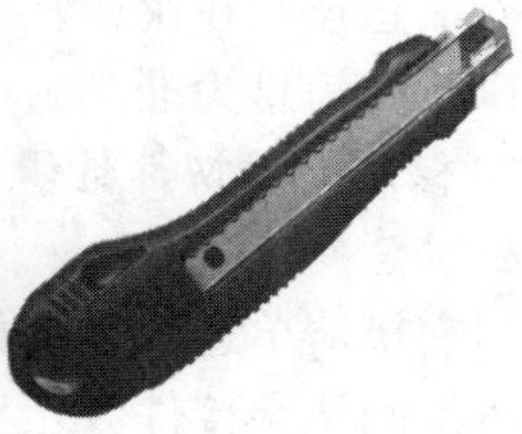
圆珠笔	供业务员在收取和派送快件过程中书写使用	

物品名称	物品说明	示例图片
雨布	快件防雨用具	
绑带	将快件捆扎、固定到运输工具上,防止运输途中散落,保护快件安全	

三、快件交接

快件由上一环节到达派送处理点之后,快件处理工作人员(不同快递公司对此岗位工作人员称谓不同,如仓管员、操作员、分拨员、内勤员等)负责对快件进行分拣。分拣完毕后,处理人员根据收件人名址、重量、快件类型等将快件交接给相应的业务员。

(一)交接原则

1.当面交接原则

业务员须当面与快件处理人员交接快件,交接双方共同确认快件状态。如发现有异常,可将快件交由场地处理人员处理或在派件交接清单中注明异常情况。

2.签字确认原则

交接双方在确认快件无误之后,需要在派件清单上对交接信息进行双方签字确认。

随着信息技术在快递领域的应用和发展,部分快递企业已经简化了交接签字的环节,交接的信息以系统信息为准。

(二)核对交接快件数量

1.核对总件数

根据交接清单逐件核对总数是否与实物数量相符。如不相符,需要立即向处理人员反馈,并双方再次确认交接件数。

2.核对一票多件快件的件数

检查实际交接的快件件数是否与运单注明件数相符。如不相符,需要立即向处理人员反馈,与其确认是否快件未到齐或者遗失。

3.核对代收货款快件的件数

代收货款快件涉及向收件人收取相应的款项,通常金额较大,存在一定的风险,交接时一般快递企业都要求将代收货款快件的数量单独清点,并在派件清单中注明。

4.核对保价快件的件数

保价快件通常具有高附加值、易碎、对客户重要性高的特点,在交接时需要特别注意。为了更好地实现对客户的承诺,很多快递企业对于保价快件有单独的收派及处理流程,而且快件流转的每个环节的交接都需交接双方签字确认。

(三)检查交接快件

1. 检查交接快件

(1)检查快件外包装是否完好,封口胶纸是否正常,有无撕毁重新粘贴痕迹。

①如快件轻微破损且重量无异常,网点处理人员对快件进行登记,并在派件清单相应位置登记破损情况后,由业务员对快件进行加固包装并试派送。

②如快件破损严重,且重量与运单填写重量不符,须将快件滞留在派送处理点,由派送处理点处理人员按照相关规定处理。

③如发现封口胶纸异常(如非本公司专用封口胶纸、有重复粘贴痕迹),立即上报网点有关人员并交由其处理。

(2)查看是否有液体渗漏情况。

①若轻微渗漏,则重新加固包装,安排试派。

②若渗漏情况严重,则交由处理场地人员处理。

(3)检查快件运单是否脱落、湿损、破损,运单信息是否清晰明了。

①如运单脱落,立即交由处理人员处理,并协助其查找是否有脱落的运单。

②如发现快件运单粘贴不牢固,用快递企业专用胶纸粘贴牢固。

③如运单模糊不清(通常由于涂改严重、在运输过程中磨损造成),但可以识别运单单号的,将快件交由处理人员利用运单单号,进入相应的系统查看快件信息。待其确认并在运单上标示清楚后,再重新接收安排派送。

④如运单轻微破损且不影响查看快件信息,则按照正常快件派送。

⑤如运单模糊、严重涂改、破损等导致无法识别快件运单单号,快件处理人员可通过系统查找此快件的单号及相应的信息,填写公司专用"派送证明"代替"收件人存根"联,交给业务员,业务员按照正常的流程派送。

2. 检查快件收件人名址

(1)检查派送地址是否超出自身所负责的派送区域。

(2)判断收件人地址是否正确、详细。地址错误或不详,则需要按照运单上收件方电话及时与客户联系,询问其姓名及正确地址,确认后,按照正常快件派送。

(3)检查收件人姓名是否正确、具体。若出现以姓氏后冠以"先生"、"小姐"、"职务"的,如"张先生"、"王小姐"、"李经理"等,可先接收该快件进行试派。

(四)交接签字

派送网点处理人员将快件交接给业务员,经业务员对快件进行核对、检查无误后,由交接双方在相应的派件清单中签字确认。

各快递公司的交接清单格式内容存在差异,但一般都包括运单号、重量、运费、付款方式、快件数量等交接信息。

四、快件派送交接单

快件派送交接单有手工抄写和电脑系统打印两种方式,主要包括快件派送前的相关信息。

派送交接单（也称派件清单），是指在派送快件前，通过手工抄写、电脑系统打印等方式将准备派送的快件相关信息制做成的单据。目前国内快递企业中，大多数企业都采取手工抄写清单的方式，只有规模较大的公司使用移动扫描设备对快件进行扫描后，将采集的相关信息上传至电脑，并通过与其他储存业务数据的系统关联，生成相应派件清单。

（一）派送交接单制作的基本方式

1. 手工登记

手工登记，是指派送业务员通过手工抄写的方式将准备派送的快件相关信息填写在相应的表格中的过程。派件清单一般为一式两联，抄写完毕后，其中一联交给处理人员，另一联业务员留底保管。手工抄写须注意抄写字迹工整，抄写准确，尽量减少笔误。

2. 电脑系统打印

电脑系统打印制作清单，是指快递企业的操作系统中设计特定的清单样式，处理人员对快件和运单扫描完毕后，将数据上传至电脑系统，再通过电脑系统把快件信息打印出来的一种清单。相对于手工登单，电脑系统打印派件清单有以下几项特点：

（1）可节约业务员的操作时间，把更多的时间留给收派快件。

（2）系统打印的准确性高，通过扫描设备的扫描数据打印，不会出现笔误。

（3）可满足大快件量的需求，当快件量少时，可通过手工抄写，但是随着快件量的增长，手工抄写耗费的时间和精力不断增加，且手工抄写容易出现错误。

（4）系统打印避免了字迹不清或潦草的情况，信息清楚、易辨。

（二）交接单制作的基本要求

1. 信息完整

各快递公司对登单的内容要求存在差异，但登单时务必根据清单的内容要求，将相应的运单内容完整地登记在清单上。

2. 信息准确

登单时，需按照要求将派送快件的信息如实、准确填写。

3. 字迹工整

若手工登单，填写派件信息时要求字迹工整，以便于识别及判定信息的准确性。

五、按照派送段进行快件的排序

（一）派送段的含义

派送段也称派送区域，快递企业根据业务量及业务员人数，将每个派送处理点的服务范围划分成多个派送服务段，每一个段叫作派送段。一个派送段的地域范围主要是依据该派送处理点内各路段的业务量，并综合考虑业务员的工作时间来划分的，一个派送段既可以是几个路段或一定地理范围，也可以是一栋楼，甚至是一栋楼的某几层。每位业务员负责其中一个或多个派送段的快件派送服务。

（二）快件排序知识与方法

快件排序是指业务员为安全、高效、准确地完成快件派送，结合快件派送路线及快件时效要求，将本次需要派送的快件进行整理、排列。对快件进行合理、得当的排序，是整理快件的重点,也是快件实现高效率派送的基础。

快件排序的方法有如下几种。

(1)根据优先快件或按特殊业务排序

优先对有特殊要求的快件进行排序。如等通知派送的快件,客户有较严格的时间要求,可能具体到某一天,也可能具体到某一天的某一小时,必须根据客户要求的时间及时派送;保价快件一般具有高价值、易碎、对客户有较高重要性等特点,若随身携带的时间越长,遗失或破损的概率越大,对于客户、快递企业以及业务员而言,都存在较大的风险,因此为了降低风险,对于此部分快件可优先派送。

(2)根据快件时效排序

将派送时效要求相同或相近的快件放到一起,先排列时效要求高的快件,再排列时效要求低的快件。

(3)根据由近而远地址排序

按照派送段由近及远的顺序将快件排列、整理。此条原则主要是基于派送的总时间考虑,选择由近及远的方式派送,不仅可以节省劳动强度,也可节省派送总时长。

(4)根据快件大小排序

大件先派送,可以减轻快件派送的劳动强度。

六、派送路线的设计

派送路线,是指将业务员在派送快件时所经过的地点或路段,按照先后顺序连接起来所形成的路线。派送路线是业务员派件所走的轨迹,合理设计派送路线可节约派送时间,提高派送效率。派送路线的设计应该考虑以下一些原则。

1.保证派送时限

快件派送时限,是指完成快件交接,至客户处成功派送快件、运单和款项交接等活动的最大时间限度。为了更好地服务客户,完善快递企业的快递服务产品,快递企业通常都会向客户承诺快件派送的时限,即收寄快件时向客户承诺的最晚派送时间。影响派送时限的因素主要有以下几点:

(1)当班次派送件量过大。

(2)在同一班次内,因客户不在而进行二次派送。

(3)天气、交通堵塞、交通管制等不可控因素。

2.优先派送优先快件

优先快件,是指因时限要求、客户有特殊要求等原因,需要安排优先派送的快件。优先派送的主要类型包括以下三种。

(1)时限要求高的快件,如同时有即日达、次日达需要派送,应优先派送即日达。

(2)客户明确要求在规定时间内派送的快件,如等通知派送的快件,需要在客户要求的时间完成派送。

(3)二次派送的快件,即首次派送不成功,客户要求再次派送的快件。

3.先重后轻,先大后小

先重后轻,是指优先派送重量较重的快件,再派送重量较轻的快件;先大后小,是指优先派送体积较大的快件,再派送小件快件。由于重的或体积大的快件的装卸搬运劳动强度大,优先处理,可减轻全程派件作业的难度。

此原则只针对非轻泡货件,若既有非轻泡件,又有轻泡货件时,则需根据实际情况灵活处理。

4. 减少空白里程

空白里程,是指完成当班次所有快件的派送所行走的路线的实际距离减去能够完成所有快件派送的有效距离。空白里程产生的是无用功,增加了业务员的劳动时间和劳动强度。造成空白里程的原因有以下几点。

(1)对派送段所包含的路段、地址、门牌号不熟悉,导致在派送时绕路。业务员胜任独立派送快件前,应熟悉派送段,掌握每条路段、街道所包含的门牌号,如为商场、超市、学校等场所,需要了解其布局,确保能以最短距离到达收件客户处。

(2)排序时未将同一客户的多票快件排在一起,导致多次派送。快件排序时,需要注意将同一客户的多票快件整理到一起,同时派送,避免多次派送。

(3)派送路线交叉过多或重叠。业务员对于同一个派送段,应掌握多条派送线路,以最佳方式派送。

(4)信息滞后,如对交通管制、封路信息掌握不及时,导致绕道而行。业务员须及时掌握派送段内的路况信息,避开交通管制或修路的路段。

5. 考虑道路情况

派送路线的设计,需要综合考虑派送段的路况、车流量,当班次的快件数量,快件时效要求等要素进行设计。

(1)遵守道路运输及领域相应法律法规,选择允许派送车辆行驶的路段。

(2)派送路段路况。避开车流量或人流量较大的路段,减少运输时间。

(3)快件时效要求。减少运输时间,尽量避免在十字路口行驶,减少等待时间。

(4)行车安全。选择路况较好的路段,包括路面质量好、车道宽敞、车流量较小、坡度和弯道密度小。

合理的派送路线对于派送工作的有效完成具有重要的作用,具体体现为有利于满足快件时效要求,实现派送承诺;节省行驶和派送时间,减少劳动强度;节省运输成本,减少车辆损耗。因此,在派送前一定要做好派送线路的设计。在实际操作中,派送路线的设计需要综合考虑各个原则。如果各个原则不能同时满足,则应当首先满足根本原则,其次再满足其他原则。

第三节 派送服务

一、快件捆扎

为了防止快件在装运过程中散落、遗失,业务员须将一件或多件快件用捆扎材料扎紧,固定为一个集装单元,或者固定捆绑在运输工具上。在捆扎快件时,应根据快件的数量、重量以及体积大小,结合装运快件的工具(如托盘、包袋、手推车等)合理确定捆扎方式。

(一)快件捆扎的基础知识

1.常见捆扎材料(表10-5)

常见捆扎材料   表10-5

名称	说　明	图　片
绑带	绑带是有弹性的捆绑物品用的带子,两端带有硬钩,便于捆扎物品时拉伸。绑带最大的特点是弹力很强,拉伸范围可以在100% ~ 180%左右。绑带由于其高弹性特性,在快件运输捆扎中被广泛应用。使用绑带时须注意: 　　(1)绑带弹性很强,硬钩所钩拉的物体须稳固,钩子不能滑动、不能钩脱。避免绑带拉紧时突然弹开,对人身造成伤害。 　　(2)使用绑带前,确保绑带硬钩牢固,如果钩子松脱,须重新扎牢后方可使用。检查绑带是否有破损的迹象,如绑带破损须及时更换。 　　(3)使用绑带捆扎时,注意不要把绑带拉伸得过长,如超过拉伸弹力范围,会拉断绑带	
绳子	绳子通常有尼龙绳、棉织绳等不同材质类型,绳子的特点是拉力强、耐腐蚀、重量轻,可广泛用于起吊重物、船舶缆绳等。但是由于绳子缺乏弹性,在快件捆扎中使用得较少	
布带	布带是使用纺织纱编织而成的,布带编织得非常牢固,更多地用于军事方面,如军用被包打包、军用水壶背带等。在快件捆扎上,布带可用于捆绑少量快件。例如,派送快件时,同一客户有几件大小规格相差不远的快件,就可以将快件整齐叠放在一起后,使用布带将其捆绑,便于携带	

2.捆扎常用的绳结(表10-6)

系绳结是人们日常生活中常见的活动,在快件处理及收派的整个过程中更是一项经常性工作,捆绑快件、固定一件快件、提起一件快件等都要用到绳结。打绳结既要求牢固、易于解脱,又要迅速、美观。下面介绍几种常用的打结方法。

(二)快件捆扎方法

对于不同规格的快件,捆扎方法有所不同。

1.体积较小的快件

对于文件封或牛皮纸袋包装的快件,派送时应采用集装的方式,即将快件排序整理后装进随身携带的背包或挎包内。体积较小能装进背包或挎包的其他包装快件,也应排序整理后与文件封包装的快件一起集装。注意背包或挎包的袋口应该封上,如袋口有绳子的,将绳子拉紧,打上蝴蝶结或反手结,既便于解开,又可避免快件掉出、淋湿或被盗,见图10-4。

捆 扎 常 用 绳 结　　　　　　　　　　　　表 10-6

名称	说　　　明	图　　片
平结	又称为方结,在各种类型的结中使用频率最高。粗细相同的绳索用平结连在一起,十分结实,能够承受很大的拉力,而且易于解开。如果绳索粗细不同,用此结系在一起则不可靠。尼龙绳由于太滑,也不适合打平结。 打结方法: (1)将右边一根绳子放在左边的绳子上面。 (2)向下环绕。 (3)将左边绳端放在右边绳端上。 (4)再向下环绕。小心检查——两个环可以彼此滑动,如果穿错了位置,就会导致系不到一起(散开),或者在受到拉力时难以解开。 (5)同时拉动两根绳索,将平结系紧;或者仅从活端用力,也能确保系紧。 (6)系完平结后如怀疑还不够可靠,可将平结每一端的活端在绳索上再打半个索结	(1) (2) (3) (4) (5) (6)
反手结	反手结是所有绳结当中最简单一种,可以作为止滑的手把,也可以当作绳尾结。反手结也是许多其他绳结的基础。 制作反手结时,首先将绳索曲成一环状,然后将活端从后面穿过此环并拉紧即成。 反手结单独使用很难发挥什么特别的作用,但是,如果配合其他绳结使用,或者稍加变化,就会变成很有用的绳结。最简单的应用是做成反手环,就是将绳索弯成一环,将此环套在一固定物体上,紧拉,再用活端与环打一反手结	反手结 反手环
"8"字形结	此结同反手结一样可在绳端系一个结点,但却比反手结更为有效。先将绳弯曲成一环,将活端放至绳索固定部分的后面,然后绕过固定部分,再将活端穿过前面的环	

续上表

名称	说　　明	图　片
绳索连接单编结	用来连接粗细相同或不同的两根绳索,比平结更有效。此结制作简单,在绳索未承受拉力时也易解开。 　　(1)将一绳弯曲成环状,另一绳的活端 *a* 向右,从后面绕过环,再将活端从这根绳与另一绳之间的环间穿过。 　　(2)拉紧。拉力增加时,此结自动系紧	(1) (2)
带结	表面平滑的材料如皮带、布带等的连接,使用此结效果比较好。 　　(1)用带子活端制作一个反手结,不要拉紧。 　　(2)将另一根带子的活端沿反手结运动轨迹的相反方向穿越此结。 　　(3)活端恰好在结内,拉紧时活端就不会滑落	(1) (2) (3)
丁香结	当受到的拉力与地面垂直时,此结相当有效。而当拉力方向与地面不垂直或拉力的方向经常发生变化时,丁香结容易发生松动。 　　(1)将绳索活端绕过木棒。 　　(2)将活端压在绳索上,再环绕木棒一周。 　　(3)将活端向上从绳下穿过,活端方向与绳索固定部分方向相反。 　　(4)将两环靠近再拉紧。 　　也可以在绳索上制作一个圆环形丁香结,然后在绳索可以够着圆木末端的情况下,将制成的结整个放到圆木上。许多打结者都用此法制结。在圆木上制作一松弛的丁香结,然后再滑下圆木	(1) (2) (3) (4)

名称	说 明	图 片
索针结	制作迅速,可用来将船舶上的绳索固定在一根柱子或任何一根直立的木桩上部。暂时将绳子固定在一根短而结实的木棍上也便于拉动重物。 (1)先将绳索弯曲成环——注意研究图示。 (2)将环的一边拉到绳索固定部分上面。 (3)将此环置于木桩上——使固定部分凸出绳环,将木桩穿过凸出部分与绳环之间,拉动活端,将绳索系紧	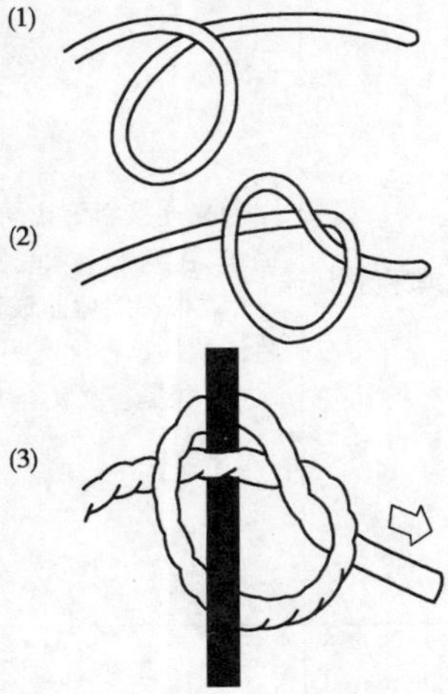 (1) (2) (3)
小锚结	通常也称为锚结——用来将绳索固定在做锚的重物上,在水中也可固定一个真正的锚,或者用来固定一根欲投掷的绳索的一端。 绕着岩石或其他重物的一端制作一圆木结,沿着重物将绳索拉到重物另一部分,打一半结	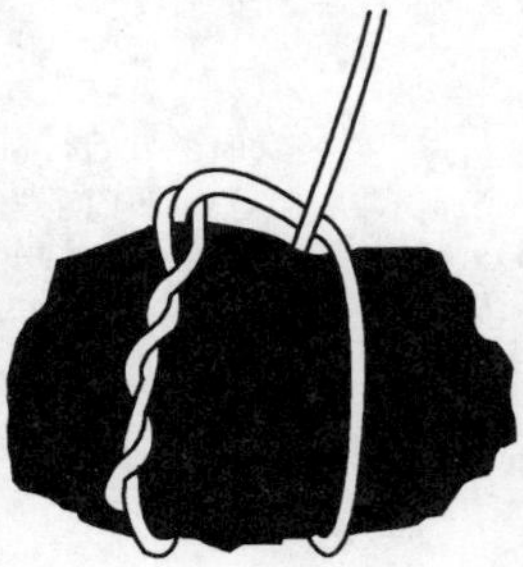
圆材结	主要用来捆绑某物,也可用来扯起、拉动或牵引重的圆木。 (1)将绳索末端环绕木棒,再绕过固定部分。 (2)将活端塞进绳索的环形内,再环绕绳索数次,直到安全为止。轻轻拉动固定部分,系紧圆材结,木棒要能够固定牢固	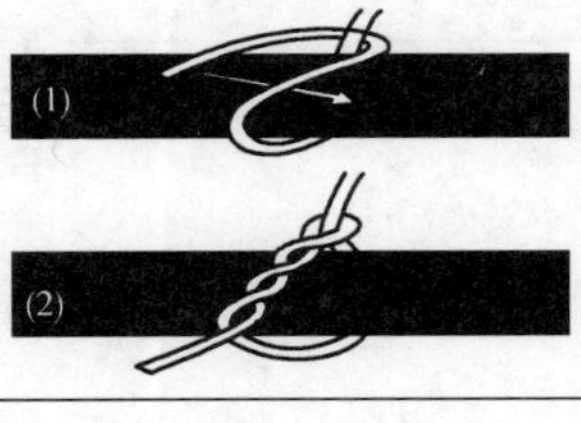 (1) (2)
渔人结	连接两根质地柔软的绳索或其他材料,例如藤本或金属线时可采用此结。对于潮湿的或打滑的绳线使用渔人结也非常有效。用此结连接细线时紧密牢固,但不易解开。如果绳索较粗或是尼龙线则不可使用此结。 (1)将两根线放在一起,末端方向相反,将其中一线的活端绕过另一根线,简单制作一反手结。 (2)用同样方式,重复另一根线的活端。 (3)轻微拉紧两个反手结,然后彼此相向滑动,让两结紧挨,再系紧两结	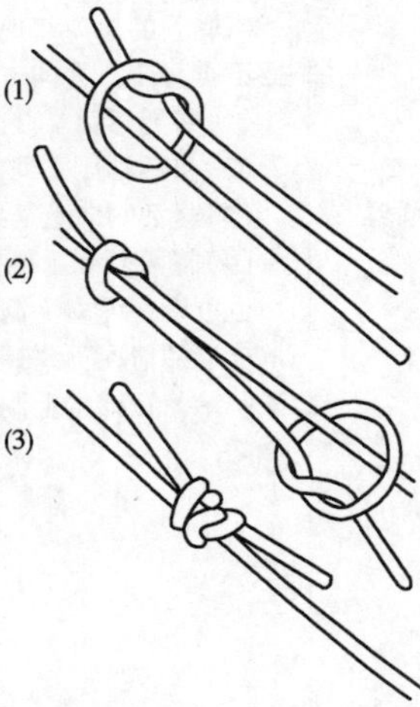 (1) (2) (3)

名称	说　　　　明	图　　片
攀踏结	通常也被称为蝴蝶结或炮结。此结有一个不可滑动的环,能够在绳索中间制作,但是在绳索末端不能用此结。 　　(1)(2)将绳子折成一环。 　　(3)再扭曲出一个小环。 　　(4)将小环穿过原环。 　　(5)轻轻拉动使结固定,小心拉紧。 　　注意:如果在拉紧结时不小心出现错误,就可能成为一个滑环。如果环的扭曲不是如图(3)所示的方式,你可能会发现制作此结的其他方式。环的牢固程度并不受扭曲方式影响,也不因扭曲是否变化而受影响	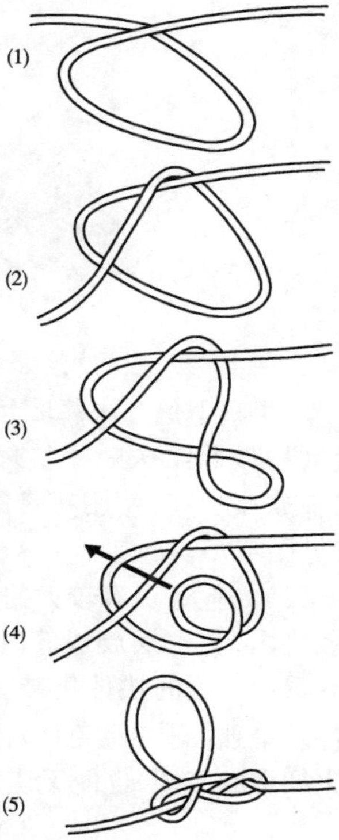 (1) (2) (3) (4) (5)
套索	这是另一种能够自由滑动的套索结,但此种结有一个明显的圆形环,适于套取某物,所以是一种套索。 　　(1)首先打一反手结。 　　(2)在离绳端一段距离弯曲一个环。 　　(3)在反手结与环之间再将绳索折成半环。 　　(4)将半环穿过先曲成的绳环。 　　(5)绕着半环将绳环系紧。 　　(6)将绳索的长端穿过新的绳环	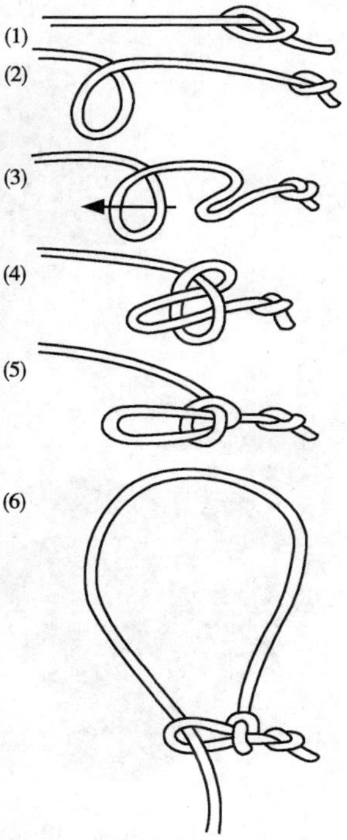 (1) (2) (3) (4) (5) (6)

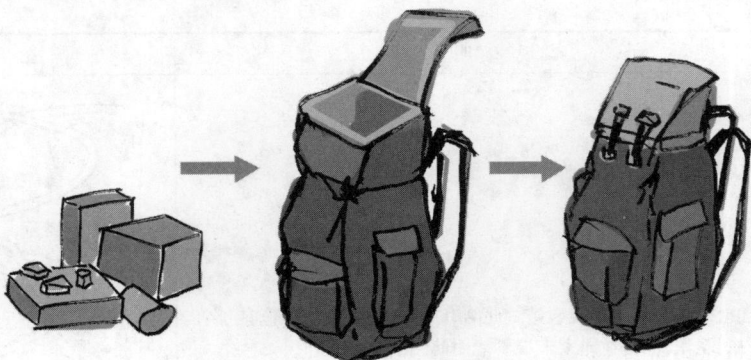

图 10-4

2.体积小但无法装进背包或挎包的快件

(1)按照派送顺序整理,将派送到同一地址或相近地址的快件,叠放在一起,使用布带等将其捆绑在一起,便于上门派送时携带,见图10-5。

(2)如业务员有较大的集装袋,可将快件排序后整齐地摆放在集装袋内,整理摆放快件时须按照先派后装、重不压轻的原则,体积和重量相近的快件集装在同一袋内,如体积很大或重量很重的快件须单独捆扎,避免压坏袋中其他快件。使用集装袋装载快件省去捆绑的麻烦,也便于快件的携带,见图10-6。

图 10-5

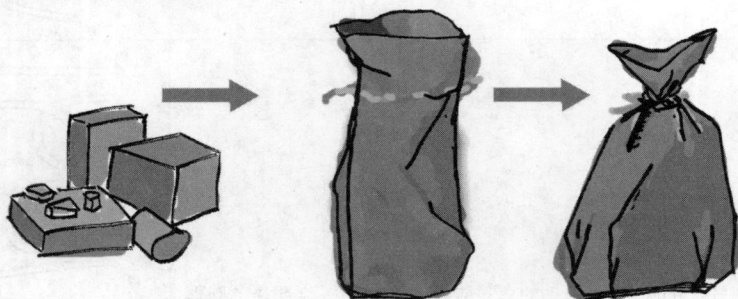

图 10-6

充分利用可用资源

图 10-7

(3)如业务员的交通工具为摩托车,也可将快件放置在摩托车尾箱中。但必须注意,在人离开车时需要将尾箱锁锁好,见图10-7。

3.体积大或重量较重的快件

这类快件无法集装,需要使用绑带直接将快件捆扎到交通工具。

(1)快件件数较少时,可以直接将快件捆扎在车辆尾架上。在自行车上捆扎少量快件的捆扎方法见图10-8。

(2)件数较多时,须使用面积较大的板以拓

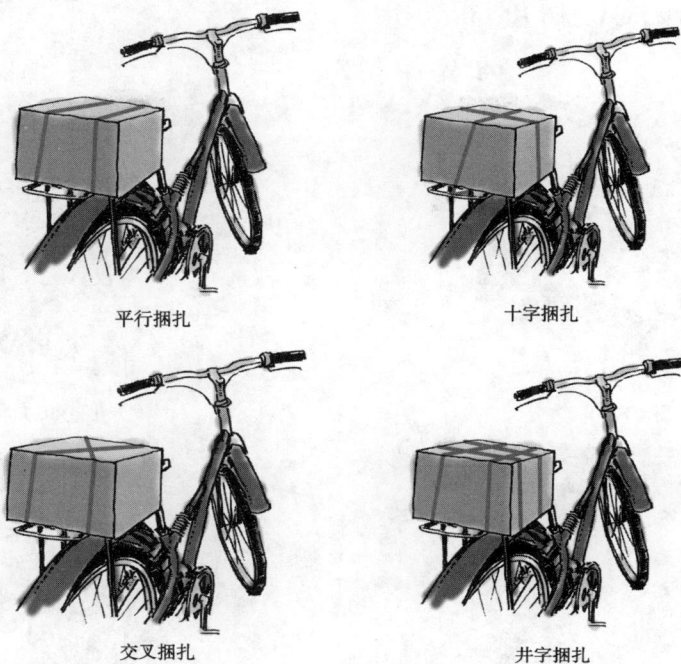

平行捆扎   十字捆扎

交叉捆扎   井字捆扎

图 10-8

宽自行车尾架的面积,便于捆扎快件。首先将尾板捆绑牢固,然后将快件按照先派在上、后派在上的顺序将快件捆扎在尾板上,见图10-9。需要注意的是,尾板不可加的太长或太宽,否则自行车行驶时会妨碍路人或车辆,带来危险。

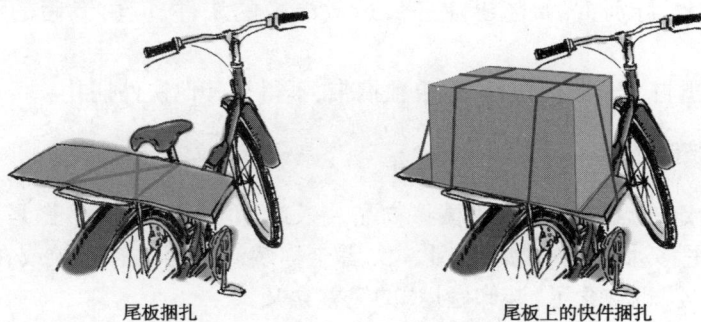

尾板捆扎   尾板上的快件捆扎

图 10-9

(三)捆扎注意事项

(1)捆扎前,检查快件的重心是否偏移,如重心偏移,须重新摆放快件再进行捆扎。捆扎时,也应注意对快件进行轻重搭配,保持运载工具平衡,避免重心偏移,见图10-10。

(2)注意捆扎力度,捆扎须确保快件捆扎牢固,同时力度也不要太大,避免勒坏快件包装,见图10-11。

(3)雨雪雾天气,捆扎快件时,注意在快件上加盖防雨用具,如雨布、雨衣、塑料薄膜等,见图10-12。

(4)如为不规则快件,注意捆扎方式,如快件较长,注意与车辆长度平行捆扎,不能横着捆扎，阻碍路人或车辆行走，见图10-13。

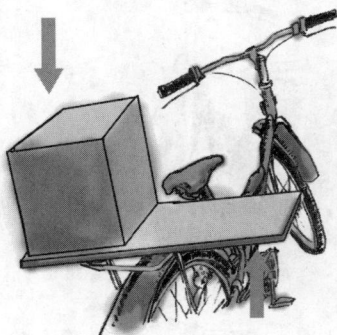

图 10-10

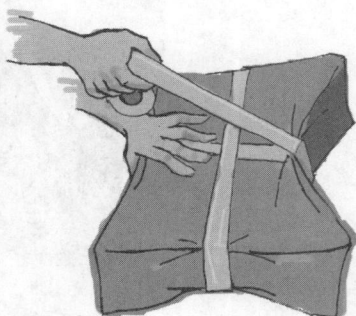

图 10-11

图 10-12

图 10-13

（5）对于特别大、特别重的，超出业务员运载能力的快件，应由专门的派送车辆和人员负责。

（6）表面有突出钉、钩、刺的快件，需单独携带，不得与其他快件捆扎。

二、快件安全装卸搬运

装卸是指在指定地点以人力或机械将物品装入或卸下运输设备。搬运是指在同一场所内，对物品进行水平移动为主的物理作业。二者全称装卸搬运。有时候或在特定场合，单称"装卸"或单称"搬运"也包含了"装卸搬运"的完整含义。

在实际操作中，装卸与搬运是密不可分的，两者是伴随在一起发生的。在派送过程中，快件的装卸搬运都是短距离、小范围的，而且基本是人工操作，因此在操作过程中应该注意操作细节，确保人身安全以及快件的安全。

1.装卸搬运过程中的人身安全

在快件装卸和搬运过程中，业务员须严格按照装卸搬运的操作规范、注意事项进行操作，如需借用相关的装备或保护物品时，须按要求使用和佩戴，不能因嫌麻烦而忽略安全操作要点，切实做好自我保护工作。

（1）搬运重物之前，应采取防护措施，戴防护手套、穿防护鞋、护腰等，见图10-14。

（2）搬运重物之前，检查物体上是否有钉、尖片等物，以免造成损伤。

（3）应用手掌紧握物体，不可只用手指抓住物体，以免脱落，见图10-15。

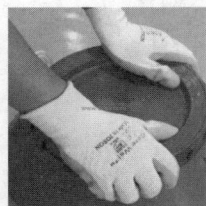
防护手套

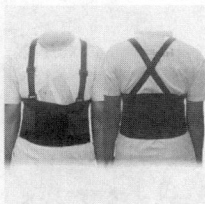
护腰

错误

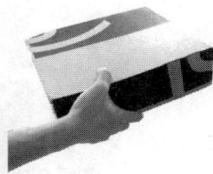
正确

图 10-14

图 10-15

（4）靠近物体,将身体蹲下,用伸直双腿的力量,不要用背脊的力量,缓慢平稳地将物体搬起,不要突然猛举或扭转躯干,见图10-16。

（5）当传送重物时,应移动双脚而不是扭转腰部。当需要同时提起和传递重物时,应先将脚指向欲搬往的方向,然后才搬运,见图10-17。

错误

正确

图 10-16

图 10-17

（6）不要一下子将重物提至腰以上的高度,而应先将重物放于半腰高的工作台或适当的地方,纠正好手掌的位置,然后再搬起。

挡住眼睛,怎么看路???

（7）搬运重物时,应特别小心工作台、斜坡、楼梯及一些易滑倒的地方,经过门口搬运重物时,应注意门的宽度,以防撞伤或擦伤手指。

（8）搬运重物时,重物的高度不要超过人的眼睛,见图10-18。

图 10-18

（9）当有两人或两人以上一起搬运重物时,应由一人指挥,以保证步伐统一同时提起、放下物体。

（10）当用小车运物时,物体要在人的前方,见图10-19。

（11）快件不可挂在自行车或摩托车的车把上,避免影响车辆制动或拐弯,见图10-20。

2. 装卸搬运过程中的快件安全

装卸搬运操作时,除了注意保护人身安全以外,也要注意快件的安全。自我保护是每个人的基本能力和义务,而作为快递服务从业人员,保护快件也是每位业务员的职责和义务。应该在操作过程中注意细节,保护好每一票快件。

图 10-19

图 10-20

（1）装卸的时候要轻拿轻放,普通快件离地面30cm方可脱手,易碎快件须离地面10cm方能脱手。要轻放快件,不能直接放手任凭快件掉下,避免震坏内件,见图10-21。

（2）严禁站在快件上进行作业操作。快件堆放较高时,应使用辅助工具,如使用凳子或人字梯等,不得站在快件上进行作业,见图10-22。

图 10-21

图 10-22

（3）严禁扔、抛、踢、压、踩、坐、拖、拽快件。任何装卸环节,如无法一步卸到指定位置,须采用多人传递或单人搬运,不得为了少走几步路而扔抛快件;需要移动快件时,须双手搬运,不得用脚踢或者在没有任何承托物时在底面推动快件;任何时候不得踩压快件,或者坐在快件上,见图10-23。

（4）小件快件未装进包内之前,应有指定的塑料筐或其他装载工具,不得直接摆放在地面上,保证快件的干净整洁,避免遗漏。

（5）自行车、电动车、摩托车等交通工具派件卸车时,注意检查卸下快件后,车辆的中心是否偏移。如果偏移,需调整剩下快件的位置重新捆扎。

（6）对包装不够牢固的快件,在派送前应先进行加固包装,确保快件在派送过程中的安全,见图10-24。

图　10-23

图　10-24

(7)装车时遵循"大不压小、重不压轻、先出后进、易碎件单独摆放"的原则。快件装车时,须先装载大货和重货,先装后派送的快件,后装先派送的快件。易碎件须单独摆放,避免其他快件挤压易碎快件。

(8)对于零散小件货件,进行装包后再码放。所有体积小的快件须统一装在集装袋内再装车,见图10-25。注意对不能倒置的快件按正确方向放置。

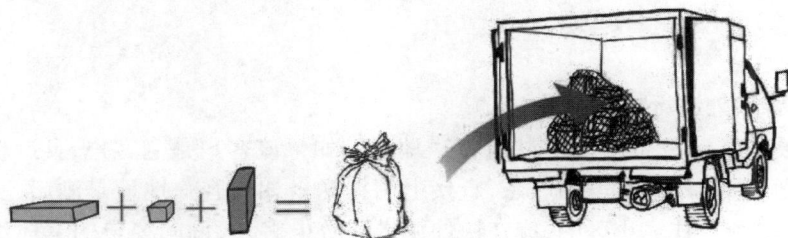

图　10-25

(9)半装车的时候,应按阶梯形码放,而不是垂直码放,避免运输途中快件波动带来的车辆不稳和快件的损坏,见图10-26。

(10)快件质量不超过车辆核定的装载质量,也就是不能超过行驶证上标注的允许装载的质量,见图10-27。

(11)快件的长度和宽度不可以超出车厢,或交通工具的长度和宽度,见图10-28。

图　10-26

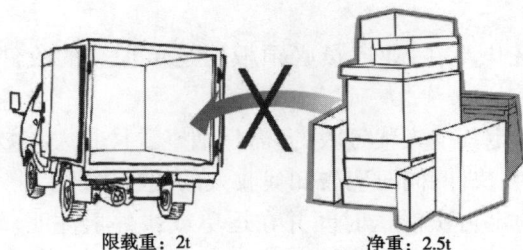

限载重:2t　　　净重:2.5t

图　10-27

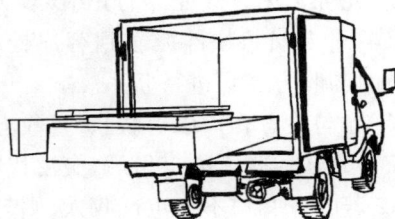

图　10-28

三、快件安全保管

业务员在实现门到门快件派送服务的时候,对尚未派送且无法随身携带的快件应做安全保管。为此,业务员应严格按照以下几项原则操作。

(1)小件不离身的原则。对于体积较小的快件,严格按照捆扎或集装要求,将快件装入随身携带的背包或挎包内,确保件不离身。

(2)零散快件集装携带的原则。对于不能装入包内,也不便于捆扎的快件,使用集装袋集装快件,集装袋须随身携带。如集装袋较重,可借助小推车等工具。

(3)大件不离视线的原则。对于体积较大的不能装入背包或挎包,且无法随身携带的快件,交通工具也没有密封条件的,在派送过程中,要保证快件不离开视线4m范围内。

(4)不能将快件单独放置在无人看管的地方。如确实无法随身携带,且要离开视线的情况下,须将快件妥善放置或安排人员看管快件。

(5)使用汽车派送时,业务员应锁好汽车门窗,并在离开运输工具前用手再次拉动车门手把或推动窗户,确保门窗全部锁好。使用带尾箱的摩托车派送时,离开前应检查摩托车尾箱的锁是否锁好,用手拉一下锁,确保已经锁牢。

四、快件派送

(一)到达客户处进行快件派送

(1)快件派送前,业务员先识别快件派送地址。如果该客户是老客户,且运单上的地址属于固定的办公地址,可不经过电话联系,直接上门派送。如果客户地址是酒店、宾馆、车站、场馆等临时场所或学校、住宅小区的,应在快件派送前致电客户,询问客户的具体地址和客户地址处是否有人签收快件。

(2)快件派送前,若有代收货款业务快件,结算方式为现金结算金额较大,则需提前通知客户,告知客户应付金额,提请客户准备应付款项。

(3)业务员将快件派送到客户处,为了快件的安全,防止他人冒领,应在核实客户身份后方能派送。业务员应该要求查看收件人的有效证件,并核实客户名称与运单上填写的内容是否一致。如果客户没有随身携带有效证件,业务员应根据运单上收件人的电话号码与客户联系,确认收件人。

①有效证件指政府主管部门规定的,能够证明身份的证件。居民身份证、户口簿、护照、驾驶证等是客户领取快件的有效证件。

②几种常用有效证件的介绍(表10-7)

(4)业务员将快件派送到客户处,如果客户不在,业务员必须根据运单记载的收件人电话,及时与收方客户进行联系。

①如与收方客户取得联系,且收方客户指定其他人代签收的,需仔细查看代收人有效身份证件,待确认代收人的身份后,交由代收人签收快件,同时应告知代收人的代收责任。

②若收方客户不指定代收人,则与客户约定再次派送时间并在运单或快件上注明。约定时间在当班次内,按约定时间上门派送;约定时间超出当班次时间,将快件带回派送处理点交相关人员跟进。

常用的有效证件

表 10-7

名称	说　明	图　片
居民身份证	居住在中华人民共和国境内的年满十六周岁的中国公民,应当依照有关规定申请领取居民身份证;未满十六周岁的中国公民,可以依照有关规定申请领取居民身份证。居民身份证式样由国务院公安部门制定。居民身份证由居民常住户口所在地的县级人民政府公安机关签发。 　　居民身份证登记的项目包括:姓名、性别、民族、出生日期、常住户口所在地住址、公民身份号码、本人相片、证件的有效期和签发机关。公民身份号码是每个公民唯一的、终身不变的身份代码,由公安机关按照公民身份号码国家标准编制	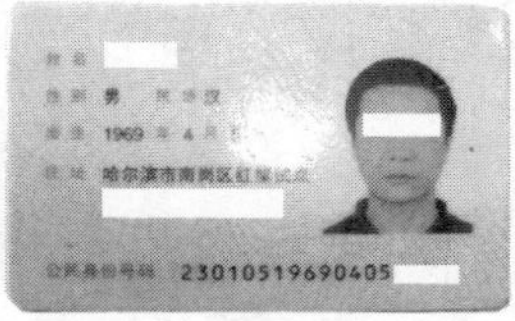 第二代大陆居民身份证正面  第二代大陆居民身份证背面
香港居民身份证	香港身份证共分为两类,分别为香港永久性居民身份证及香港居民身份证。 　　香港永久性居民身份证是香港特别行政区政府入境处签发给拥有香港居留权人士的身份证。并可享 9 年免费教育及医疗福利。(如右图所示) 　　香港居民身份证是香港特别行政区政府入境处签发给没有香港居留权人士的身份证	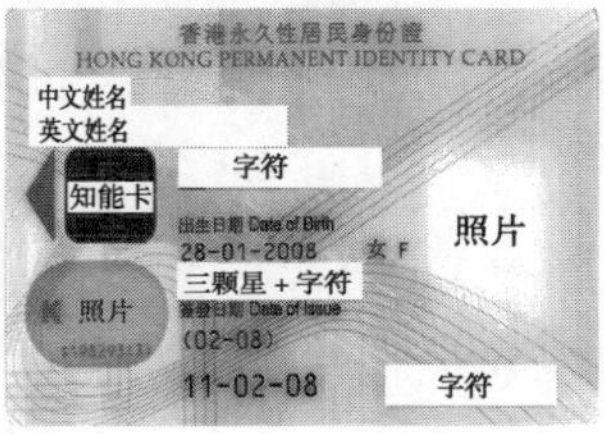 (正面)  (背面)
户口簿	户口簿除了能够证明户内所有成员的基本身份状况外,还具有证明成员间相互关系的作用。 　　户口簿的使用也非常广泛,在结婚登记、搬家、办子女准生证、子女出生报户口、子女上学、户口迁移、找工作、失业登记、再就业、购房、售房等事项上都需用到。此外,一些偶发事件也要用到户口本,如挂失等	 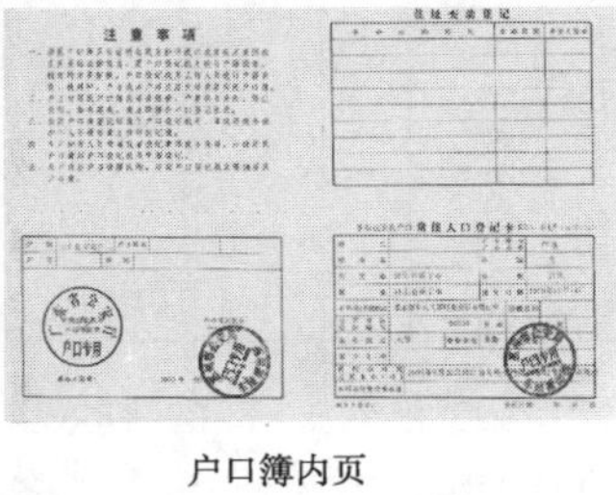 户口簿内页

名　称	说　　　明	图　　片
护照	**护照**中华人民共和国护照是中华人民共和国公民出入国境以及在国外证明国籍和身份的证件。任何组织或者个人不得伪造、变造、转让、故意损毁或者非法扣押护照。护照分为外交护照和公务护照、因公普通护照、因私普通护照。 　　**外交护照**是政府依法颁发给国家元首、政府首脑及高级官员、外交代表、领事官员等人从事外交活动使用的护照。 　　**公务护照**是政府依法颁发给国家和政府的一般官员、外交代表机关和领事机关的行政技术人员等人从事公务活动使用的护照。 　　**因公普通护照**是政府依法颁发给从事除官方活动(包括外交活动和政务活动)以外的一切公务活动人员使用的一种护照。 　　**因私普通护照**是政府依法颁发给本国公民因私人事务出国使用的护照	97-2版因私普通护照封面 97-2版因私普通护照内页 照片
驾驶证	机动车驾驶证记载持证人的身份证件号码、姓名、性别、出生日期、长期住址、国籍、准驾(学)车型代号、初次领证日期、有效期和管理记录,并有发证机关印章、档案编号和持证人的照片。临时驾驶证还应记载有效区间 　　机动车驾驶证式样由公安部规定。新版驾驶证与旧版样式的正面样式没有任何区别,区别在于新版驾驶证副页新增13位的条形码	照片 **新版机动车驾驶证样式** **新版机动车驾驶证副页样式** **旧版机动车驾驶证副页样式**

　　③若业务员未能与收方客户取得联系,需要留下派送通知单,告知客户快件曾经派送。派送通知单应包括业务员名称、联系电话、本次派送时间、下次派送时间、快件单号等内容。下面

为派送通知单样例。

派送通知单

_____公司_____先生/小姐,您好:

由_____寄给您的单号为_____的快件已到,于____月____日____时第____次派送,因无人签收,现带回公司。第____次派送时间为____月____日____时,请注意接收。如有紧急派送需求,请联系业务员。

特此告知。

业务员：_____

联系电话：_____

（二）提示客户验收快件

（1）业务员将快件交给收件人时,应告知收件人当面验收快件。快件外包装完好,由收件人签字确认。如果是一票多件快件,应提醒客户清点快件件数是否与运单上填写的件数一致;如果外包装出现明显的破损等异常情况的,业务员应告知收件人先验收内件再签收;快递企业与寄件人另有约定的除外。

（2）如因快件外包装破损或其他原因客户拒绝签收快件,收派员应礼貌地向客户做好解释工作,并收回快件。同时请客户在快递运单等有效单据上注明拒收原因和时间,并签名。

五、到付款和代收款

（一）到付款

1. 到付款的概念

到付,是指快件寄件人与收件人达成共识,由收件人支付快递服务费用的一种付款方式。收件人所支付的快递服务费用称作到付款。到付款是寄件人寄件时与快递公司共同认可的费用,收件人完成快件外包装查验后,按照运单上注明的费用支付即可,不需要再次称重计费。

2. 到付款结算

业务员与收件人之间结算到付款时,收件人可选择的付款方式有:到付现结、到付记账、到付转第三方付三种形式。

到付现结,是指收件人验视快件外包装无误后,对于到付的快件,在派件现场把到付款交给业务员的一种支付方式。由于快递到付款的数额不会特别大,到付现结是最常用的到付款结算方式。

到付记账,是指由收件方客户（个人或企业）与快递公司达成协议,快递公司赋予客户一个记账账号,客户在约定的付款周期内支付到付款。到付记账的客户通常都是快递企业大客户或长时间合作的客户,客户与快递企业之间的信用度都很高。

到付转第三方支付,是指收件人本人不支付快件到付款,经收件人与第三方（付款方）共同确认后,由第三方支付快件到付款项。采取这种支付方式时,业务员应确认第三方同意支付资料或已经支付到付款后,方可将快件派送给收件人。到付转第三方支付的方式不太常见,通常在收件人及第三方客户都是快递企业大客户或长时间合作客户,彼此交易频繁,信用度高的情况下才会使用。

(二)代收款

1. 代收款的概念

代收款,是指快递企业与寄件人签订协议,寄件人通过快递企业发货时,由快递企业代寄件人收取的款项,通常有货款、税款、海关签贴费、商检费等。寄件人有代收款需求时,须同时向快递企业提供代收款相关单据,通常为收据或发票。业务员根据收款凭证所载金额向收件人收取代收款。需要注意的是,所有代收款必须当场现付,不能采用记账或第三方支付的方式。

随着电子商务的迅猛发展,电子商务商家与快递企业的联系也越来越密切,因此代收货款服务需求显得尤为突出。而代收税款、海关签贴费、商检费等的需求,目前仅限于个别国际快递公司。因此,这里仅介绍代收货款。

2. 代收货款服务基本知识

代收货款是指快递企业接受委托,在派送快件的同时,向收件人收取货款的业务。快递企业所提供的“代收货款”服务,是指由快递企业向买卖双方用户提供货款资金流与实物流的一种综合解决方案,是由快递企业将卖方用户与买方用户达成交易协议的商品配送到买方用户,并代替卖方用户向买方用户收取货款的一种特殊业务。寄件人需向快递企业提供正式收款凭证,通常为收据或发票。

(1)代收货款服务主要解决的问题

①电子商务交易的货款代收。因电子商务交易中买卖双方不能见面,彼此缺乏信任和了解,买方希望电子商务交易仍能像传统交易方法一样,在收到有关商品后才付款,而卖方担心送货后收不到相应款项,希望先收款后送货。“代收货款”服务为买方和卖方提供了一种双方都能接受的方案。快递业务员在配送卖方商品到买方处时,买方将有关货款支付给业务员便能取得商品,而业务员将代收的货款交回快递企业,由快递企业与卖方另行结算。

②电子商务交易的商品取送。能够提供快捷的专递服务,并在网上提供商品配送情况追踪查询。

(2)代收货款凭证样例(见图 10-29)

工商服务业统一收款收据　№8888888

存　根　联

客户名称:　　　　　　　　　　　　　　　　年　　月　　日

项　目	单位	数　量	单　价	金　额								备　注
				十	万	千	百	十	元	角	分	
合计人民币(大写)　拾　万　仟　佰　拾　元　角　分 ¥________												

开票人　　　　　收款人　　　　　单位盖章

第一联　存根联

图　10-29

3.代收货款服务需注意的问题

（1）提前电话核实客户信息

代收货款快件派送前,须先电话预约客户,确认客户身份、地址、派送时间,并请客户准备好相应货款,可以使用现金或支票。

（2）注意财务风险控制

快件派送时,如需代收货款金额较高或代收货款快件较多,管理人员应调配其他人员协助快件派送,确保快件和代收货款的安全。

（3）核实收件人身份

派送代收货款快件,必须查看收件人的有效证件,确认收件人的身份。如由代收人签收快件,则须在运单上写明代收人的有效证件号码。

（4）提醒收件人查验快件

如由于寄递物品质量不符合要求,或者寄递物品不是收件人所需要的物品,客户拒绝支付代收货款,业务员应在第一时间将异常情况上报给快递企业的相关负责人。

六、指导客户正确签收快件

（一）揭取运单

（1）背面带胶直接粘贴的运单,业务员左手按着运单左边打孔边,右手拿着需要客户签字的运单,用力拉,即可把运单取下,粘贴在快件上的随货联不需取下。

（2）使用运单袋粘贴的运单,使用小刀轻轻划开运单袋,注意划开运单袋时不得划坏运单,将运单全部取出。

（3）业务员需要在运单上的指定位置写上派件员的姓名或工号。

（二）客户签收快件

客户签收快件可采取手工签字、盖章签署、电子签收三种方式。无论采取哪一种方式,客户都应在外包装检查完好的情况下签字,而不能在打开外包装后再签字,这是非常重要的一点。

1.手工签字

业务员应该礼貌地请客户在收件人签署栏,用正楷字写上收件人的全名和收件日期。如客户的签名无法清晰辨认,业务员应该再次询问收件人的全名,并用正楷字在客户签名旁边注上收件人的全名。任何时候业务员都不得替代客户签字。填写收件日期时应当详细到具体的时分,填写格式为:××月××日××时××分。

2.盖章签署

如收件人选择用盖章替代签字,则请收件人在运单的收件人签收栏盖上代表收件人身份的印章,同时在日期栏写上具体的收件日期。

（1）盖章时注意。每一联运单都必须在收件人签署栏盖章,且是同一个章,即确保每一联运单的盖章保持一致。如运单内容不清晰,业务员应该询问收件人的全名,并用正楷字在盖章旁边注上收件人的全名。

（2）日期填写注意。如客户的印章带有日期,则不需重新填写,如印章上没有日期,则需要请客户填写日期,或在收件人的监督下,由业务员填写具体的时间。派送时间的填写格式为:××月××日××时××分。

3.电子签收

电子签收,是指在快件派送完毕后,请客户在移动扫描设备屏幕上进行签名确认,签收完成后移动扫描设备即时将签名图片传输到系统服务器,客户可随时登录网站,并根据运单号查询到签收信息,见图10-30。

（1）电子签收的作用

①即时反馈快件签收信息。电子签收完成后,签收信息会即时自动上传至快递企业的网络系统,客户可通过系统即时查询到签收信息。

②保证快件派送的及时性、安全性。让客户监督快递企业的实际服务时效和承诺服务时效。

③对于快递企业来说,电子签收服务是一项为客户提供的增值服务,可提高自身服务质量,提升公司品牌服务形象,有利于客户资源的开发。

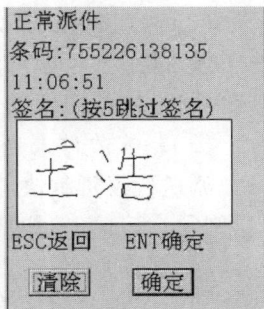

（2）电子签收注意事项

①任何时候,业务员都不得代替客户或者伪造电子签收。

②电子签收只能使用配套的触控笔,以免损伤屏幕;同时提示客户书写时需稍微用力,只要签收内容可识别即可,无需客户重复书写。

③公司绝对保证电子签收信息的安全性与保密性,仅用于客户对快件签收的确认和识别。

图 10-30

第四节 后续处理

快递企业的快件派送后续处理相当于快件产品的售后服务,也是快递服务非常重要的一个环节。

一、录入、处理派送信息

派送信息录入是指快件派送完毕后,将运单号码、派件时间、派件业务员名称、收件人签名等内容录入快递企业的信息系统。

（一）派送信息录入操作

进入计算机信息系统中快件信息录入的操作界面,由于各快递企业使用的应用软件不同,操作界面也不同。业务员可根据操作界面的提示,按要求录入相应的信息。录入时需注意,录入的信息必须与快递运单内容保持一致。

录入内容主要包括运单条码、派件业务员名称、派件日期,收件人签名。信息录入完毕后,立刻上传,与快递企业的网络信息系统对接,使寄件人及收件人可以凭运单号码查询快件的派送情况。

（二）信息录入要求

1.真实性

业务员在整理录入派送信息时,应如实记录,不得捏造。如:业务员在派件时没请客户签字,回到派送处理点后替代客户签字,并将冒充的签名录入系统,这种做法需要严格禁止。

2.完整性

业务员应该将所有派送信息完整录入系统,不能为了图省事,只录一部分内容或进行简化输入。如:某客户的名字比较长,业务员录入时只录入"某小姐/先生",没有按照运单上的名字全名录入,这种录入操作是错误的。

3. 及时性

快件派送成功后,业务员需要在快递企业规定的时间内及时录入派送信息,以便寄件人可查询快件派送的结果。

二、移交无法派送的快件

无法派送的快件,是指由于收件人地址欠详细、客户拒收、客户不在、客户搬迁、逾期不领、海关不准进出口等各种原因,快递业务员最终无法派送到客户的快件。

1. 移交的基本程序(图 10-31)

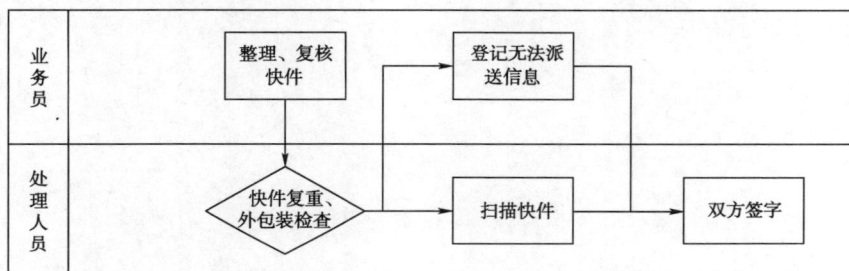

图 10-31

2. 程序描述及要求(表 10-8)

无法派送的快件的移交程序   表 10-8

程序名称	要 求
整理、复核快件	业务员将无法派送的快件带回处理场地。 (1)清点运单数量和无法派送成功的快件数量,复核两数相加的总数是否与快件派送清单上的总数相符。如数量不符,则将运单单号与派件清单上登记的单号核对,查找丢失的运单或快件。 (2)检查无法派送快件的外包装是否完好无损。如外包装破损,则在交接时需在派件清单上注明。 (3)把运单整理整齐,准备交接
快件复重、外包装检查	(1)对业务员交回的无法派送的快件进行重新称重,如快件重量与运单上相符,则属于无误。 (2)如快件重量与运单上的重量有明显的差距,则与业务员当面确认重新称重的重量,并检查外包装是否破损,或有物品露出
登记无法派送信息	(1)业务员在派件清单上登记每一票无法派送快件的信息,包括运单单号,单号对应的派送人员、派送时间、无法派送的原因。 (2)如有异常,还需在派件清单上登记异常情况

程 序 名 称	要　　求
扫描快件	（1）处理人员检查业务员填写的内容是否完整。 （2）处理人员对业务员交回的无法派送快件，使用移动扫描设备进行运单号码扫描。扫描数据上传到系统之后，客户可通过快递企业的查询网站查询快件状态
双方签字	业务员与处理人员在派件清单上签字确认无法派送快件的交接信息。交接完毕

三、移交到付款和其他代收款

移交到付款和其他代收款主要是指业务员将从买方客户处收取的到付款和代收款与快递企业指定的收款员之间进行交接。交接到付款和其他代收款与交接寄付营业款一样，也需遵循当天面交、交款签字等基本要求。

第十一章 客户服务

第一节 业务推介

一、业务推介概念

业务推介,是指业务员在收派快件过程中主动向客户介绍快递产品的行为。进一步地说,业务推介是指业务员在与客户交流的过程中,根据客户反映出来的需求点,结合本快递企业产品所能给客户带来的利益,以利益要点连接客户需求,向客户详细介绍某个快递产品如何满足客户需求,如何给客户带来利益的沟通过程。

二、业务推介方法

1. 发放宣传资料

宣传资料包括名片、企业宣传单、价格表等。发放宣传资料是目前快递领域使用最广泛的业务推介方法,但是这种方法取得成功的概率正在逐步降低。究其原因,主要是客户在选择快递服务时,会综合考虑到时效性、安全性、便利性、价格、品牌、快递企业的服务范围、双方合作方式及熟悉度、业务员的服务态度、服务的灵活性等诸多因素,一张名片或是宣传单根本不可能为客户提供以上必要的决策参考信息。虽然这些信息与客户选择快递服务有直接的关联,但事实上,却只有极少数的客户会自发主动地获取这些信息,所以发放宣传资料的推介方法实质上依旧是"被动地等待客户上门"的方式。在争取已有稳定的快递服务提供商的客户时,这类方法显然是不足取的。

客户拜访名片使用小知识

☆递名片正确的方法:将名片倒过来,把自己的名字向着对方,在离客户较近距离时双手递上;

☆递名片时要面带微笑,不能慢慢吞吞,要干脆利落;

☆平时保存名片时,不宜将名片放在裤子的后口袋里,不宜和其他人的名片混放在一起,以免递名片时递错,造成尴尬的局面;

☆接名片的正确方法:双手接过,一定要浏览一遍,如果有认不准确的字,应当面请教,然后以慎重的态度收放好;

不可以将对方的名片随意捏摺,更不能随便放置桌上。比如,忘乎所以把茶杯等物品搁在名片上是不礼貌的行为。

2.主动询问客户需求

与发放宣传资料进行业务推介的方法相比，主动询问客户需求的方法更多体现了以客户满意为导向的工作思维和工作方式，因此更有针对性。随着快递领域由卖方市场向买方市场的转变，客户的个性化需求越来越多，采取主动询问客户需求的方法比较容易把握客户的个性化需求。从市场看，谁能把握住客户的个性化需求并予以满足，谁就更容易最终获得客户。

3.利用客户向客户进行推介

利用客户向客户进行业务推介的前提条件是通过持续、稳定的优质服务在老客户中树立口碑。客户口碑指客户对某企业的赞同、认可或抱怨。好的口碑是最有说服力而且不需要花钱的广告。只要能够凭借始终如一的优质服务在客户当中树立起口碑，客户都会很乐意地向他们的客户推荐本快递企业的产品或服务，甚至会要求自己的供应商必须使用指定的快递产品或服务。

三、如何做到有效的业务推介

1.引起客户的好感

美国形象大师罗伯特·庞德说过，"这是一个2分钟的世界，你只有一分钟展示给人们你是谁，另一分钟让他们喜欢你。"只有给人留下好的第一印象，才能开始第二步。客户对业务员有好感，才会信任业务员所说的话。所以，业务推介的第一个目标是通过良好的自我形象先把自己推介出去。

2.引起客户的兴趣

业务推介并不是一股脑地向客户灌输产品功能。业务员需要牢记的是：快递产品本身的特征是业务员所关心的，但却不是客户关注的焦点，客户真正关心的是，通过使用某项快递产品时他能够从中得到什么样的利益，也就是产品能够给他带来的价值。实践证明，业务员在回答客户关于产品咨询的时候，准确地把握住客户需求点，然后按照**"产品特征—产品作用—产品益处"** 的顺序介绍产品，能更有效地打动客户。在不断拓展市场的同时，工作的专业度也会逐步获得客户的认可、赢得信任。

（1）产品特征。即产品具有哪些明确的特征，这也是一个产品最容易让客户相信的一点。

（2）产品作用。就是产品的这种特征将会给客户带来的哪些直接作用。

（3）产品益处。指产品的作用将会潜在地给客户带来哪些好处或利益。

下面举例详细说明这个过程。比如，某业务员推介次晨到快件的方法如下（表11-1）。

次晨到快件的特征、作用及益处　　　　　　　　　　　　　　　　表11-1

产品	特征	作用	益处
次晨到	速度快	次日上午10点钟之前送达	为商业合作争取更多时间

首先，介绍次晨到的特征，即"次晨到快件是用专线飞机进行运输的，速度非常快"。

其次，介绍次晨到的作用或优点，即"能够在次日上午10点钟之前派送到您的客户手中"。

最后，介绍次晨到的作用、优点对客户的益处，即好处是什么，"这样就会为您开展商业合作争取更多时间"，逐步地引起客户的购买欲望，完成推介工作。

以上连贯起来就形成"次晨到快件是用专线飞机进行运输的,速度非常快,能够在次日上午 10 点钟之前派送到您的客户手中,这样就会为您开展商业合作争取更多时间。"显然,按照**"产品特征—产品作用—产品益处"**的顺序介绍,客户很容易听得懂,也自然容易接受。下面是应用这一方法的真实案例。

2007 年某快递企业刚刚推出短信回执服务时,网通有一项发放会议门票通知的业务,需要发放几百份通知,正准备寻找快递企业合作。某天,业务员小李去网通派件,刚好遇到网通的业务经理。他看到小李之后便询问业务和服务情况,很关心快件送达时间,并且询问有没有办法查询快件派送成功的情况。小李听完之后,立即拿出一份短信回执服务的宣传单,告诉业务经理说,"我公司已推出短信回执服务,只要您提供手机号码,快件送达时就会以短信形式反馈快件派送成功,您就可以确保将会议通知准确传达到每一位参会人员,这样应开会人员才能全部到场,就能保证及时传达会议精神。"(表 11-2)说完就在现场进行了模拟操作。手持终端设备的派件模拟操作刚刚完毕,业务经理的手机就响了起来,短信回执提示确认快件已经派送成功。对方显得非常高兴,于是就把这单业务交给了小李。

短信回执的特征、作用及益处　　　　　　　　　　　表 11-2

产品	特　征	作　用	益　处
短信回执	以短信形式反馈快件派送成功	确保将会议通知准确传达到每一位参会人员	应开会人员全部到场,及时传达会议精神

四、业务推介注意事项

(一)"三做到"

1. 保持积极的心态

业务推介不是一件容易的事,每一次都有可能被客户拒之门外,甚至遭到冷嘲热讽。然而不管多么艰难,都应高昂着头保持微笑,用积极的心态去面对。客户只愿意同心态积极的业务员打交道,坚定不移的信心同样会使客户对双方的合作信心倍增。

2. 保持工作中的良好行为

工作中的良好行为是指在日常的实际收派行动中要时刻注意礼貌。礼貌体现着尊重,自然会赢得客户的好感,进而把这种好感转变成信任。例如在客户门前整理一下形象;辞别客户起立后,把客户的椅子放回原地或者顺手把用过的一次性纸杯放到垃圾筒里。这些行为看似简单,却往往能够带来客户的好感,收到意想不到的效果。

3. 展现专业的服务水平

对相关专业知识表现出充分的自信和专业,是进行有效业务推介的前提和保障。作为一名业务员,应注重日常工作中的学习,熟悉各种快递产品的特征、属性,以及这些特征、属性能够给客户带来的作用、益处,要对产品信心十足。否则,在进行业务推介时,客户会因为业务员回答不熟练或者一问三不知而认为其不了解产品,进而认为其不熟悉业务,产生不可靠、不安全、不放心的感知。这种感知会大大降低客户的信任度,甚至完全消除客户的购买欲望。

(二)"两不做"

1. 夸大产品功能

业务员的工作绝不仅是收、派快件而已。业务员的服务质量向客户传递着多重信息,包括业务员个人的职业化程度、快递企业的经营理念以及整个快递业的形象。所以，业务员在日常的收件、派件工作中，务必要规避夸大产品功能的行为。夸大产品的功能本质上是一种不负责任的行为，是违背最基本的商业伦理道德规范要求的。

对于任何一家追求长远发展的快递企业来说，任何一个客户都是最有价值的资产，从与客户的第一次接触到以后的每次联系都要善待客户、珍惜客户，处处为客户着想。收派业务员，起着快递企业连接客户的桥梁作用，更要懂得商业行为讲的是诚信，开展业务推介活动也当以诚信为本，这样收获到的不仅仅是客户本身，而且可以促进快递企业和快递市场的有序健康发展，改变外部对快递服务业的看法。

2．损毁竞争对手

《快递市场管理办法》第一章第四条明确规定，"从事快递经营活动的企业应当依法经营，诚实守信，公平竞争，为用户提供迅速、准确、安全、方便的快递服务。"业务员在进行业务推介时，还必须明确非常重要的一点：不能刻意向客户阐述其他快递企业的诸般问题，损坏竞争对手的声誉。原因很简单，通过贬低竞争对手而抬高自己的做法实际上恰恰显示了没有信心，结果就是让外界产生"没有一家快递企业是好的"这样一种不良印象，这显然不利于快递市场正常秩序的稳定。

只有市场大、环境好，快递企业才能蓬勃持续发展。快递企业彼此之间竞争的是谁能够更快、更多地了解客户，并更快地将上述了解转化为行动，最终让自己成为客户无法离开的选择，而绝不是凭借不正当的做法去竞争。事实证明，不正当竞争的快递企业没有一家是能够长久经营的。

客户问答小技巧

当有客户提及其他快递企业的优势时，该如何回答呢？

首先，回答"其他快递企业的产品的确很不错（或很有实力，）但允许我告诉您，为什么很多客户选择了我们快递企业。"

其次，向客户出示一些以往客户满意的签字回信、问卷、表扬信等。

用这种方式，就轻而易举地将话题从竞争对手转移到你的推介上来。

第二节 客户维护及信息采集

客户维护，是指通过持续满足客户的需求，及时妥善解决双方合作过程中出现的各类问题，从而与客户建立长期稳定的伙伴关系。快递企业的发展与壮大，不但要坚持不懈地去搜寻、发展新客户，而且要不断培养与现有客户的关系，做好客户维护工作。

一、客户维护的作用

1．留住老客户可使企业的竞争优势长久

成功的企业把如何留住老客户作为企业发展的头等大事之一。留住老客户对企业效益的贡献比只注重市场占有率和发展规模经济的贡献要大得多。如果能够和客户保持互惠互利的长期合作关系，不断提高客户的满意度，那么，相当一部分现有客户将会愿意更多地使用企业的产品和服务。例如"世界上最伟大的推销员"乔·吉拉德，成功的关键是为已有客户提供足够的高质

量服务,使他们一次一次回来买汽车,其经手的交易有65%是来自于老客户的再度购买。

注重老客户的稳定和积累,是企业持续发展的保证。不是建立在积累基础上的发展是不健康的,难以持久的。

2. 留住老客户还会使成本大幅度降低

资料显示,发展一位新客户的投入是巩固一位老客户的5倍。因此,确保老客户再次使用本快递企业的快递产品,是降低推介成本和节省时间的最好方法。

3. 留住老客户还会大大有利于发展新客户

对于一个有快递使用需求的客户来说,亲友、同事、左邻右舍或其他人亲身经历后的推荐,在他看来,往往比企业或业务员的介绍更为可信。留住老客户,会促进新客户的发展。资料显示,1个满意的客户通常会带来8笔潜在的生意,其中至少有1笔成交,而1个不满意的客户则会消除25个人的购买意向。

二、客户维护的方法

客户维护主要就是做好与客户的感情联络,常用的方法有以下几种。

1. 客户拜访

拜访的主要目的是让客户感觉到被关心,同时向客户表明快递企业对产品负责。拜访时要把握两个原则:第一,尽可能使拜访行为更自然一些,防止热情过度而使客户觉得业务员只是有意讨好;第二,不要干扰客户的正常工作和生活。

2. 书信电话联络

书信、电话都是联络感情的工具,在日常生活和工作中被广泛使用。例如当有新资料需要送给客户时,可以附上便笺邮寄给客户;当客户个人、家庭或工作上有喜事时,可以致函示意,如邮寄各种贺卡,通常客户会感到意外和喜悦。另外,打电话也是一种与客户联络的很好方式,偶尔几句简短的问候会使客户感到高兴,但对于这些友谊性的电话,要注意语言得体、适当。

3. 妥善处理客户异议

业务员经常会碰到"客户抱怨",一旦处理不当,会引致不满和纠纷。其实从另一个角度来看,客户抱怨不但表明客户仍愿意和快递企业继续合作,而且对业务员来说也是最好的产品情报,所以不仅没有理由逃避,而且应该满怀感激之情欣然前往处理。

处理客户投诉时,业务员不仅需要站在客户角度找出症结所在,并以最快的速度弥补客户的需要,而且应该努力恢复客户对产品服务的信赖。

三、客户信息的采集原则

客户开发与维护所需的信息既来自外部,又来自内部。内部信息的获取主要是一线员工在执行工作过程中反馈的信息。由于业务员能够比其他岗位人员更直接、更迅速地了解客户的心声和呼声,所以如果没有来自于业务员及时反馈的准确信息,快递企业将会失去获取客户或者挽留客户的第一时间或最佳机会。

为了更好地进行客户维护,业务员在采集客户信息时需要遵循以下原则。

(1)真实性原则。决策是根据各种信息做出的,如果输入的信息资料不准确,就极可能做出方向完全相反的选择。所以,客户信息采集的首要原则就是要保证信息的真实性、客观性,这决定了后续开展客户开发与维护工作的效果。

(2)及时性原则。信息是讲究时效性的,失去时效的信息是无用的信息,必须根据客户变化及时对客户资料进行更新。

(3)完整性原则。除了解客户收发快件的情况外,要尽可能全面了解该客户的资料。全面了解客户,有助于有的放矢地进行客户开发与维护,避免发生管中窥豹或者盲人摸象的情况。齐全的客户资料,也是快递企业进行客户关系管理的基础。

四、客户信息的采集要求

(一)客户基本信息采集

1. 客户信息采集的主要途径

客户信息采集的途径较多,通过日常的客户拜访、签收的运单、收派件时对客户的观察、电话调查等都可以获取客户信息。

2. 新增客户信息的采集(表11-3)

对于新增客户,其信息的采集应该包括以下内容。

(1)所属行业。例如服装业、家电业、批发零售业、机械制造业、通信/IT 业、保险业、金融业、医药业、化工业、物流业、网上贸易等。

(2)企业性质。包括国有、民营、外资、港/台资。

(3)企业员工人数。包括公司集团的员工人数及子公司的员工人数。

(4)组织覆盖区域。指该公司的网络架构,包括国家级集中型、跨省分散型(网络型)、省级、市级、县级。

(5)经营状况。指该公司的经营状况是否良好。

(6)公司信用。指该公司和外部公司之间的诚信关系。

客户信息采集表   表11-3

客户基本资料	公司名称		公司规模		电话	
					传真	
	公司地址					
	所属行业	□服装业 □家电业 □批发零售业 □机械制造业 □通信/IT 业 □保险业 □金融业 □医药业 □化工业 □物流业 □网上贸易 □其他				
	企业性质	□国有 □民营 □外资 □港/台资 □其他				
	快递类型	□即日件 □次日件 □隔日件 □省内件 □省外件 □国际件 □港澳台件				
	快递物品	□样品 □成品 □宣传资料 □票据 □其他			旺季时段	
	付款诚信	□及时 □拖延 □为难 □赊欠尾款			淡季时段	

客户人员资料									
序号	姓名	职位	性别	手机	生日	籍贯	性格	爱好	思想
1									
2									
3									

爱好:运动,美容,服饰,逛街,上网,游戏,音乐,电视剧,数码产品等
思想:开放,保守,悲观消极,乐观向上,真诚,难以琢磨

3.客户名址变更信息的采集

客户要进行搬迁时,正常客户一般都会以书面或口头形式知会商业上的合作伙伴,这时业务员在经过核实后,需要将客户搬迁的新地址,及时反馈至相关部门或人员。对个别客户诚信度不佳或者不清楚要搬迁往何处去的客户,当其表现出搬迁的迹象时,要予以密切跟踪关注,并及时结清快递费用,以避免造成坏账给企业带来损失。

(二)个性化收派需求信息的采集

与客户保持经常性地交流,牢记客户反馈的信息,就会对客户越来越了解,知道竞争对手所不知道的情况。这样,就能够为客户做到竞争对手做不到的事情。

重视客户个性化的想法和需要,并对客户的要求与投诉做出积极的反应,是非常重要的。动作太慢,让客户等太久,客户不能及时拿到快件或者不能找到要找的人,他们自然不满意。另外,掌握了客户个性化的需求信息,有助于业务员合理安排时间、路线,有效配置运单、包装材料等资源,避免浪费。例如有家纺织行业的客户只发小布片样品给制衣厂,就没有必要发放纸箱等包装材料。

业务员进行客户个性化需求收集,主要包括以下内容:

(1)了解客户选用快递企业标准的主导因素,如价格、时效性、安全性。

(2)了解客户的业务量、所寄快件的重量范围、每月的快递费用。

(3)了解客户的习惯发件时间、包装要求、发件的主要目的地。

(三)个性化收派需求信息的反馈

客户信息采集后,需要通过反馈渠道反馈至快递企业。需要特别注意的是,信息反馈也要遵循及时性的原则。如果有可能的话,对于相对小的客户可以根据客户的信息自行制定开发或维护计划,对于大客户则可以向快递企业提出合理化的客户开发或维护建议,由快递企业专门人员进行后续工作。

附录 各类型快件各重量段的包装参考表

寄递物品 / 重量段	五金配件、纽扣等散装易散落物品	服装、被褥、羽绒制品、毛线、布匹等	质脆易碎快件如玻璃、灯饰、陶瓷类	不规则、超大、超长	光碟	精密产品、仪器仪表等重质物品	大圆柱形物品，如布匹、皮料	液体快件（包括轴承，轴承内钢珠等含油的物品）	时令特产类物品，如水果、大闸蟹、月饼等	文件、目录、样品、画册等
1kg	胶袋聚集、外用纸箱，内加填充物，托寄物数量少，只有几个，且体积小于0.01m³，可用纸质文件封或用防水胶袋作为外包装	布袋、麻袋、纸箱、纸箱外需加套编织袋，并采取防潮措施	多层填充包装、悬吊式包装、防倒置包装、填充泡沫、其他材质坚固的纸箱、木箱或其他包装	细长件尽可能加固后运输，装车厢时应置于车厢一侧	需有防压保护措施			仅限全程使用陆路运输的非危险性物品。内应使用附性内衬村和吸附性材料填实	必须进行有保护作用的包装。条筐、竹笼等内装快件及内衬村不得漏出	厚度在0.3cm，或页数在10页以内，或具有复印功能的，用纸质文件封进行包装，不在以上范围目不易破碎、抗压类的书刊、样品等寄物，应选择防水胶袋包装
1～3kg	胶袋聚集、外用纸箱或铁箱，内加填充物	布袋、麻袋、纸箱、纸箱外需加套编织袋、防潮措施	多层填充包装、悬吊式包装、防倒置包装、填充泡沫、其他材质坚固的纸箱、木箱或其他包装	细长件尽可能加固后运输，装车厢时应置于车厢一侧	需有防压保护措施			仅限全程使用陆路运输的非危险性物品。内应使用附性内衬村和吸附性材料填实	必须进行有保护作用的包装。条筐、竹笼等内装快件及内衬村不得漏出	防水胶袋或纸箱

续上表

寄递物品＼重量段	五金配件、纽扣等易散落零散物品	服装、被褥、羽绒制品、毛线、布匹等	质脆易碎快件如玻璃、灯饰、陶瓷类	不规则、超大、超长	光碟	精密产品、仪器仪表等重质物品	大圆柱形物品，如布匹、皮料	液体快件（包括轴承、轴器内的钢珠等会渗油的物品）	时令特产类物品，如水果、大闸蟹、月饼等	文件、目录、样品、画册等
3.5～5kg	胶袋聚集或用纸箱、内加填充物，纸箱外加打包带	布袋、麻袋、纸箱、纸箱外需加套，箱外需加防潮措施	多层填充包装、悬吊式包装、防倒置包装、填充其他材料泡沫，其他材料坚固质的纸箱、木箱或其他包装	细长件尽可能加固后运输，装车时应置于车厢一侧	需有防压保护措施	纸箱或全木箱、内加填充物，纸箱加打包带及采取防潮措施	可使用透明包装	仅限全程使用陆路运输的非危险性物品。箱内应使用衬垫和吸附性材料填实	必须进行有保护作用的包装。条筐、竹笼等，内装快件及衬垫不得漏出	纸箱，须使用打包带固定
5.5～10kg	胶袋聚集或用纸箱、内加填充物，纸箱外加编织袋	布袋、麻袋、纸箱、纸箱外需加套，箱外需加防潮措施	多层填充包装、悬吊式包装、防倒置包装、填充其他材料泡沫，其他材料坚固质的纸箱、木箱或其他包装	细长件尽可能加固后运输，装车时应置于车厢一侧		纸箱或全木箱、内加填充物，纸箱加打包带及采取防潮措施	可使用透明包装	仅限全程使用陆路运输的非危险性物品。箱内应使用衬垫和吸附性材料填实	必须进行有保护作用的包装。条筐、竹笼等，内装快件及衬垫不得漏出	纸箱，须使用打包带固定

续上表

寄递物品 / 重量段	五金配件、纽扣等零散物品	服装、被褥、羽绒制品、毛线、布匹等	质脆易碎快件如玻璃、灯饰、陶瓷类	不规则、超大、超长	光碟	精密产品、仪器仪表等重质物品	大圆柱形物品，如布匹皮料	液体快件（包括轴承、轴承内钢珠等会渗油的物品）	时令特产类物品，如水果、大闸蟹、月饼等	文件、目录、样品、画册等
10.5~30kg	胶袋聚集或用纸箱、铁箱、纸箱外充物，纸箱内加填充物用编织袋；须加使用打包带打两道成"井"字形	布袋、麻袋、纸箱、纸箱外套袋需加潮措施；须使用打包带打两道成"井"字形	多层填充包装、悬吊式包装、防倒置包装，填充的泡沫、其他材质垫的纸箱或其他包装	细长件尽可能加固后，运输、装车时应置于车厢一侧		纸箱或全木箱，内加填充物、纸箱加打包带，及防潮措施	可使用透明包装		必须进行有保护作用的包装。条、竹、笼等，内装快件及村垫不得漏出	纸箱，须使用两道打包带打"井"字形
30kg以上	木箱	布袋、麻袋、纸箱、纸箱外套袋需加潮措施；须使用打包带打两道成"井"字形	多层填充包装、悬吊式包装、防倒置包装，填充的泡沫、其他材质垫的纸箱或其他包装	细长件尽可能加固后，运输、装车时应置于车厢一侧		全木箱，内加填充物并采取防潮措施	可使用透明包装		必须进行有保护作用的包装。条、筐、竹、笼等，内装快件及村垫不得漏出	

参 考 文 献

[1] 张玉墚.职业道德与就业指导.北京:电子工业出版社,2006.

[2] 康永明,王朝晖,高殿民.职业道德修养.北京:现代教育出版社,2006.

[3] 杨千朴.职业素养基础.北京:中国时代经济出版社,2007.

[4] 曼德.新职业观.北京:人民邮电出版社,2006.

[5] 郑平.职业道德第2版.北京:中国劳动社会保障出版社,2007.

[6] 叶黔达.职业道德.成都:电子科技大学出版社,2004.

[7] 中国就业培训技术指导中心组织编写.国家职业资格培训教程——职业道德.北京:中央广播电视大学出版社,2007.

[8] 王欢.礼仪规范教程.北京:北京邮电大学出版社,2006.

[9] 张力威.销售语言技巧与服务礼仪.北京:中国财政经济出版社,2005.

[10] 吴迪伟.实用礼仪.成都:成都时代出版社,2007.

[11] 杨海荣.邮政概论.第2版.北京:北京邮电大学出版社,2004.

[12] 李国平.邮政通信地理.北京:人民邮电出版社,2006.

[13] 赵文义,付莉.邮政投递员必读.北京:人民邮电出版社,2003.